Pédagogie pratique

CM

Réussir en grammaire

Muriel Lauzeille

RETZ
editions-retz.com

Je remercie :

• Ma famille, mon mari Stéphane, mes enfants Julien, Lucas et Tristan pour leur soutien. Merci les gars pour vos petites contributions.

• Mes élèves : Anaé, Anis, Clément, Clothilde, Dorian, Emma, Hugo, Julien, Manon, Marjolaine, Martin, Matt, Maxence, Roland, Romain, Roméo, Victor.

• Pascal et Brigitte.

• Mes collègues et amis de la CPB.

• Toute l'équipe de Retz, en particulier Sylvie Cuchin et Anne Marty pour leur confiance et leur soutien.

Cet ouvrage suit l'orthographe recommandée par les rectifications de 1990 et les programmes scolaires.
Voir le site
http://www.orthographe-recommandee.info et son miniguide d'information.

Directrice éditoriale : Céline Lorcher
Édition : Anne Marty
Corrections : Florence Richard
Conception de la maquette (intérieur et couverture) : Nicolas Piroux
Mise en page : STDI
Réalisation du CD : Studit
Illustrations : Sophie Rohrbach (figurines) et Jessica Secheret
Photographies : Muriel Lauzeille (intérieur) et Istock (couverture)

ISBN : 978-2-7256-3742-6

Sommaire

Présentation générale

Les séquences

Introduction

Ce livre, conforme aux programmes 2016 (et aux ajustements des programmes de juillet 2018), propose une démarche pédagogique active permettant un apprentissage structuré de la grammaire et de la conjugaison. Il se situe dans la continuité de l'ouvrage *Réussir en grammaire en CE2*, mais pourra néanmoins être utilisé quelle que soit la méthode employée en CE2.

Démarche générale

L'ensemble des notions est réparti en 25 séquences : 16 séquences de grammaire et 9 séquences de conjugaison.
« Le champ du français articule donc des activités de lecture, d'écriture et d'oral, régulières et quantitativement importantes, complétées par des activités plus spécifiques dédiées à l'étude de la langue (grammaire, orthographe, lexique) qui permettent d'en comprendre le fonctionnement et d'en acquérir les règles. »[1]

Déroulement d'une séquence de grammaire

Contenu des savoirs

Séance 1 : Lecture et compréhension du texte, approche intuitive de la notion.

Séance 2 : Réactivation des connaissances du CE2 ou découverte de la nouvelle notion.

Séance 3 : Construction ou approfondissement de la notion, structuration des connaissances, élaboration d'un mémo et/ou d'une carte mentale.

Lors des séances, la construction des savoirs se fait de manière active par des recherches en groupe ou des manipulations en binôme. Ces activités de recherche sont généralement suivies d'un temps d'appropriation individuelle.

Une séance complémentaire pourra être proposée en fonction de la complexité et de la richesse de la notion abordée (surtout en CM2). C'est le cas pour les séquences « Le présent des verbes en *ER*, *être* et *avoir* », « Le présent des autres verbes » et « Le passé simple », par exemple.

Consolidation et réinvestissement

Séance 4 : Entrainement et consolidation.

Séance 5 : Entrainement, transfert et réinvestissement dans un court projet d'écriture.

---

1. Extrait issu de la clarification des programmes du 24 juillet 2018 (volet 3, Les enseignements, Le français).

Séance 1 | Lecture et compréhension du texte, approche intuitive de la notion

« L'entrainement à la lecture à haute voix et à la lecture silencieuse doit se poursuivre. Cet entrainement est quotidien à l'école élémentaire et au collège. La lecture doit permettre l'observation, l'imitation et le réinvestissement dans l'écriture. L'étude du lexique fait aussi l'objet d'un travail en contexte, à l'occasion des différentes activités de lecture et d'expression écrite ou orale et dans les différents enseignements. Son étude est également reliée à celle de l'orthographe lexicale et à celle de la syntaxe, en particulier pour l'étude des constructions verbales. »[2]

La première séance débute toujours par la lecture d'un texte court. Chaque élève dispose d'une reproduction individuelle du texte. Si la classe est équipée d'un vidéoprojecteur, on pourra projeter le texte pour un meilleur suivi collectif. Les élèves sont, tout d'abord, invités à lire le texte individuellement en silence. Puis, ils procèdent à des lectures à voix haute : par exemple une lecture poursuite (changement de lecteur à chaque phrase) en vue de consolider la notion de phrase, ou une lecture dialoguée (un lecteur différent pour chaque interlocuteur ou narrateur) pour consolider le rôle de la ponctuation. Pour s'assurer que les élèves ont compris la situation, identifié les personnages, l'enseignant·e propose ensuite quelques questions de compréhension simples. Cette phase est suivie d'observations qui permettent une approche intuitive du fait de langue qui va être étudié dans les séances suivantes.

Le texte est présenté avec le comptage des mots afin de permettre à l'enseignant·e de l'utiliser pour travailler la fluence. Il s'agit de compter le nombre de mots lus en une minute.

Les apprentis sorciers

À l'école des sorciers, les élèves portent des uniformes : 10
veste et chemise blanche pour tous, pantalon pour les 19
garçons et jupe pour les filles. Les écoliers possèdent une 29
robe noire de sorcier. Ils disposent d'une écharpe et 39
d'une cravate rayées pour les différencier. La couleur 48
dépend des maisons. Harry, Hermione et Ron ont adopté 57
les couleurs rouge et or de la maison Gryffondor par 67
exemple. Le port de la cravate est obligatoire. Le jour de 78
leur première rentrée, les nouveaux posent le choixpeau 86
magique sur leur tête, à tour de rôle. C'est lui qui définit la 100
maison. 101

Chaque jour, les apprentis sorciers suivent des cours de 110
sorcellerie. Ils possèdent une baguette magique. Ils 117
utilisent un chaudron et des livres pour fabriquer des 126
potions. Les élèves mémorisent les propriétés des 133
ingrédients qu'ils vont mélanger. 138

Le balai volant permet aux sorciers de se déplacer dans 148
les airs. Les débutants doivent beaucoup s'entrainer 155
pour le maitriser. 158

© Muriel Lauzeille, inspiré de *Harry Potter* de J. K. Rowling, Gallimard jeunesse.

2. *Ibid.*

Séance 2 | Réactivation des connaissances de CE2 ou découverte de la nouvelle notion

« Après le cycle 2 qui a permis une première structuration des connaissances sur la langue, le cycle 3 marque une entrée dans une étude de la langue explicite, réflexive, qui est mise au service des activités de compréhension de textes et l'écriture de textes. Il s'agit d'assurer des savoirs solides en grammaire autour des notions centrales et de susciter l'intérêt des élèves pour l'étude de la langue. Cette étude prend appui sur des corpus, des éléments collectés, des écrits ou des prises de paroles d'élèves. »[3]

L'enseignant·e propose une activité de recherche qui s'appuie sur le texte découvert en séance 1 et quelques phrases extraites du texte.

La séance débute le plus souvent par une situation problème dans laquelle les élèves manipulent des groupes ou des mots de manière active et visuelle. Ces manipulations (déplacements/substitution/suppression) seront facilitées par l'utilisation de bandes colorées qui pourront être fixées au tableau (ou intégrées au TNI) : voir descriptif de l'outil dans la rubrique « matériel ».

Objectifs
- Lire et comprendre un texte.
- Lire à haute voix de manière expressive.
- Repérer les groupes dans la phrase.

Matériel

Individuel
- Photocopie individuelle du texte *Les apprentis sorciers.* 1. Texte individuel
- Crayons de couleur.

Collectif
- Le même texte projeté collectivement au tableau. 1. Texte collectif

Les groupes fonctionnels (syntaxiques) de la phrase sont symbolisés par des bandes indépendantes les unes des autres, de trois couleurs différentes :
- le bleu pour le groupe sujet du verbe ;
- le jaune pour le prédicat/groupe verbal (verbe + complément du verbe) ;
- le vert pour le complément de phrase (complément circonstanciel).[4]

Conformément aux instructions officielles, les terminologies utilisées seront :
- sujet composé de plusieurs noms ou groupes nominaux ;
- complément du verbe (COD, COI).

La nature des mots, dans la continuité du CE2, est toujours représentée par les figurines. Lors de ces activités de recherche, on veillera à favoriser les échanges au sein du groupe classe et à solliciter un maximum d'élèves.

3. *Ibid.*

4. Les termes *groupe sujet* et *prédicat* ne sont plus en vigueur dans les ajustements 2018, mais les élèves les emploieront peut-être spontanément.

À l'issue de cette séance, les élèves, aidés de l'enseignant·e, font une première synthèse orale des notions essentielles découvertes. Cette synthèse ne reprend que ce qui vient d'être mis en évidence sans encore formaliser les savoirs sous forme de mémo. Cette phase de recherche orale et collective est généralement suivie d'un temps d'appropriation individuelle écrit.

Une séance complémentaire pourra être proposée aux élèves de CM2 en fonction du contenu de la notion à aborder. Celle-ci se construira de la même manière que la séance 2. Elle débutera également par une situation de recherche ou une situation-problème.

La séquence comportera dans ce cas 6 séances et non 5.

Séance 3 | Approfondissement de la notion et élaboration d'un mémo

« L'étude de la langue s'appuie, comme au cycle 2, sur des corpus permettant la comparaison, la transformation (substitution, déplacement, ajout, suppression), le tri et le classement afin d'identifier des régularités. Les phénomènes irréguliers ou exceptionnels ne relèvent pas d'un enseignement mais, s'ils sont fréquents dans l'usage, d'un effort de mémorisation. »[5]

Cette séance approfondit la construction des connaissances. Elle débute par un rapide rappel (5 à 10 minutes maximum) des notions découvertes lors de la séance précédente : utilisation des traces écrites réalisées lors de la séance 2.

L'enseignant·e place ensuite les élèves dans une nouvelle situation de recherche privilégiant la manipulation ou l'écrit, le plus souvent en binômes. Les élèves apprennent à trier les mots dans différentes catégories (classes), ils comprennent et font fonctionner les accords (association de mots) et s'exercent aux différentes manipulations dans la phrase (substitution, déplacement, ajout, suppression)...

Chaque temps de recherche est suivi d'une validation collective au tableau. L'enseignant·e veille à faire justifier les choix des binômes ou des équipes en passant rapidement sur les propositions consensuelles pour se concentrer sur les difficultés, erreurs ou désaccords observés pendant le temps de recherche.

À la fin de cette séance, l'enseignant·e, par un questionnement oral, guide les élèves dans l'élaboration d'un « mémo » et/ou d'une carte mentale. Les mémos et cartes mentales présentés sont proposés à titre d'exemple : il est important que les élèves les formulent avec leurs propres mots et que la rédaction en soit très simple.

5. *Ibid.*

Exemple du mémo
et de la carte mentale

Les groupes dans la phrase

– Groupe sujet : groupe indispensable qui répond à la question : *De qui/quoi je parle ?*

– Groupe verbal : groupe indispensable qui répond à la question : *Qu'est-ce que j'en dis ?*

– Groupe « complément » qui répond à la question : *Où ?, Quand ?, Comment ?* = groupes supprimables, déplaçables.

1. Mémo : Les groupes dans la phrase

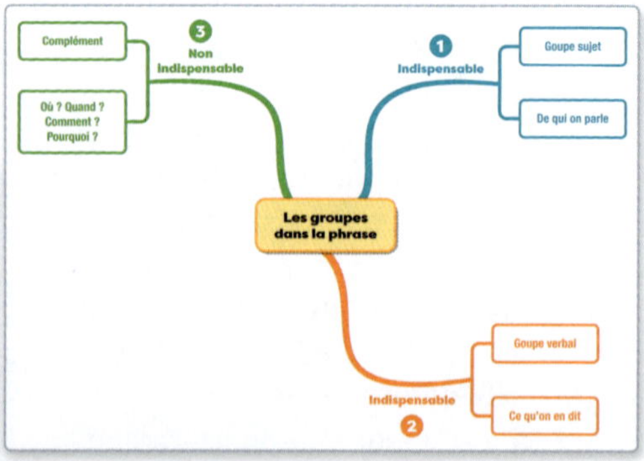

1. Carte mentale : Les groupes dans la phrase

Séance 4 | Entrainement et consolidation

« L'étude de la langue demeure une dimension essentielle de l'enseignement du français. Elle conditionne l'aptitude à s'exprimer à l'écrit et à l'oral, la réussite dans toutes les disciplines, l'insertion sociale. Elle requiert un enseignement spécifique, rigoureux et explicite. Elle fait l'objet d'une attention constante, notamment dans les situations d'expression orale ou écrite afin de faire réfléchir les élèves à son fonctionnement. Des séances spécifiques sont consacrées à son étude de manière à structurer les connaissances. Le transfert de ces connaissances lors des activités d'écriture en particulier et dans toutes les activités mettant en œuvre le langage fait l'objet d'un enseignement explicite. »[6]

Cette séance commence toujours par un rappel rapide des notions contenues dans le mémo (questionnement oral de l'enseignant·e puis relecture à voix haute n'excédant pas 5 minutes par un ou deux élèves). Les élèves effectuent ensuite une série d'exercices ciblés pour s'entrainer et renforcer leurs acquis.

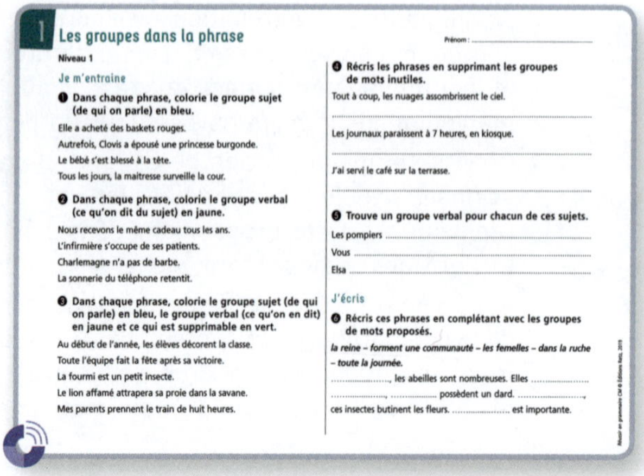

1 Les groupes dans la phrase

Prénom : ....

Niveau 1

Je m'entraine

❶ **Dans chaque phrase, colorie le groupe sujet (de qui on parle) en bleu.**

Elle a acheté des baskets rouges.
Autrefois, Clovis a épousé une princesse burgonde.
Le bébé s'est blessé à la tête.
Tous les jours, la maitresse surveille la cour.

❷ **Dans chaque phrase, colorie le groupe verbal (ce qu'on dit du sujet) en jaune.**

Nous recevons le même cadeau tous les ans.
L'infirmière s'occupe de ses patients.
Charlemagne n'a pas de barbe.
La sonnerie du téléphone retentit.

❸ **Dans chaque phrase, colorie le groupe sujet (de qui on parle) en bleu, le groupe verbal (ce qu'on en dit) en jaune et ce qui est supprimable en vert.**

Au début de l'année, les élèves décorent la classe.
Toute l'équipe fait la fête après sa victoire.
La fourmi est un petit insecte.
Le lion affamé attrapera sa proie dans la savane.
Mes parents prennent le train de huit heures.

❹ **Récris les phrases en supprimant les groupes de mots inutiles.**

Tout à coup, les nuages assombrissent le ciel.
....
Les journaux paraissent à 7 heures, en kiosque.
....
J'ai servi le café sur la terrasse.
....

❺ **Trouve un groupe verbal pour chacun de ces sujets.**

Les pompiers ....
Vous ....
Elsa ....

J'écris

❻ **Récris ces phrases en complétant avec les groupes de mots proposés.**

la reine – forment une communauté – les femelles – dans la ruche – toute la journée.

.........., les abeilles sont nombreuses. Elles ...., ... possèdent un dard. ...., ces insectes butinent les fleurs. .... est importante.

6. *Ibid.*

Pour chaque notion, 5 ou 6 exercices d'application sont proposés à réaliser de manière individuelle. La difficulté des exercices est progressive. Il n'y a pas trop d'items dans les exercices pour que l'élève reste bien investi. Les compétences de chaque exercice sont détaillées, l'enseignant·e peut ainsi mieux se repérer et éventuellement n'en sélectionner que quelques-uns pour mieux différencier sa pédagogie. Un corrigé est disponible pour chaque fiche à destination des élèves si l'enseignant·e choisit de les faire travailler en autonomie.

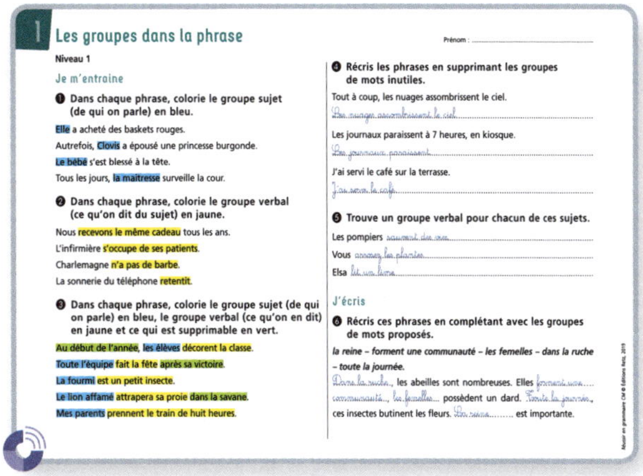
1 Les groupes dans la phrase

Prénom : ....

Niveau 1

Je m'entraine

❶ Dans chaque phrase, colorie le groupe sujet (de qui on parle) en bleu.

Elle a acheté des baskets rouges.

Autrefois, Clovis a épousé une princesse burgonde.

Le bébé s'est blessé à la tête.

Tous les jours, la maitresse surveille la cour.

❷ Dans chaque phrase, colorie le groupe verbal (ce qu'on dit du sujet) en jaune.

Nous recevons le même cadeau tous les ans.

L'infirmière s'occupe de ses patients.

Charlemagne n'a pas de barbe.

La sonnerie du téléphone retentit.

❸ Dans chaque phrase, colorie le groupe sujet (de qui on parle) en bleu, le groupe verbal (ce qu'on en dit) en jaune et ce qui est supprimable en vert.

Au début de l'année, les élèves décorent la classe.

Toute l'équipe fait la fête après sa victoire.

La fourmi est un petit insecte.

Le lion affamé attrapera sa proie dans la savane.

Mes parents prennent le train de huit heures.

❹ Récris les phrases en supprimant les groupes de mots inutiles.

Tout à coup, les nuages assombrissent le ciel.

Les nuages assombrissent le ciel

Les journaux paraissent à 7 heures, en kiosque.

Les journaux paraissent

J'ai servi le café sur la terrasse.

J'ai servi le café

❺ Trouve un groupe verbal pour chacun de ces sujets.

Les pompiers sauvent des vies

Vous arrosez les plantes

Elsa lit un livre

J'écris

❻ Récris ces phrases en complétant avec les groupes de mots proposés.

la reine – forment une communauté – les femelles – dans la ruche – toute la journée.

Dans la ruche, les abeilles sont nombreuses. Elles forment une communauté, les femelles possèdent un dard. Toute la journée, ces insectes butinent les fleurs. La reine est importante.

Certains exercices pourront être réalisés ou repris oralement et collectivement dans le cadre d'activités rituelles.

Séance 5 | Entrainement, transfert et réinvestissement dans un court projet d'écriture

« Il est important d'établir un lien entre la rédaction de textes et l'étude de la langue en proposant des situations d'écriture comme prolongements à des leçons de grammaire et de vocabulaire et des situations de révision de son écrit en mobilisant des acquis en orthographe. »[7]

La phase d'entrainement se termine par une petite production d'écrit, très simple, permettant aux enfants de réinvestir leurs connaissances. Chaque élève s'essaie à écrire sur son cahier de brouillon : l'enseignant·e circule pour apporter une aide individualisée et corrige individuellement les productions. Les élèves recopient au propre puis, lors d'un temps d'échange, ils lisent leur production au reste de la classe.

Remarque : le transfert n'est pas toujours immédiat et il faudra s'assurer du bon réinvestissement des notions tout au long de l'année, dans d'autres contextes.

7. *Ibid.*

Déroulement d'une séquence de conjugaison

« L'étude de la morphologie verbale prend appui sur les régularités des marques de personne et de temps. »[8]

Contenu des savoirs

Séance 1 : Lecture et compréhension du texte, approche orale de l'utilisation des pronoms personnels et de la conjugaison des verbes.

Séance 2 : Réactivation des connaissances du CE2 ou construction d'une nouvelle notion ou familiarisation avec la conjugaison de nouveaux verbes.

Dans un premier temps, les élèves relèvent dans le texte les formes verbales des verbes étudiés et les recopient dans un tableau de conjugaison. Dans une seconde étape, ils doivent compléter le tableau avec les formes verbales manquantes en s'appuyant sur celles déjà rencontrées et qui présentent des analogies et des régularités. Par exemple, si le texte contient la forme « nous parlons », les enfants peuvent en déduire « nous chantons » et « nous regardons ».

L'élaboration des tableaux de conjugaison permet de mettre en évidence les régularités de certains radicaux et de certaines terminaisons.

Concernant la répartition des verbes, l'accent étant porté sur les régularités de radicaux et de terminaisons, elle ne se fera pas en 3 catégories comme suit : verbes du 1er groupe (radical en *ER*), verbes du 2e groupe (radical particulier en *IR*) et verbes du 3e groupe (tous les autres). En effet, on distinguera deux catégories : les verbes dont le radical se termine en *ER* et les autres verbes. On s'appuiera sur les régularités des terminaisons et l'oreille pour déceler les spécificités orthographiques.

Exemple :

- nous fin<u>iss</u>ons → s'entend à l'oreille, travail sur le son [s],
- il finit → se termine par un t comme la plupart des autres verbes de cette grande catégorie.

Les verbes *être* et *avoir* seront étudiés spécifiquement.

Séance 3 : Approfondissement et systématisation : zoom sur les difficultés, structuration des connaissances, élaboration d'un mémo et/ou d'une carte mentale

Consolidation et réinvestissement

Séance 4 : Entrainement et mémorisation.

Séance 5 : Entrainement, transfert et réinvestissement dans un court projet d'écriture.

On retrouvera les mêmes modalités que dans les séances de grammaire.

Les fiches d'exercices et leurs corrigés sont disponibles sur le CD-Rom.

8. *Ibid.*

Conseils et pistes pédagogiques

Programmation

Dans le cadre des 8 heures hebdomadaires de français et conformément aux recommandations des programmes (des séances courtes et fréquentes souvent préférables à une séance longue hebdomadaire), nous recommandons d'échelonner les 25 séquences, à raison de 4 ou 5 séquences par période.

Choix pédagogiques

Les repères annuels de progression annoncent des « attendus de fin de CM2 » qui sont détaillés ci-dessous.

En grammaire :
– Identification des classes de mots suivantes : les verbes, les noms, les déterminants (définis, indéfinis, possessifs et démonstratifs), les pronoms, les prépositions, les conjonctions de coordination et les adverbes.
– Appui sur les connaissances de la ponctuation, de la syntaxe pour écrire.
– Approfondissement des connaissances sur les types et les formes de phrases.
– Au sein du groupe nominal, identification des différents éléments : déterminant, nom, adjectif épithète et complément du nom, et accord en genre et en nombre des classes de mots subissant des variations (déterminant – nom – adjectif).
– Identification des constituants d'une phrase simple : sujet, verbe, compléments (complément d'objet, complément circonstanciel) et attribut du sujet.
– Distinction de la phrase simple et de la phrase complexe à partir du repérage de verbes conjugués.
– Repérage des différents modes d'articulation des propositions au sein de la phrase complexe (identification de ses constituants en fin d'année).

En conjugaison :
– Maitrise de l'accord du sujet et du verbe, même quand celui-ci est inversé.
– Mémorisation des temps présent, imparfait, passé composé, futur, passé simple, plus-que-parfait et impératif présent (ce mode est dorénavant étudié en 6ᵉ d'après les repères de progressivité de novembre 2018. Toutefois, la séquence est développée dans cet ouvrage en bonus) des verbes *être*, *avoir*, des verbes du 1ᵉʳ groupe, du 2ᵉ groupe et des 8 verbes irréguliers du 3ᵉ groupe (*faire*, *aller*, *dire*, *venir*, *pouvoir*, *voir*, *vouloir*, *prendre*).
– Repérage des marques de temps de l'imparfait, du futur, du passé simple, et de l'impératif (en fin d'année).

Terminologie

D'une manière générale, il est important d'utiliser les termes grammaticaux exacts et précis. Certains élèves ont commencé l'apprentissage de la grammaire avec l'usage des termes suivants issus des programmes 2016 :
- prédicat,
- complément de phrase,
- complément du verbe.

L'ajustement des programmes du 24 juillet 2018 préconise un retour à l'utilisation des termes suivants :
- complément circonstanciel de lieu, de temps, de manière et de cause,
- complément d'objet direct ou indirect.

Le prédicat est quant à lui abandonné.

Cependant, afin d'éclairer le sens et d'apporter une certaine continuité dans l'apprentissage des termes enseignés, l'ensemble des terminologies indiquées avant et après l'ajustement des programmes 2018 restera à disposition des enseignant·e·s dans les différents documents qui seront doublés (cartes mentales en particulier avec anciennes terminologies et nouvelles terminologies). La liberté sera donc laissée aux enseignant·e·s de définir quelle doit être la meilleure utilisation des termes mis à disposition dans le présent ouvrage.

En outre, l'enseignant·e pourra doubler l'usage des termes enseignés en utilisant une expression plus simple et plus imagée. Par exemple, comme pour les ouvrages précédents, parler « des compagnons du nom » en référence au déterminant et à l'adjectif qualificatif ; utiliser l'expression « se mettre d'accord » pour éclairer le sens du terme « s'accorder ».

Il est essentiel de distinguer la « nature » (« Comment ça s'appelle ? ») et la « fonction » (« À quoi ça sert ? »).

Concernant la classe d'un mot (sa nature), on peut proposer aux élèves l'image d'une boite dans laquelle on range tous les mots qui appartiennent à la même classe (qui ont la même nature). On pourra à cet effet ranger les étiquettes des mots dans des boites étiquetées portant la classe et la figurine. Par exemple : déterminants, verbes, etc.

Il est important de rappeler que les figurines symbolisent la nature des mots.

Concernant la fonction, on abordera le mot situé dans son groupe fonctionnel.

Avertissement : réaliser une figurine supplémentaire pour illustrer une fonction (exemple : sujet du verbe) serait un non-sens puisque cela contribuerait à renforcer la confusion entre nature et fonction dans l'esprit des élèves.

L'analyse fonctionnelle de la phrase se fera en trois temps, dans cet ordre.

1. De quoi on parle
2. Ce qu'on en dit
3. Des informations supplémentaires : où, quand, comment, pourquoi…

Exemple :

Chaque matin, les élèves sortent leurs affaires.

Concernant les terminologies utilisées sur le plan de la syntaxe, on dira :

les élèves : groupe sujet/sujet[9]

sortent leurs affaires : groupe verbal (en remplacement du terme « prédicat »[10]) contenant un verbe (sortent) et des compléments du verbe : ici, il n'y en a qu'un (leurs affaires).

Chaque matin : complément de phrase

Concernant les compléments du verbe, on les distinguera en complément d'objet direct (complément directement rattaché au verbe) ou complément d'objet indirect (complément rattaché au verbe par une préposition) avec les élèves de CM2. En CM1 et en CM2, on s'attachera à montrer que ce sont des groupes qui ne peuvent être ni supprimés ni déplacés en début de phrase notamment. En revanche, on montrera qu'ils sont déplaçables à la condition d'être remplacés par des pronoms. Certains verbes (les verbes d'état comme *être*, par exemple) sont suivis d'un adjectif ou d'un groupe nominal attribut du sujet.

Ex. : Les requins sont des poissons.

ou Les requins sont dangereux.

Concernant les compléments de phrase, on les distinguera en compléments circonstanciels de lieu (*où*), de temps (*quand*), de manière (*comment*), de cause (*pourquoi*) avec les élèves de CM2. En CM1 et en CM2, on s'attachera à montrer que ce sont des groupes facultatifs (déplaçables et/ou supprimables).

Concernant la terminologie « groupe nominal », il est essentiel que l'élève comprenne que le groupe nominal n'est pas une fonction au même titre que le « groupe sujet du verbe » ou « complément du verbe ». Qu'un même groupe nominal peut avoir différentes fonctions :

Exemples :

Le maçon construit <u>la maison</u>. (complément du verbe, COD)

<u>La maison</u> est belle. (groupe sujet du verbe)

---

9. Les termes *groupe sujet* et *prédicat* ne sont plus en vigueur dans les ajustements 2018, mais les élèves les emploieront peut-être spontanément.
10. Voir les explications sur la terminologie à employer avec les élèves p. 12.

Pour certains enfants, la terminologie « groupe du nom » sera plus explicite que « groupe nominal ».

Par ailleurs, Il est important d'utiliser des intitulés de fonction grammaticale dans leur intégralité afin d'éviter toute confusion et fausse représentation.

Exemples : « sujet du verbe » et non pas seulement « sujet ».

Prolongements possibles

Des pistes de prolongement dans les autres disciplines (principalement en lecture/littérature, en géographie et en histoire) peuvent être proposées. Quand c'est le cas, elles sont indiquées en fin de séance 1.

Conseils matériels

Les étiquettes collectives

Pour faciliter la manipulation des grandes étiquettes collectives, nous recommandons de les photocopier sur une feuille cartonnée. Pour pouvoir les réutiliser facilement, on pourra les conserver dans des pochettes (par exemple de grandes pochettes transparentes zippées, utilisées pour les produits congelés). Dans ce cas, veiller à ce que les étiquettes restent visibles entièrement. On pourra encore les ranger dans des boites à chaussures sur lesquelles on aura collé les différentes figurines de la nature des mots. Chaque boite représentant une classe de mots.

Les figurines

Les figurines sont proposées en deux formats :

- Des figurines collectives à afficher au tableau ou à coller avec un adhésif repositionnable au-dessus de chacun des mots placés dans les pochettes de couleur.
- Les figurines miniatures pour chaque usage individuel.

Afin de différencier davantage les figurines illustrant la nature des mots, elles sont proposées en version colorisée. Cependant, l'enseignant·e peut utiliser la version en noir et blanc pour les colorier selon son choix (pour assurer par exemple une harmonisation avec ses collègues).

Les pochettes de couleur

Pour faciliter le repérage, l'affichage des groupes fonctionnels et la manipulation de ces groupes au sein de la phrase (déplacement, permutation ou suppression des groupes), nous proposons un outil facilement réalisable composé de pochettes en papier cartonné de couleur. Ces pochettes permettent d'y glisser les étiquettes mots collectives et de visualiser distinctement la nature (figurines collées et repositionnables) et la fonction des mots ou des groupes de mots (couleur différente pour chaque fonction).

Confection des pochettes

Matériel nécessaire

- Deux feuilles cartonnées de couleur bleue L = 70 cm, l = 50 cm
- Deux feuilles cartonnées de couleur rouge L = 70 cm, l = 50 cm
- Deux feuilles cartonnées de couleur verte L = 70 cm, l = 50 cm
- Scotch

1. Réalisation des pochettes pour la grammaire

– Découper un morceau de 60 cm × 30 cm dans une feuille cartonnée bleue, une feuille cartonnée rouge et les feuilles cartonnées vertes.

– Plier sur la longueur pour faire un rabat d'environ 6 cm de hauteur. (Conseil : avant de plier, marquer le pli en traçant le trait avec une pointe de stylo usé.)

– Scotcher aux deux extrémités pour maintenir le rabat qui viendra accueillir les étiquettes collectives.

– Confectionner de cette manière une pochette bleue, une pochette rouge et deux pochettes vertes.

– Confectionner dans les chutes les deux bandes étiquettes de 70 cm × 5 cm sur lesquelles on écrira la fonction du groupe (*groupe sujet* du *verbe* et *groupe du verbe*). Elles seront fixées avec des trombones sur le rabat au moment de l'étude de la fonction et de l'introduction de la terminologie.

2. Réalisation des pochettes pour la conjugaison

Pochette bleue

– Découper six morceaux de 28 cm × 13 cm.

– Plier sur la hauteur pour faire un rabat de 6 cm.

– Scotcher aux deux extrémités pour maintenir le rabat qui viendra accueillir les étiquettes mots collectives (pronoms personnels de conjugaison).

– Coller bout à bout (verticalement) les six pochettes en les faisant se chevaucher sur une hauteur d'environ 5 cm.

Pochette rouge

– Découper six morceaux de 28 cm × 25 cm.

– Procéder de la même manière que pour la bleue.

Affichages

Veiller à ce que les affichages restent toujours propres, en bon état et bien lisibles pour tous les élèves. Les utiliser fréquemment en tant que ressources pour un rappel, une activité rituelle, etc.

Les cartes mentales proposées pourront être utilisées en affichage collectif et/ou en mémo individuel, conservées dans des pochettes transparentes. (Il est cependant rappelé qu'une carte mentale doit être réalisée à terme par les élèves avec un rendu différent de celui initialement prévu par l'enseignant·e.)

Pour les verbes conjugués, écrire le radical du verbe en noir et la terminaison en couleur.

Des recherches sur la mémoire montrent l'importance de la disposition spatiale de l'objet à mémoriser. Ainsi, privilégier des affichages organisés de manière pertinente dans la classe. Par exemple, présenter les affiches du temps présent face aux élèves, les tableaux du passé sur le mur de gauche et ceux du futur sur le mur de droite.

Concernant le matériel à photocopier pour le travail en binôme, nous conseillons d'agrandir en A3 pour garantir une meilleure lisibilité, une aisance dans l'écriture, faciliter le découpage et la manipulation.

Concernant les étiquettes collectives à glisser dans les pochettes, nous conseillons de les agrandir et éventuellement de les coller sur une petite fiche bristol (partie supérieure) afin qu'elles ne soient pas masquées par le rabat des pochettes.

Pour les longues phrases à usage d'affichage collectif, on pourra soit agrandir les différents tronçons et les coller pour reconstituer la phrase ou bien recopier manuellement la phrase sur une bande de papier (type papier rouleau pour caisse enregistreuse).

Tableau numérique interactif

Afin d'éviter l'usage du papier et la confection des pochettes, des ressources à projeter seront proposées pour une application sous activinspire. On trouvera une page avec les « pochettes colorées », les figurines et la possibilité d'écrire les étiquettes. Ces éléments seront parfaitement déplaçables/manipulables.

Voir CD-Rom (figurines) et blog « Lala aime sa classe » (ressources sous activinspire).

Activités ritualisées

De manière générale, en étude de la langue, en grammaire et particulièrement en conjugaison, les séquences de découverte ne suffisent pas à l'entière mémorisation. C'est pourquoi nous proposons de privilégier de courtes activités ritualisées permettant de privilégier un rebrassage constant des notions abordées dans les différentes séquences.

Présentation du rituel « Une phrase par semaine »

Objectif en conjugaison : mémoriser la conjugaison des verbes aux différents temps étudiés.

Objectif en grammaire : identifier les différentes classes de mots et les différentes fonctions dans la phrase. Manipulation des différentes formes et différents types de phrases.

Organisation : travail collectif.

Matériel :

- Afficher la phrase à étudier au tableau ou à vidéoprojeter (voir CD-Rom).
- Utiliser la fiche plastifiée des classes grammaticales avec figurines (1 par élève).

Déroulement :

Chaque jour, projeter la phrase de la semaine au tableau.

Les phrases proposées sont extraites des différents textes des séquences du livre.

Les sorciers suivent des cours de sorcellerie.

Le premier jour de la semaine

Demander aux élèves de réaliser la première activité demandée (ici, il s'agit de transposer la phrase à toutes les personnes).

Les élèves peuvent écrire les réponses sur l'ardoise.

La correction est faite immédiatement de façon collective. Un ou plusieurs élèves peuvent venir au tableau écrire les réponses.

Le deuxième jour de la semaine

Même démarche.

Pour cette activité portant sur la nature des mots, les élèves reportent les mots de la phrase dans la bonne classe grammaticale de leur fiche (*cf.* fiche des classes grammaticales plastifiée).

Le troisième jour de la semaine

Même démarche.

Les activités portent davantage sur le lexique et la manipulation autour des mots (les ranger par ordre alphabétique, par exemple).

Le quatrième jour de la semaine

Même démarche.

Les élèves sont invités à modifier ou à enrichir la phrase. Ils font leur proposition à l'oral. L'enseignant·e choisit une ou deux phrases selon leur pertinence, qu'il pourra écrire au tableau.

Présentation des ressources numériques

Le CD-Rom (ou fichier à télécharger) contient toutes les ressources nécessaires à la mise en œuvre des séquences : figurines, pronoms personnels, étiquettes mots, textes, fiches élèves, mémos, tableaux de conjugaison, rituels, cartes mentales.

Tous ces documents sont prêts à l'emploi : imprimez (en couleur ou en noir et blanc, en A4 ou en A3), photocopiez, découpez, ou vidéoprojetez.

Tous les documents, individuels et collectifs, utiles à chaque séance sont accessibles d'un simple clic sur les signets du CD-Rom.

Outils individuels

Retrouvez tous les outils :

- de manipulation : textes, étiquettes mots, étiquettes phrases... ;
- d'entrainement : toutes les fiches élèves ;
- de mémorisation : tous les « mémos », « cartes mentales » et « tableaux de conjugaison ».

Outils collectifs à reproduire en grand format ou à vidéoprojeter

Reproduisez en taille réelle, en grand format ou vidéoprojetez les figurines, les textes, les étiquettes mots de grand format... utiles pour les séances collectives.

Personnalisez les fiches élèves

Présentation détaillée des ressources numériques page 269 et suivantes.

Progression des séquences

La progression proposée est établie selon une difficulté croissante des notions et en alternant les apprentissages de grammaire (classes de mots, fonctions et types de phrases) et de conjugaison.

L'ordre de certaines séquences pourra être modifié. Cependant, nous conseillons de ne démarrer l'étude systématique de la conjugaison qu'après avoir revu les notions de verbe et de sujet du verbe.

Séquences de grammaire : fonctions fonctions dans le GN, phrases

Séquences de conjugaison

1	Les groupes dans la phrase	Découpage de la phrase en groupes indispensables ou non.
2	Le sujet	– Identifier le groupe sujet. – Distinguer nom propre, nom commun et pronom personnel. – Accorder le sujet et le verbe.
3	Les phrases affirmative et négative	– Identifier une phrase à la forme affirmative ou négative. – Transformer une phrase affirmative en phrase négative et inversement à l'écrit.
4	Le verbe	– Savoir repérer le verbe conjugué d'une phrase et trouver son infinitif. – Comprendre la morphologie verbale (radical et terminaisons).
5	Le présent des verbes en *ER*, *être* et *avoir*	– Connaitre les terminaisons au présent de l'indicatif des verbes en *ER*, *être* et *avoir*. – Connaitre les particularités orthographiques des verbes conjugués en *CER*, *GER*, *ELER* et *ETER*.
6	Le présent des autres verbes	– Connaitre la conjugaison des verbes *partir, dire, venir, voir*... je > s, tu > s, il/elle > t – Connaitre les régularités de terminaison des verbes en *DRE* (*vendre, prendre*), en *OIR* (*vouloir, pouvoir*).
7	La ponctuation dans la phrase	– Distinguer les différents signes de ponctuation. – Comprendre le rôle de la ponctuation. – Lire de manière expressive en prenant en compte la ponctuation.

8	Les constituants du GN	– Identifier la nature des mots qui composent le groupe nominal de base (déterminant + nom). – Distinguer nom propre et nom commun. – Connaitre la règle d'accord déterminant/nom.
9	Le passé composé avec le verbe *avoir*	– Savoir conjuguer *avoir* et *être* au passé composé. – Connaitre les participes passés des verbes *être*, *avoir* et des verbes courants. – Savoir conjuguer les verbes au passé composé avec *avoir*.
10	Le passé composé avec le verbe *être*	– Savoir conjuguer les verbes au passé composé avec *être*. – Connaitre la règle d'accord du participe passé avec le sujet.
11	Les phrases interrogatives	– Identifier les phrases interrogatives. – Écrire des phrases interrogatives.
12	L'adjectif qualificatif épithète	– Identifier la nature et le rôle de l'adjectif qualificatif. – Connaitre la règle d'accord en genre et en nombre déterminant/nom/adjectif.
13	Le complément de phrase	– Identifier la nature des mots qui composent le complément de phrase. – Identifier le complément de phrase dans la phrase. – Distinguer les compléments circonstanciels de temps, de lieu, de cause (CM2).
14	L'imparfait	– Savoir conjuguer les verbes courants à l'imparfait. – Repérer les régularités de terminaison de l'imparfait.
15	Le complément du verbe	– Identifier la nature des mots qui composent le complément du verbe. – Identifier le complément du verbe dans la phrase. – Distinguer le complément d'objet direct et le complément d'objet indirect (CM2). – Savoir pronominaliser le complément du verbe.
16	Le complément du nom	– Identifier le complément du nom dans le GN. – Identifier la nature des mots qui composent le complément du nom. – Connaitre la règle d'accord dans le GN avec le complément du nom.

17	Le futur	– Savoir conjuguer les verbes courants au futur. – Repérer les régularités de terminaison du futur.
18	Les phrases injonctives	– Identifier les phrases injonctives. – Écrire des phrases injonctives.
19	L'attribut du sujet	– Identifier la nature des mots qui composent l'attribut du sujet. – Connaitre les verbes d'état. – Identifier l'attribut du sujet. – Connaitre la règle d'accord attribut/sujet.
20	Le passé simple	– Savoir conjuguer les verbes courants au passé simple. – Repérer les régularités sonores de terminaisons des verbes : *er* > âmes, *ir* > îmes, *oir* > ûmes, *venir* > înmes…
21	Les pronoms de reprise	– Reconnaitre les pronoms personnels (sujets et compléments). – Distinguer pronoms personnels sujets/compléments dans une phrase. – Savoir utiliser les pronoms personnels dans une phrase.
22	L'impératif	– Savoir conjuguer les verbes courants à l'impératif. – Repérer les régularités de terminaison.
23	La proposition subordonnée relative	– Identifier la proposition subordonnée relative. – Identifier la nature des mots qui composent la proposition subordonnée relative.
24	Les phrases complexes	– Distinguer phrase simple et phrase complexe par rapport au nombre de verbes. – Commencer à distinguer les propositions juxtaposées (ponctuation) des propositions coordonnées (conjonction de coordination) et des propositions subordonnées (subordonnées relatives).
25	Le plus-que-parfait	– Savoir conjuguer les verbes au plus-que-parfait avec *avoir* et *être*. – Connaitre la règle d'accord du participe passé avec le sujet.

Les groupes dans la phrase

Programmes 2016, ajustements 2018 – connaissances et compétences associées :

– Identifier les principaux constituants d'une phrase simple en relation avec sa cohérence sémantique (de quoi on parle, ce qu'on en dit).

– Observation et analyse de l'ordre des mots et des groupes syntaxiques.

– Mise en évidence des groupes syntaxiques : le groupe sujet de la phrase, le groupe verbal (ce qu'on dit du sujet) et les compléments de phrase (circonstanciels).

Compétences en lien abordées en CE2 :

– Identifier les principaux constituants d'une phrase simple en relation avec sa cohérence sémantique (de quoi on parle, ce qu'on en dit et les compléments).

– Identifier des groupes dans la phrase.

– Reconnaitre le groupe nominal.

Séance 1 | Lecture, compréhension du texte et approche de la notion

Objectifs

- Lire et comprendre un texte.
- Lire à haute voix de manière expressive.
- Repérer les groupes dans la phrase.

Matériel

Individuel

- Photocopie individuelle du texte *Les apprentis sorciers.* 1. Texte individuel
- Crayons de couleur.

Collectif

- Le même texte projeté collectivement au tableau. 1. Texte collectif

Déroulement

1. Compréhension du texte

> **Les apprentis sorciers**
>
> À l'école des sorciers, les élèves portent des uniformes : veste et chemise blanche pour tous, pantalon pour les garçons et jupe pour les filles. Les écoliers possèdent une robe noire de sorcier. Ils disposent d'une écharpe et d'une cravate rayées pour les différencier. La couleur dépend des maisons. Harry, Hermione et Ron ont adopté les couleurs rouge et or de la maison Gryffondor par exemple. Le port de la cravate est obligatoire. Le jour de leur première rentrée, les nouveaux posent le choixpeau magique sur leur tête, à tour de rôle. C'est lui qui définit la maison.
> Chaque jour, les apprentis sorciers suivent des cours de sorcellerie. Ils possèdent une baguette magique. Ils utilisent un chaudron et des livres pour fabriquer des potions. Les élèves mémorisent les propriétés des ingrédients qu'ils vont mélanger.
> Le balai volant permet aux sorciers de se déplacer dans les airs. Les débutants doivent beaucoup s'entrainer pour le maitriser.
>
> © Muriel Lauzeille, inspiré de *Harry Potter* de J. K. Rowling, Gallimard jeunesse.

Distribuer le texte individuel et le faire lire silencieusement.

Vérifier la compréhension en posant quelques questions :

– Sur le vocabulaire : *choixpeau, Gryffondor, sorcellerie, propriété, ingrédient.*

– Sur le contenu du texte :

Quelle est la particularité de cette école ? Comment sont habillés les élèves ? Qu'apprennent-ils ? Quels sont les cours proposés dans cette école ?

Faire faire une lecture expressive du texte par les élèves.

Faire reformuler les idées du texte.

2. Zoom sur la notion étudiée

Demander aux élèves de prendre 3 couleurs – le bleu, le jaune et le vert – et faire colorier :

• en bleu :

– dans la 5e phrase, le groupe de mots qui répond à la question : *Qui a adopté les couleurs rouge et or de la maison Gryffondor ?* → Harry, Hermione et Ron ;

– dans la 2e phrase, le groupe de mots qui répond à la question : *Qui possède une robe noire de sorcier ?* → les écoliers ;

– dans la 3e phrase, le groupe de mots qui répond à la question : *Qui dispose d'une écharpe et d'une cravate rayées ?* → ils (pronom de reprise qui correspond à « les écoliers »).

• en jaune, le groupe de mots qui indique :

– *Ce que font les apprentis sorciers ?* → suivent des cours de sorcellerie ;

– *Ce que font les élèves ?* → portent des uniformes ;

→ mémorisent les propriétés des ingrédients qu'ils vont mélanger.

• en vert, le groupe de mots qui répond à la question :

– *Où les élèves portent-ils des uniformes ?* → À l'école des sorciers.

– *Quand les apprentis sorciers suivent-ils des cours de sorcellerie ?* → chaque jour.

Attention/erreurs possibles

Certains élèves peuvent donner des réponses en reformulant avec leurs propres mots, sans se référer au texte. Bien leur faire relire la phrase en respectant chaque mot.

Prolongement

On pourra proposer des lectures sur le genre fantastique et travailler spécifiquement sur les idées essentielles d'un texte.

Séance 2 | Réactivation des connaissances

Objectifs

- Rappeler la notion de groupe dans la phrase.
- Approcher les différentes fonctions syntaxiques.
- Distinguer les grands groupes qui la constituent.
- Percevoir les groupes supprimables et non supprimables.

Matériel

Individuel

- Photocopie individuelle du texte *Les apprentis sorciers.* 1. Texte individuel
- Phrases reproduites sur de petites étiquettes. 1. Étiquettes individuelles (1)
- Ciseaux.

Collectif

- Le même texte projeté collectivement au tableau. 1. Texte collectif
- 1 bande bleue, 1 bande jaune, 1 bande verte.
- Phrases reproduites sur de grandes bandes de papier. 1. Étiquettes collectives (1)
- Pâte adhésive.

À l'école des sorciers, les élèves portent des uniformes.

Les écoliers possèdent une robe noire de sorcier.

Chaque jour, les apprentis sorciers suivent des cours de sorcellerie.

Le port de la cravate est obligatoire.

Ils possèdent une baguette magique.

Déroulement

1. Situation problème

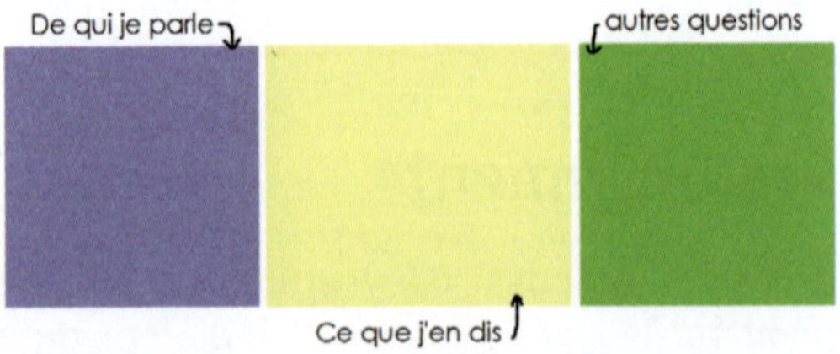

Consigne :

« Vous disposez de 3 bandes de couleur. Chaque bande correspond à une question.

Bleu : De qui/quoi on parle ?

Jaune : Ce qu'on en dit.

Vert : Autres questions (où, quand, comment…).

Vous allez découper les groupes de mots des phrases et les placer sur la bande de couleur qui convient. Chaque groupe de mots est la réponse à une question : « De qui on parle ? Ce qu'on en dit ? Autres questions (où, quand, comment, pourquoi). »

Les élèves recherchent individuellement.

L'enseignant·e passe dans les rangs et aide les élèves qui en ont besoin en travaillant avec eux sur une phrase en particulier.

2. Mise en commun

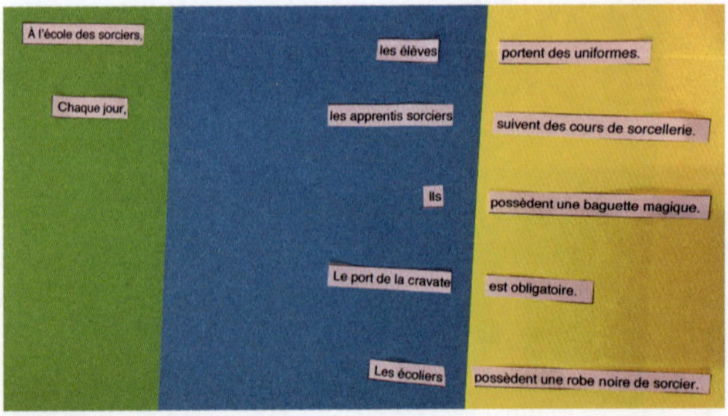

Chaque phrase est corrigée. Les élèves donnent leurs propositions. Celles-ci sont discutées collectivement. Les mots sont placés sur les bandes.

Après correction, l'enseignant·e interroge les élèves sur la disposition des bandes. Certains élèves ont placé la bande verte au début. D'autres l'ont mise à la fin. L'enseignant·e les questionne sur la place de ce groupe. Faire conclure qu'on peut déplacer les groupes verts.

Attention/erreurs possibles

Certains élèves placeront sans doute le mot *sorcier*(s) des GN « *une robe noire de sorcier* » et « *À l'école des sorciers* » dans le groupe bleu parce qu'ils associent la représentation du mot. Pour eux, le mot *sorcier* évoque obligatoirement un groupe sujet. Ici, c'est un complément du nom dont le GN est soit un complément de phrase, soit dans le groupe verbal.

3. Appropriation individuelle

Écrire la phrase suivante au tableau :

Chaque jour, les jeunes sorciers utilisent les baguettes.

La faire lire à voix haute par un élève.
Demander aux élèves de la recopier sur le cahier d'essais, puis de colorier les 3 groupes de mots avec le bleu, le jaune et le vert.
Faire une correction collective au tableau.
Faire remarquer que tous les groupes de mots sont coloriés, il ne reste aucun mot non colorié.

Séance 3 | Approfondissement de la notion

Objectifs

- Approcher de manière intuitive la notion de groupes syntaxiques dans la phrase.
- Manipuler les groupes dans la phrase.
- Approcher de manière intuitive les différentes fonctions syntaxiques.
- Distinguer les groupes « indispensables » (non supprimables, non déplaçables) des groupes « non indispensables » (déplaçables et/ou supprimables).

Matériel

Pour chaque binôme

- Phrase reproduite sur une étiquette. 1. Étiquettes individuelles (2)
- Bandes de couleur (1 bleue, 1 jaune, 2 vertes).
- Feuille vierge pour la recherche.

Collectif

- Texte projeté collectivement au tableau. 1. Texte collectif
- 1 bande bleue, 1 bande jaune, 2 bandes vertes.
- Phrase reproduite sur une grande bande de papier. 1. Étiquettes collectives (2)
- Pâte adhésive.

Chaque matin, les débutants préparent les potions dans le chaudron.

Déroulement

1. Recherche collective

Afficher au tableau les bandes colorées (bleu, jaune et vertes).
Laisser les élèves découper la phrase et placer les étiquettes dans les bandes.
L'enseignant·e passe dans les rangs pour vérifier le rangement dans les bandes.
Expliquer aux élèves qu'ils doivent inventer de nouvelles phrases en déplaçant ou en supprimant certains groupes.
Circuler dans la classe pour repérer les propositions.

2. Mise en commun

Les binômes vont présenter leurs propositions au tableau.
Faire valider par le groupe classe.
Les binômes qui ont la même phrase la valident sur leur feuille de recherche.

Résultats attendus :
Les débutants préparent les potions.
Chaque matin, les débutants préparent les potions.
Les débutants préparent les potions, chaque matin.
Les débutants préparent les potions dans le chaudron.
Dans le chaudron, les débutants préparent les potions.
Dans le chaudron, les débutants préparent les potions, chaque matin. (...)

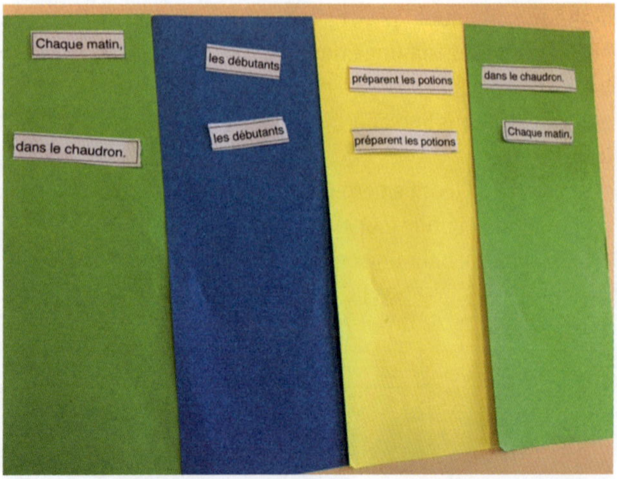

3. Conclusion

– Les groupes *les débutants* et *préparent les potions* ne peuvent pas être supprimés. Ils sont indispensables à la phrase.

– Les groupes *chaque matin* et *dans le chaudron* peuvent être supprimés ou déplacés. Ils ne sont pas indispensables à la phrase.

– Rappeler que le groupe bleu est appelé *sujet* ou *groupe sujet*[1] (certains élèves vont le proposer spontanément puisqu'il a déjà été travaillé les années précédentes). Le groupe jaune est appelé *groupe verbal* (ou *prédicat*[2]). Le groupe vert est appelé *complément* (on définira le terme *complément de phrase* ou *complément circonstanciel* à l'occasion de la séquence correspondante, *cf.* p. 141).

Faire remarquer l'utilisation de la virgule, pour les groupes déplaçables ou supprimables, qui les « sépare » des groupes de mots essentiels.

4. Appropriation individuelle

Écrire la phrase suivante au tableau :

Demain, les sorciers rangeront la salle des Gryffondor.

Les élèves lisent la phrase, puis la recopient sur leur cahier d'essais.
Ils colorient les différents groupes en utilisant le code couleur (bleu, jaune, vert).

Mémo, carte mentale et synthèse

Les groupes dans la phrase

– Groupe sujet : groupe indispensable qui répond à la question :
De qui/quoi je parle ?

– Groupe verbal : groupe indispensable qui répond à la question :
Qu'est-ce que j'en dis ?

– Groupe « complément » qui répond à la question :
***Où ?, Quand ?, Comment ?* = groupes supprimables, déplaçables.**

1. Mémo : Les groupes dans la phrase

1. La terminologie *groupe sujet* n'est plus en vigueur dans les préconisations 2018, mais les élèves l'emploieront peut-être spontanément.
2. Voir p. 12.

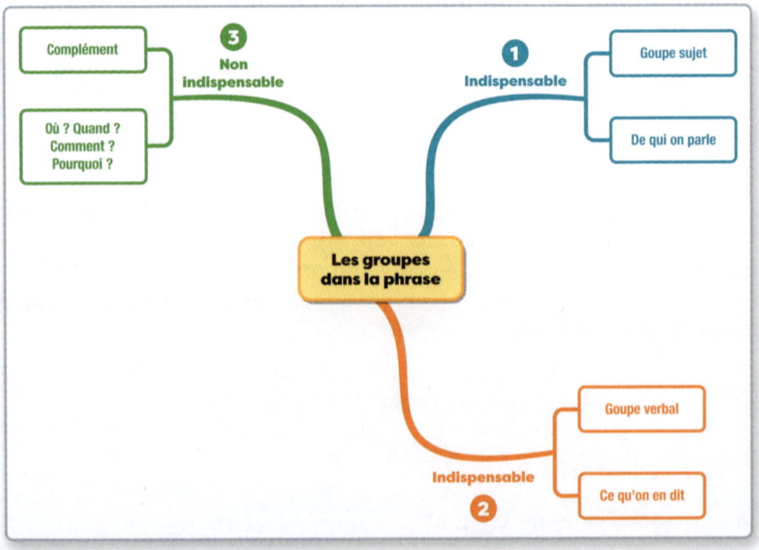

1. Carte mentale : Les groupes dans la phrase

Synthèse animée : pour compléter la synthèse, il est possible de présenter à la classe le petit film d'animation « Identifier les constituants de la phrase », réalisé par Canopé (les fondamentaux) et disponible dans le CD-Rom.

© Canopé

1. Animation

Séances 4 et 5 | Entrainement et réinvestissement

Objectifs	– Mémoriser les notions essentielles (les groupes dans la phrase). – Réinvestir ses connaissances dans des exercices d'application.
Organisation	Travail individuel, correction individuelle ou collective.
Matériel	– Fiche élève (2 niveaux). 1. Fiche 1 – Cahier d'essais.

Objectifs visés CM1 (niveau 1) :

Ex. 1 : Identifier le groupe sujet dans une phrase.
Ex. 2 : Identifier le groupe verbal dans une phrase.
Ex. 3 : Identifier les différents groupes dans une phrase.
Ex. 4 : Identifier, dans une phrase, les groupes qui ne sont pas indispensables et les supprimer.
Ex. 5 : Inventer le groupe verbal d'un groupe sujet.
Ex. 6 : Compléter des phrases avec différents groupes manquants.

Objectifs visés CM2 (niveau 2) :

Ex. 1 : Identifier le groupe sujet dans une phrase.
Ex. 2 : Identifier le groupe verbal dans une phrase.
Ex. 3 : Identifier les différents groupes dans une phrase.
Ex. 4 : Inventer le groupe verbal d'un groupe sujet.
Ex. 5 : Inventer des phrases contenant 2, 3 ou 4 groupes.
Ex. 6 : Écrire un court texte de 5 ou 6 phrases contenant les 3 groupes.

1 Les groupes dans la phrase

Prénom : ....

Niveau 1

Je m'entraine

❶ Dans chaque phrase, colorie le groupe sujet (de qui on parle) en bleu.

Elle a acheté des baskets rouges.

Autrefois, Clovis a épousé une princesse burgonde.

Le bébé s'est blessé à la tête.

Tous les jours, la maitresse surveille la cour.

❷ Dans chaque phrase, colorie le groupe verbal (ce qu'on dit du sujet) en jaune.

Nous recevons le même cadeau tous les ans.

L'infirmière s'occupe de ses patients.

Charlemagne n'a pas de barbe.

La sonnerie du téléphone retentit.

❸ Dans chaque phrase, colorie le groupe sujet (de qui on parle) en bleu, le groupe verbal (ce qu'on en dit) en jaune et ce qui est supprimable en vert.

Au début de l'année, les élèves décorent la classe.

Toute l'équipe fait la fête après sa victoire.

La fourmi est un petit insecte.

Le lion affamé attrapera sa proie dans la savane.

Mes parents prennent le train de huit heures.

❹ Récris les phrases en supprimant les groupes de mots inutiles.

Tout à coup, les nuages assombrissent le ciel.

....

Les journaux paraissent à 7 heures, en kiosque.

....

J'ai servi le café sur la terrasse.

....

❺ Trouve un groupe verbal pour chacun de ces sujets.

Les pompiers ....

Vous ....

Elsa ....

J'écris

❻ Récris ces phrases en complétant avec les groupes de mots proposés.

la reine – forment une communauté – les femelles – dans la ruche – toute la journée.

.................., les abeilles sont nombreuses. Elles ...., ... possèdent un dard. ...., ces insectes butinent les fleurs. .... est importante.

1 Les groupes dans la phrase

Prénom : ....

Niveau 2

Je m'entraine

❶ Dans chaque phrase, colorie le groupe sujet (de qui on parle) en bleu.

Viendrez-vous me dire bonjour ?

Autrefois, les téléphones portables n'existaient pas.

Courir est interdit sur le bord du bassin.

Tous les jours, le directeur sonne la cloche.

❷ Dans chaque phrase, colorie le groupe verbal (ce qu'on dit du sujet) en jaune.

Nous louons le même chalet tous les ans.

Le médecin interpelle ses patients.

Willy Wonka adore le chocolat.

La sonnerie du téléphone, depuis le début de la matinée, retentit sans arrêt.

❸ Dans chaque phrase, colorie le groupe sujet (de qui on parle) en bleu, le groupe verbal (ce qu'on en dit) en jaune et ce qui est supprimable en vert.

Dès la rentrée, les élèves découvrent les nouveaux cahiers.

Le crocodile fait sa toilette après sa baignade.

Manger des bonbons est défendu.

Marie, après avoir traversé la rive, fait de grands signes.

J'ai l'espoir de retrouver mes clés.

Mes parents, chaque jour, prennent le train de huit heures.

❹ Trouve un groupe verbal pour chacun de ces sujets.

Je ....

Kim ....

Les voitures ....

Bavarder ....

❺ Invente des phrases en suivant les indications.

Un groupe sujet et un groupe verbal

....

Un groupe sujet, un groupe verbal et un complément

....

Un groupe sujet, un groupe verbal et deux compléments

....

J'écris

❻ Écris un court texte (5 ou 6 phrases) sur la vie des abeilles. Chaque phrase doit contenir les 3 groupes.

Des mots pour aider :

les abeilles – la reine – les ouvrières

Le sujet

Programmes 2016, ajustements 2018 – connaissances et compétences associées :

- Identifier les principaux constituants d'une phrase simple en relation avec sa cohérence sémantique (de quoi on parle, ce qu'on en dit).
- Observation et analyse de l'ordre des mots et des groupes syntaxiques.
- Mise en évidence des groupes syntaxiques : le groupe sujet de la phrase, le groupe verbal (ce qu'on dit du sujet) et les compléments.
- Classes de mots : noms, verbes, déterminants, adjectifs, pronoms personnels sujets.

Compétences en lien abordées en CE2 :

- Identifier les principaux constituants d'une phrase simple en relation avec sa cohérence sémantique (de quoi on parle, ce qu'on en dit et les compléments).
- Identifier des groupes dans la phrase.
- Reconnaitre le groupe nominal.

Séance 1 | Lecture, compréhension du texte et approche de la notion

Objectifs
- Lire et comprendre un texte.
- Lire à haute voix de manière expressive.
- Repérer les groupes dans la phrase.

Matériel

Individuel
- Photocopie individuelle du texte *Le tigre*. 2. Texte individuel
- Crayons de couleur.

Collectif
- Le même texte projeté collectivement au tableau. 2. Texte collectif

Déroulement

1. Compréhension du texte

Faire lire le texte silencieusement.

Vérifier la compréhension en posant quelques questions :

– Sur le vocabulaire : *prédateur, fiction, félidé, bondissant, solitaire.*

– Sur le contenu du texte :

Que fait le tigre la nuit ?

Le tigre est-il toujours représenté comme un animal dangereux ?

Pourquoi dit-on du tigre qu'il est un animal solitaire ?

Quelle est l'espèce de tigre la plus connue ?

Faire faire une lecture expressive du texte par les élèves.

Le tigre

Les tigres sont de redoutables prédateurs. Ces félidés ont besoin de 11 kg de viande par jour. Ils aiment chasser la nuit et ils peuvent voir 5 fois mieux que l'homme dans l'obscurité.

Dans les fictions, c'est souvent un personnage dangereux. Dans *Le Livre de la jungle*, Shere Khan est le pire ennemi de Mowgli. À l'inverse, Tigrou est l'ami de Winnie l'ourson. C'est un tigre joyeux et bondissant.

Dans la réalité, cet animal sauvage est très solitaire. Il n'aime pas partager son territoire avec les autres mâles. Le félin marque son territoire avec son urine afin d'éviter les intrus.

Il y a plusieurs espèces. Le tigre du Bengale est le plus connu avec sa fourrure blanche et orange rayée de noir.

Ces mammifères sont malheureusement menacés de disparition.

2. Zoom sur la notion étudiée

Faire colorier en bleu, dans le texte, les groupes de mots qui répondent aux questions suivantes :

Qui sont de redoutables prédateurs ? → les tigres

Qui aime chasser la nuit ? → ils (pronom de reprise qui remplace « les tigres »)

Qui est l'ami de Winnie l'ourson ? → Tigrou

Qui est le pire ennemi de Mowgli ? → Shere Khan

Qui est le plus connu ? → le tigre du Bengale

Qui n'aime pas partager son territoire ? → il

Attention/erreurs possibles

Certains élèves peuvent colorier par erreur les mots remplacés par des pronoms des phrases précédentes. Bien leur faire relire les groupes de mots de la phrase dont est issue la question.

Prolongement

On pourra travailler sur les substituts en lecture.

Séance 2 | Réactivation des connaissances

Objectifs
- Identifier le groupe sujet et le groupe verbal en utilisant une stratégie pertinente.
- Connaitre le rôle du sujet dans la phrase.
- Distinguer les différentes classes de mots du groupe sujet.

Matériel

Individuel et binômes
- Photocopie individuelle du texte *Le tigre*. 2. Texte individuel
- Phrases reproduites sur de petites étiquettes. 2. Étiquettes individuelles (1)
- Crayons de couleur.
- Ciseaux.
- 1 bande bleue, 1 bande jaune et 1 bande verte.

Collectif
- Le même texte projeté collectivement au tableau. 2. Texte collectif
- 1 bande bleue, 1 bande jaune, 1 bande verte.
- Phrases reproduites sur de grandes bandes de papier. 2. Étiquettes collectives (1)
- Pâte adhésive.

| Le tigre du Bengale est le plus connu. |
| Tigrou est l'ami de Winnie l'ourson. | Il marque son territoire. |
| Cet animal sauvage est très solitaire. | Ils aiment chasser la nuit. |
| Shere Kahn est le pire ennemi de Mowgli. |

Déroulement

1. Zoom sur les groupes de mots dans la phrase

a) Recherche individuelle

Consigne :

« Vous disposez de 6 phrases. Vous allez analyser les phrases en séparant les groupes de la phrase. Vous placerez ensuite ces groupes de mots sur leur bande respective : bleue pour les sujets, jaune pour les groupes verbaux et verte pour les compléments. »

Une première phrase est réalisée collectivement.

L'enseignant·e passe dans les rangs et aide les élèves qui en ont besoin en travaillant avec eux sur une phrase en particulier.

b) Mise en commun

Chaque phrase est corrigée.

Pour chaque phrase, un élève vient découper les groupes de mots et placer les 3 groupes obtenus sur les bandes correspondantes.

Résultats attendus :

Le tigre du Bengale est le plus connu.

Tigrou est l'ami de Winnie l'ourson.

Il marque son territoire.

Cet animal sauvage est très solitaire.

Ils aiment chasser la nuit.

Shere Kahn est le pire ennemi de Mowgli.

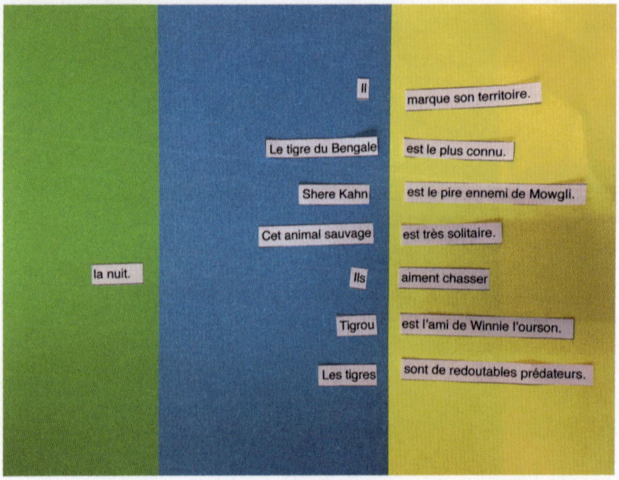

Rappeler le nom des groupes de mots : groupe sujet pour la bande bleue, groupe verbal pour la bande jaune, la bande verte pour les compléments répondant aux questions « où ? », « quand ? ».

Écrire ces mots sur les bandes.

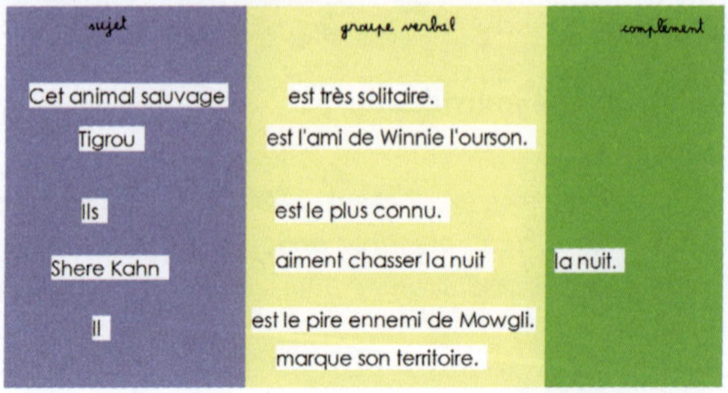

2. Situation problème

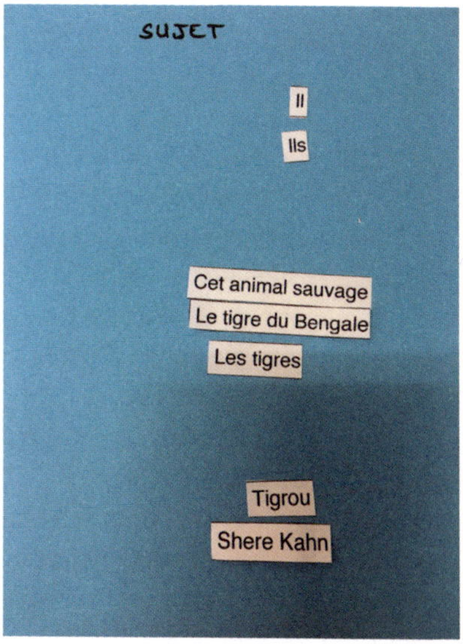

a) Recherche en binômes

L'enseignant·e retire la bande jaune du groupe verbal et la bande verte des compléments puis il/elle demande alors aux élèves d'analyser les différents groupes de mots de la bande sujet.

Consigne :

« *Vous allez classer les différents sujets selon vos propres critères que vous devrez expliquer.* »

b) Mise en commun

Chaque binôme propose son classement.

Classement obtenu/attendu :

– 1 mot : pronom, noms propres)/plusieurs mots (GN)

– Pronom/nom propre/GN

Attention/erreurs possibles

Un groupe d'élèves pourrait proposer spontanément le classement suivant : « pronom personnel » – « animal réel » – « animal de fiction » Ce classement est tout à fait possible mais non attendu dans notre cas. Le mot « Tigrou » est souvent associé au personnage de fiction issu du dessin animé *Winnie l'ourson*. On pourra les faire réfléchir sur le fait qu'« un tigre réel » peut aussi s'appeler « Tigrou ». Dans tous les cas, on redirigera les élèves vers la catégorisation attendue ci-dessus.

Faire relire tous les sujets et rappeler que, dans une phrase, le sujet peut être constitué d'un mot seul ou de plusieurs mots. Il peut s'agir d'un pronom personnel, d'un nom propre (simple ou composé) ou d'un groupe de mots autour d'un nom (la dénomination GN est souvent oubliée et sera retravaillée ultérieurement). À ce stade, les élèves sont capables de nommer les différents mots : pronom personnel, prénom (ou nom propre) et groupe du nom en se rappelant de ce qu'ils ont déjà vu en CE2.

3. Appropriation individuelle

Écrire la phrase suivante au tableau :

Dans les zoos, les tigres sont dangereux.

(NB : Aux élèves de CM2, on pourra proposer la phrase suivante : Les tigres, dans les zoos, sont dangereux.)

La faire lire à voix haute par un élève.

Demander aux élèves de la recopier sur le cahier d'essais puis de colorier le sujet en bleu.

Séance 3 | Approfondissement de la notion

Objectifs
- Identifier le groupe sujet et le groupe verbal.
- Comprendre la relation sujet/verbe.
- Savoir que le sujet commande l'accord du verbe.

Matériel

Pour chaque binôme
- Les étiquettes de la séance 2. 2. Étiquettes individuelles (2)
- Bandes de couleur.
- Feuille vierge pour la recherche.

Collectif
- Le même texte projeté collectivement au tableau. 2. Texte collectif
- 1 bande bleue, 1 bande jaune.
- Les phrases de la séance 2, reproduites sur de grandes bandes de papier. 2. Étiquettes collectives (2)
- Pâte adhésive.

Le tigre du Bengale est le plus connu.

Tigrou est l'ami de Winnie l'ourson. | Il marque son territoire.

Cet animal sauvage est très solitaire. | Ils aiment chasser la nuit.

Shere Kahn est le pire ennemi de Mowgli.

On ajoutera l'étiquette :

Les tigres sont de redoutables prédateurs.

Déroulement

1. Zoom sur l'accord sujet/verbe

a) Réactivation

L'enseignant·e replace la bande bleue et la bande jaune comportant les étiquettes de la séance 2, positionnées correctement dans leur bande respective.

Les élèves relisent collectivement les étiquettes de la bande « sujet » puis les étiquettes de la bande « groupe verbal ».

L'enseignant·e distribue une nouvelle étiquette phrase et demande aux élèves de séparer les groupes, puis de placer sujet, groupe verbal et complément dans les bandes respectives.

b) Manipulations et recherches en binômes
Consigne :
« *Vous allez travailler en binômes. Vous utiliserez les étiquettes de la bande* sujet *et celles de la bande* groupe verbal. *Vous allez créer de nouvelles phrases en utilisant les étiquettes de votre choix.* » (On peut leur demander d'écrire les nouvelles phrases sur une feuille.)

2. Mise en commun

L'enseignant·e choisit un groupe verbal et demande à un élève de venir choisir le groupe sujet qui peut correspondre.
La proposition est discutée/validée collectivement.
L'activité est reprise avec les autres groupes verbaux.
On acceptera les correspondances suivantes :
Shere Kahn/Tigrou/il/cet animal sauvage peuvent correspondre avec les groupes verbaux suivants :
- est le plus connu ;
- est très solitaire ;
- marque son territoire ;
- est l'ami de Winnie l'ourson.

Deux solutions sont possibles pour *les tigres* et *ils*.
- Les tigres aiment chasser la nuit.
- Ils sont de redoutables prédateurs.

Il sera intéressant de discuter sur des erreurs de correspondance du type :
- Le tigre du Bengale aim<u>ent</u> chasser la nuit.
- Ils <u>est</u> très solitaire.

Le verbe est nommé. On regarde les terminaisons. Celles-ci sont soulignées.

3. Conclusion

– Le sujet est souvent placé devant le verbe.
– Le sujet commande les changements du verbe.
Avec des CM2, on pourra proposer une phrase avec un sujet placé après le verbe (phrase interrogative). Par exemple : Marque-t-il son territoire ?

4. Appropriation individuelle

Les élèves choisissent des sujets qui peuvent correspondre aux groupes verbaux proposés.

.... sont menacés de disparition.
.... ont besoin de 5 kg de viande par jour.
.... marque son territoire.

Les élèves lisent les groupes verbaux puis les complètent en écrivant les phrases sur le cahier.

Mémo, carte mentale et synthèse

Le sujet

Le sujet est un mot ou un groupe de mots.
Il est :
– un groupe nominal (GN)
– un nom propre
– un pronom personnel
– un verbe à l'infinitif (CM2)
Le sujet est un groupe indispensable.
Il n'est pas toujours placé devant le groupe verbal.
Il commande le verbe. On dit que le sujet et le verbe s'accordent.
Ex. : Le tigre chasse.
Ils chassent.
Pour trouver le sujet, on peut s'aider de la formule « *Qui est-ce qui ?* » et répondre « *C'est ... qui...* »
Ex. : Qui est-ce qui aime chasser ?
C'est le tigre qui aime chasser.

2. Mémo : Le sujet

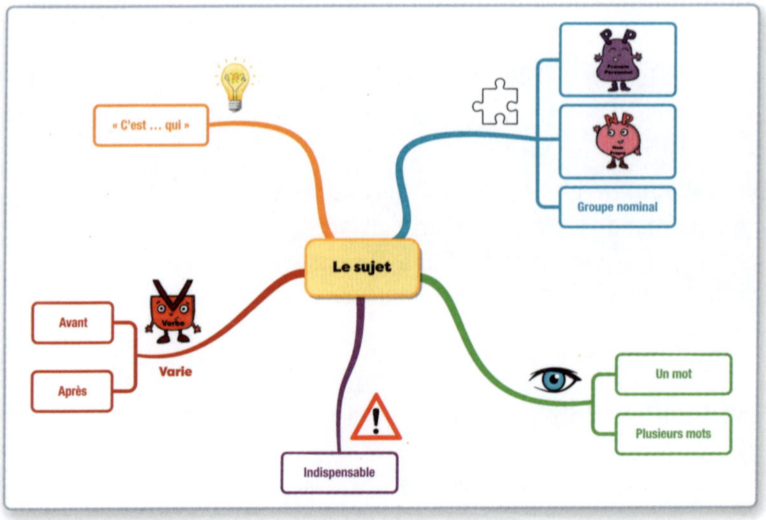

2. Carte mentale : Le sujet

Synthèse animée : pour compléter la synthèse, il est possible de présenter à la classe les petits films d'animation « Reconnaitre le groupe nominal sujet » et « Identifier le pronom personnel sujet », réalisés par Canopé (les fondamentaux) et disponibles dans le CD-Rom.

© Canopé

2. Animations

Séances 4 et 5 | Entrainement et réinvestissement

Objectifs
- Mémoriser les notions essentielles (groupe sujet).
- Réinvestir ses connaissances dans des exercices d'application.

Organisation Travail individuel, correction individuelle ou collective.

Matériel
- Fiche élève (2 niveaux). 2. Fiche 2
- Cahier d'essais.

Objectifs visés CM1 (niveau 1) et CM2 (niveau 2) :

Ex. 1 : Identifier le groupe sujet dans une phrase.
Ex. 2 : Associer groupe sujet et groupe verbe.
Ex. 3 : Inventer un groupe sujet.
Ex. 4 : Pronominaliser les sujets.
Ex. 5 : Accorder le sujet et son verbe.
Ex. 6 : Inventer des phrases en utilisant 3 sujets de classe grammaticale différente (CM1). Inventer des phrases en utilisant 5 sujets de classe grammaticale différente (GN, pronom personnel, nom propre et verbe à l'infinitif) (CM2).

2 Le sujet

Prénom : ....

Niveau 1

Je m'entraine

❶ Colorie les sujets en bleu.

Les feuilles tombent des arbres.

Tous les matins, elles sont bloquées sur le pont.

Vous déposez les tuiles sur le toit.

La plante de la cuisine est en train de faner.

Julien a pris le train à 8 heures.

❷ Associe le groupe sujet au groupe verbal qui convient.

Les chats •	• n'aime pas l'école.
Salma •	• mangez une tarte aux pommes.
Vous •	• fait ses devoirs.
L'écolier •	• se mettent en boule.
Les fleurs •	• se sont ouvertes.

❸ Trouve un groupe sujet pour chacun de ces groupes verbaux.

.... offrons des fleurs à notre grand-mère.

.... aime la natation.

.... jouent aux cartes tous les soirs.

.... a eu un petit frère.

❹ Récris les phrases en remplaçant chaque sujet par un pronom personnel.

Les écureuils cherchent leur nourriture à l'automne.

....

Le livre est posé sur la table.

....

Léa et moi allons au marché.

....

❺ Recopie ce texte en commençant par « Mathieu et Lucas ». Fais attention aux changements.

Lucas est en Bretagne. Il joue dans la dune. Le garçon se roule dans le sable mouillé. Il a bientôt un peu froid.

....

....

....

....

J'écris

❻ Écris trois phrases : l'une avec un sujet pronom personnel, une deuxième avec un sujet (GN) et une troisième avec un sujet « nom propre ».

2 Le sujet

Prénom : ....

Niveau 2

Je m'entraine

❶ Colorie les sujets en bleu.

J'ai abimé mes chaussures neuves.

Depuis 5 ans, nos enfants font du judo.

Demain, elles fêteront leur anniversaire.

En raison des intempéries, on ne peut pas aller à la grotte.

Julien, depuis ce matin, est souffrant.

Dessiner est une activité reposante.

❷ Associe le groupe sujet au groupe verbal qui convient.

Les chiens •	• prépare une recette.
Kim et Lola •	• mangerons à 18 heures précises.
Nous •	• ont vu l'éclipse.
L'enfant •	• est interdit.
Les tuiles •	• sont en mauvais état.
Tricher •	• aboient tout le temps.

❸ Trouve un groupe sujet pour chacun de ces groupes verbaux.

Avez-............. vu mon nouveau livre de recettes ?

.... apparait en mai.

.... rentrent dans l'enclos.

À quelle heure vient-............. prendre ses affaires ?

❹ Récris les phrases en remplaçant chaque sujet par un pronom personnel.

Les serpents sont des animaux dangereux.

....

Léa et Martin ont l'air calmes.

....

La danse n'aura plus de secret pour vous.

....

Liam est parti à la pêche et Léa préfère se reposer.

....

❺ Sur ton cahier, recopie ce texte en commençant par « Lucie et Pauline ». Fais attention aux changements.

Lucie est en Corse. Elle joue dans la montagne. La fille plonge dans la rivière glacée. Elle a bientôt un peu froid. L'enfant redescend tranquillement jusqu'à la maison.

J'écris

❻ Écris cinq phrases : l'une avec un sujet pronom personnel, deux autres avec un sujet (GN), une avec un sujet « nom propre » et une dernière avec un verbe infinitif.

Les phrases affirmatives et négatives

Programmes 2016, ajustements 2018 – connaissances et compétences associées :

– Identifier les principaux constituants d'une phrase simple en relation avec sa cohérence sémantique (de quoi on parle, ce qu'on en dit).
– Observation et analyse de l'ordre des mots et des groupes syntaxiques.
– Identification et construction des phrases affirmatives et négatives.
– Savoir utiliser les adverbes à bon escient lors de la transformation des phrases.

Compétences en lien abordées en CE2 :

– Identification des principaux constituants d'une phrase simple en relation avec sa cohérence sémantique.
– Mettre une phrase à la forme négative pour identifier le verbe.
– Identification des phrases affirmatives et négatives.

Séance 1 | Lecture, compréhension du texte et approche de la notion

Objectifs

- Lire et comprendre un texte.
- Lire à haute voix de manière expressive.
- Associer et distinguer les formes affirmative et négative d'une même phrase à l'oral.

Matériel

Individuel et binôme

- Photocopie individuelle du texte *Eau précieuse !* 3. Texte individuel
- Crayon à papier noir.
- Feuille de dessin.

Collectif

- Le même texte projeté collectivement au tableau. 3. Texte collectif
- Crayon rouge.

Déroulement

1. Compréhension du texte

Faire lire le texte silencieusement, puis à voix haute.

Vérifier la compréhension en posant quelques questions :

– Sur le vocabulaire : *économiser, source, actionner, produits ménagers, biodégradable.*

– Sur le contenu du texte :

D'où vient l'eau ?

Combien y a-t-il de conseils ?

Pourquoi l'eau est-elle précieuse ?

Faire reformuler les idées du texte.

Eau précieuse !

Chaque jour, l'eau est gaspillée. Même si la pluie et les glaciers apportent continuellement de l'eau sur notre planète ou alimentent en eau douce les lacs et les rivières, c'est une source de vie qui s'épuise.

Voici dix gestes quotidiens pour économiser l'eau :

1. On prend une douche plutôt qu'un bain.
2. La durée de la douche peut être réduite.
3. On ne laisse pas le robinet goutter.
4. Le robinet ne doit pas couler pendant le brossage des dents.
5. Il ne faut pas actionner la chasse d'eau inutilement.
6. On fait toujours tourner la machine à laver pleine.
7. On récupère l'eau de pluie pour arroser les plantes.
8. Tout le monde devrait utiliser l'eau de pluie pour laver sa voiture.
9. On doit toujours boire l'eau du robinet filtrée.
10. On choisit des produits ménagers biodégradables pour ne pas polluer notre environnement.

Si tu as tout compris, fais ce qu'il faut pour préserver cette ressource indispensable !

2. Zoom sur la notion étudiée

Demander aux élèves, par binômes, de choisir un conseil et d'illustrer l'action/le verbe.

L'enseignant·e affiche l'illustration du premier conseil au tableau.

Demander aux élèves de reformuler le conseil selon les deux possibilités suivantes : le dire à la forme affirmative (tel qu'il est dans le texte pour le conseil 1) puis à la forme négative (l'élève le transforme). Exemple : On prend une douche. On ne prend pas de douche.

Poursuivre de la même manière avec les autres conseils.

À la fin, on reviendra au texte et on vérifiera la forme des conseils. S'ils sont exprimés en phrase affirmative, on ne touche pas au dessin. S'ils sont exprimés à la forme négative, on viendra barrer le dessin en rouge proprement.

Exemple d'illustrations et résultat final :

À noter : Dans la phrase « On prend une douche plutôt qu'un bain », certains élèves voudront proposer une modification de la phrase « On prend un bain plutôt qu'une douche ». Celle-ci ne peut être validée puisqu'on ne retrouve pas l'emploi des adverbes de négation. Il s'agit simplement d'un changement de GN. On pourra contourner le problème en proposant de travailler en commençant par le conseil 10 et en finissant par le conseil 1.

Prolongement

Dans une autre séance, dans le cadre de l'interdisciplinarité, on pourra travailler sur la pollution et les enjeux de l'eau liés à l'environnement.

Séance 2 | Réactivation des connaissances

Objectifs

- Identifier les marqueurs de négation.
- Transformer à l'oral comme à l'écrit une phrase affirmative en phrase négative et inversement.
- Associer et employer correctement les adverbes lors de la transformation.

Matériel

Pour chaque binôme

- Photocopie individuelle du texte *Eau précieuse !* 3. Texte individuel
- Phrases reproduites sur de petites étiquettes. 3. Étiquettes individuelles
- Ciseaux.

Collectif

- Texte projeté collectivement au tableau. 3. Texte collectif
- Phrases reproduites sur de grandes bandes de papier. 3. Étiquettes collectives
- Pâte adhésive.

1. On prend une douche plutôt qu'un bain.

2. La durée de la douche peut être réduite.

3. On ne laisse pas le robinet goutter.

4. Le robinet ne doit plus couler pendant le brossage des dents.

5. Il ne faut pas actionner la chasse d'eau inutilement.

6. On fait toujours tourner la machine à laver pleine.

7. On récupère l'eau de pluie pour arroser les plantes.

8. Tout le monde devrait utiliser l'eau de la pluie.

9. On doit toujours boire de l'eau du robinet filtrée.

10. On choisit des produits ménagers biodégradables.

Déroulement

1. Manipulation et recherche

Les élèves travaillent en binômes.

Demander aux élèves de découper les étiquettes et de les classer : d'un côté les phrases affirmatives, de l'autre les phrases négatives.

On obtient le classement suivant :

• Pour les phrases affirmatives :

1. On prend une douche plutôt qu'un bain.
2. La durée de la douche peut être réduite.
6. On fait toujours tourner la machine à laver pleine.
7. On récupère l'eau de pluie pour arroser les plantes.
8. Tout le monde devrait utiliser l'eau de pluie pour laver sa voiture.
9. On doit toujours boire l'eau du robinet filtrée.
10. On choisit des produits ménagers biodégradables pour ne pas polluer notre environnement.

• Pour les phrases négatives :

3. On ne laisse pas le robinet goutter.
4. Le robinet ne doit pas couler pendant le brossage des dents.
5. Il ne faut pas actionner la chasse d'eau inutilement.

Le classement est validé. Les élèves sont invités à colorier les adverbes de négation dans les conseils 3, 4 et 5.

2. Transformer à la forme négative

Consigne :

« Vous allez transformer les conseils 6, 7, 8 et 10 par écrit à la forme négative. Vous travaillez en binômes. »

Faire une correction collective au tableau.

3. Appropriation individuelle

Écrire les phrases suivantes au tableau et demander aux élèves de les transformer, sur le cahier d'essais, soit à la forme affirmative, soit à la forme négative :

Je n'ai pas ajouté de sel.

J'aime les mathématiques.

Il pleut encore.

Séance 3 | Approfondissement de la notion

Objectifs
- Identifier les marqueurs de négation.
- Transformer à l'oral comme à l'écrit une phrase affirmative en phrase négative et inversement.
- Associer et employer correctement les adverbes lors de la transformation.

Matériel
Pour chaque groupe
- Crayon.
- Feuille d'écriture.
- 2 dés : l'un avec des verbes, le second avec des adverbes. 3. Dés
- Étiquettes des phrases de la séance 2. 3. Étiquettes collectives

Déroulement

1. Recherche et manipulation

Répartir les élèves en groupes de 2 ou 3 élèves.

Leur donner le matériel : 2 dés différents (l'un avec des verbes, le second avec des adverbes).

Demander aux élèves de citer des adverbes et de dire dans quelle forme de phrases on les trouve.

L'enseignant·e écrit au tableau les associations d'adverbes pour passer d'une forme à l'autre.

Ex. : l'adverbe « encore » employé à la forme affirmative est remplacé par les adverbes « ne plus » à la forme négative.

Consigne :

« Vous devez lancer les 2 dés. Vous obtenez un verbe et un adverbe. Vous devez écrire une phrase dans laquelle vous les utilisez.

Si vous obtenez la face « point d'interrogation » *du dé des verbes, vous pouvez choisir le verbe que vous voulez.*

Circuler dans la classe et contrôler les propositions des différents groupes.

Vérifier la bonne compréhension des consignes.

Écouter les élèves débattre sur les propositions d'écriture des phrases.
Exemple : travailler/plus devient : Il ne travaille plus.
Les élèves écrivent leurs phrases sur la feuille d'écriture.

2. Mise en commun

Laisser les différents groupes proposer, à tour de rôle, une phrase qu'ils viennent écrire au tableau. Ils doivent énoncer la forme de phrase à laquelle elle correspond.
Faire valider la proposition écrite par l'ensemble de la classe.
L'enseignant·e demande aux autres groupes de transposer la phrase oralement à la forme affirmative ou négative.
Par exemple, si la phrase écrite au tableau est affirmative, les autres groupes la transposent oralement à la forme négative.
Une fois que tous les groupes ont proposé 2 ou 3 phrases, demander aux élèves de relire individuellement leur feuille d'écriture et de vérifier les productions.
Les laisser les corriger si nécessaire, en prenant en compte les remarques qui ont été faites pendant la correction. Les élèves pourront éventuellement se relire à deux.
Relever les fiches afin de les corriger.

3. Conclusion

Les phrases à la forme négative contiennent très souvent les adverbes de négation *ne* et *pas*. Il y a aussi des compositions plus complexes (*ne point*, *ni ni*...).

Mémo, carte mentale et synthèse

Les formes des phrases

Une phrase peut avoir deux formes :

– La forme affirmative est utilisée pour donner une information ou décrire une action qui se produit.

– La forme négative est utilisée pour nier une information. L'action décrite ne se produit pas.

Dans une phrase à la forme négative, le verbe est généralement entouré des adverbes de négation *ne/n'* et *pas*.

Il y a d'autres adverbes de négation : *ne/n'* et *plus*, *ne/n'* et *jamais*, *ne/n'* et *rien*, *ne/n'* et *personne*, *ne/n'* et *aucun*, *ni* et *ni*.

3. Mémo : Les formes des phrases

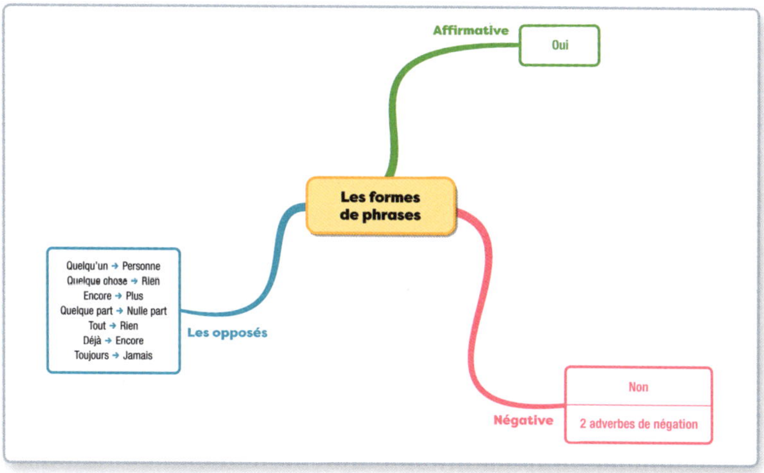

3. Carte mentale : Les formes de phrases

Synthèse animée : pour compléter la synthèse, il est possible de présenter à la classe les petits films d'animation « La phrase négative » et « La phrase affirmative », réalisés par Canopé (les fondamentaux) et disponibles dans le CD-Rom.

© Canopé

3. Animations

Séances 4 et 5 | Entrainement et réinvestissement

Objectifs	- Mémoriser les notions essentielles (Les phrases affirmative et négative). - Réinvestir ses connaissances dans des exercices d'application.
Organisation	Travail individuel, correction individuelle ou collective.
Matériel	- Fiche élève (2 niveaux). 3. Fiche 3 - Cahier d'essais.

Objectifs visés CM1 (niveau 1) et CM2 (niveau 2) :

Ex. 1 : Identifier des phrases négatives.
Ex. 2 : Repérer les négations dans les phrases négatives.
Ex. 3 : Ajouter des négations pour écrire des phrases négatives.
Ex. 4 : Transformer des phrases négatives en phrases affirmatives.
Ex. 5 : Corriger des phrases négatives en ajoutant des mots manquants.
Ex. 6 : Écrire 3 phrases affirmatives et 3 phrases négatives (CM1)./Écrire 5 phrases affirmatives et 5 phrases négatives (CM2).

3 Les phrases affirmatives et négatives

Prénom : ....

Niveau 1

Je m'entraine

❶ **Colorie les phrases négatives.**

Le rhinocéros est sorti de l'eau. Elle n'achètera plus cette revue insupportable. Le bus ne passe pas toutes les heures ! Il n'y a jamais de place dans ce parking. Ulysse est un héros de la mythologie. Maya fera un gâteau au chocolat. Nous ne déjeunons pas ensemble.

❷ **Colorie les négations.**

Il ne pleut jamais dans cette région.

Je n'y vois rien.

Personne ne viendra ce soir.

Les clés ne sont plus sur la porte.

❸ **Ajoute des négations pour écrire des phrases négatives. Écris-les sur ton cahier.**

ne… rien / ne … pas / ne … jamais
ne … plus / ne … aucun / ne … personne

Elle mange toujours du pain.

Les fenêtres sont brisées.

Je joue toujours aux dominos.

Clara sait tout.

❹ **Transforme les phrases négatives en phrases affirmatives.**

Tu ne veux plus manger ?

....

Martin ne veut pas venir.

....

Elle n'est jamais à l'heure !

....

❺ **Récris ces phrases en ajoutant les mots manquants.**

Je joue pas !

....

Vous venez pas ?

....

Matthias ne comprend la question.

....

Il part jamais sans son sac noir.

....

J'écris

❻ **Écris 6 règles de vie dans la classe : 3 affirmatives et 3 négatives.**

3 Les phrases affirmatives et négatives

Prénom : ....

Niveau 2

Je m'entraine

❶ **Colorie les phrases négatives.**

Je travaille en silence. Il n'y a ni pain, ni eau sur la table. Il n'a rien écrit sur son cahier. Ces peintres ont du talent. Depuis deux heures, nous patientons sagement. Gustave ne joue plus de la guitare. Attends quelques minutes ! Cléa n'est pas gentille avec son frère. N'y va pas !

❷ **Colorie les négations.**

L'oisillon ne veut plus manger.
On n'y voit plus rien dans ce tunnel.
Il n'y a aucun bruit dans cette maison.
Je n'aime ni la mayonnaise ni le ketchup.
Personne n'est entré dans le chalet.

❸ **Ajoute des négations pour écrire des phrases négatives. Écris-les sur ton cahier.**

ne… rien / ne … pas / ne … jamais / ne … guère
ne … plus / ne … aucun / ne … personne

Elle aime beaucoup le champagne.
Marie veut tout !
Pierre va toujours dans ce supermarché.
Quelqu'un est monté à l'étage ?
Ces bonbons collent souvent aux dents.
Il est encore là ?

❹ **Transforme les phrases négatives en phrases affirmatives.**

Paul n'a jamais visité ce musée.

....

Personne ne viendra à cette heure tardive.

....

Il n'y a aucun animal dans le jardin !

....

Elle n'aime pas les artichauts.

....

❺ **Récris ces phrases en ajoutant les mots manquants.**

On a pas assez d'argent.

....

Il a pas pris son téléphone ?

....

Je n'y vais !

....

Il dort jamais sans son doudou.

....

J'écris

❻ **Écris 10 règles de vie dans la classe : 5 affirmatives et 5 négatives.**

Le verbe

Programmes 2016, ajustements 2018 – connaissances et compétences associées :
- Comprendre le fonctionnement du verbe et l'orthographier.
- Reconnaissance du verbe.
- Place et rôle du verbe.
- Morphologie verbale en appui sur les régularités et la décomposition du verbe (radical/marques de temps - marques de personnes).

Compétences en lien abordées en CE2 :
- Comprendre la construction de la forme conjuguée du verbe (radical/terminaison).
- Notions de marques liées au temps.
- Familiarisation avec l'indicatif présent, imparfait et futur de certains verbes et mémorisation de marques régulières liées aux personnes.

Séance 1 | Lecture, compréhension du texte et approche de la notion

Objectifs
- Lire et comprendre un texte.
- Lire à haute voix de manière expressive.
- Identifier le temps d'une phrase.
- Rappeler le lien entre le temps et le changement de la forme verbale.
- Distinguer passé/présent/futur.

Matériel
Individuel
- Photocopie individuelle du texte *Leçon de conjugaison.* 4. Texte individuel
- Crayons de couleur (rouge et vert).

Collectif
- Le même texte projeté collectivement au tableau. 4. Texte collectif

Déroulement

1. Compréhension du texte

> **Leçon de conjugaison**
>
> Karim et Alia se penchent sur leur livre de français. Attablés depuis une heure, ils tentent d'apprendre leur leçon de conjugaison, en vain. Leur attention est sans cesse accaparée par les bruits du jardin. Tout à l'heure, ils regardaient les poules picorer les grains de maïs. Maintenant, ce sont les chats qui jouent avec le linge étendu. Ils ont l'air heureux.
>
> Karim propose finalement à sa sœur de réciter ce qu'elle sait :
> – Je mange, tu manges, il mange, répond la petite.
> – Non Alia, c'est le présent. Tu dois réciter le verbe au futur.
> – Je mangeais, tu mangeais… poursuit encore l'enfant agacée.
> – Non, pas l'imparfait, le futur. Essaie encore.
> – Je mangerai ? tente Alia sans conviction.
> – C'est bien cela ! Maintenant, donne-moi toutes les personnes.
>
> Alia s'exécute en soufflant. Soudain, elle s'interrompt et s'enfuit dans le jardin. Bien qu'étonné par son départ précipité, Karim finira sa leçon et rejoindra sa sœur quelques minutes plus tard.

• Faire lire le texte silencieusement.

Vérifier la compréhension en posant quelques questions :

– Sur le vocabulaire : *attablés, accaparée, s'interrompre, conviction.*

– Sur le contenu du texte :
Que font les enfants ?
Par quoi leur attention est-elle accaparée ? Que fait Karim pour aider sa sœur ? Alia récite-t-elle tout le verbe à son frère ? Karim apprend-il sa leçon ?

• Faire une lecture expressive du texte.

2. Zoom sur la notion étudiée

Demander aux élèves de prendre un crayon à papier pour entourer des phrases du texte.

Deux entrées sont possibles :

– Chercher une phrase au présent, une phrase au passé et une phrase au futur.

– Proposer trois phrases et dire si elles sont au passé, présent ou futur.

Karim et Alia se penchent sur leur livre de français. → présent

Tout à l'heure, ils regardaient les poules picorer les grains de maïs. → passé

Karim finira sa leçon et rejoindra sa sœur quelques minutes plus tard. → futur

Pour chaque phrase, faire colorier l'indicateur de temps s'il y en a un et le remplacer par les mots *aujourd'hui, demain, hier.*

Faire rechercher le verbe dans chaque phrase et le colorier en rouge.

On obtient :

(Aujourd'hui) Karim et Alia se penchent sur leur livre de français.

Tout à l'heure (= hier), ils regardaient les poules picorer les grains de maïs.

Karim finira sa leçon et rejoindra sa sœur quelques minutes plus tard (= demain).

Faire transformer les trois phrases oralement en modifiant l'indicateur de temps (hier, aujourd'hui, demain).

Ex. : Demain, Karim et Alia se pencheront sur leur livre de français.

Faire transformer les trois phrases en modifiant les sujets (*nous* et *vous* sont particulièrement pertinents pour leurs transformations que l'on entend bien).

Faire constater qu'il y a un mot qui change. C'est le verbe. Il varie en fonction du temps (et du sujet).

Prolongement

Dans une prochaine séance de français, on pourra proposer un travail sur le dialogue.

Séance 2 | Réactivation des connaissances

Objectifs

- Distinguer les verbes conjugués des verbes à l'infinitif.
- Savoir que la terminaison d'un verbe conjugué varie en fonction du temps et du sujet.

Matériel

Individuel

- Photocopie individuelle du texte *Leçon de conjugaison.* 4. Texte individuel
- Phrases reproduites sur de petites étiquettes. 4. Étiquettes individuelles (1)
- 1 bande rouge.
- Ciseaux.

Collectif

- Texte projeté collectivement au tableau. 4. Texte collectif
- Phrases reproduites sur de grandes bandes de papier. 4. Étiquettes collectives (1)
- Pâte adhésive.
- Figurines. Figurines « verbe conjugué » et « verbe à l'infinitif »

Ils ont l'air heureux.

Karim est d'abord étonné.

Tout à l'heure, ils regardaient les poules picorer les grains de maïs.

Karim finira sa leçon et rejoindra sa sœur quelques minutes plus tard.

Je mange.

Attablés depuis une heure, ils tentent d'apprendre leur leçon de conjugaison.

Déroulement

1. Zoom sur les verbes

Consigne :

« Vous disposez de 6 phrases. Vous allez analyser les phrases et rechercher tous les verbes que vous découperez. Vous poserez les verbes trouvés sur la bande rouge. »

a) Recherche

Une première phrase est réalisée collectivement. Dans la phrase *Je mange.*, le verbe *mange* est isolé.

La difficulté dans cet exercice vient du fait que les élèves vont surement identifier les verbes conjugués et laisser les verbes à l'infinitif. L'enseignant·e passe dans les rangs pour s'assurer que les verbes à l'infinitif sont repérés et aider les élèves qui en ont besoin, en travaillant avec eux sur une phrase en particulier.

b) Mise en commun

Chaque phrase est corrigée. Pour chaque phrase, un élève vient découper les verbes. On obtient :

mange – ont (l'air) – est – regardaient – picorer – finira – rejoindra – tentent – apprendre

Erreurs/remédiation

En cas d'erreur dans la sélection des verbes, faire conjuguer les mots trouvés et vérifier leur possibilité d'être conjugués ou non (ex. : *je étonné/nous heureux...*). Pour l'expression *ont l'air*, les élèves ne garderont que l'auxiliaire *ont*. Montrer qu'on peut le remplacer par le verbe *sembler*. Il s'agit d'une locution verbale (ou verbe d'état). On pourra rappeler la liste des verbes d'état.

2. Situation-problème

a) Recherche

Consigne :

« Vous allez maintenant trier les verbes isolés selon un classement qui vous parait le plus pertinent. »

b) Mise en commun

Plusieurs classements sont possibles.

- Le classement attendu :
  - Verbes conjugués : mange – ont (l'air) – est – regardaient – finira – rejoindra – tentent.
  - Verbes à l'infinitif : picorer – apprendre.

Recherche les infinitifs des verbes conjugués.

- Autres classements

– Classement selon les temps (passé/présent/futur) et verbes à l'infinitif.

– Classement selon le nombre de personnes (singulier/pluriel) et verbes à l'infinitif.

Exemples de tris en images :

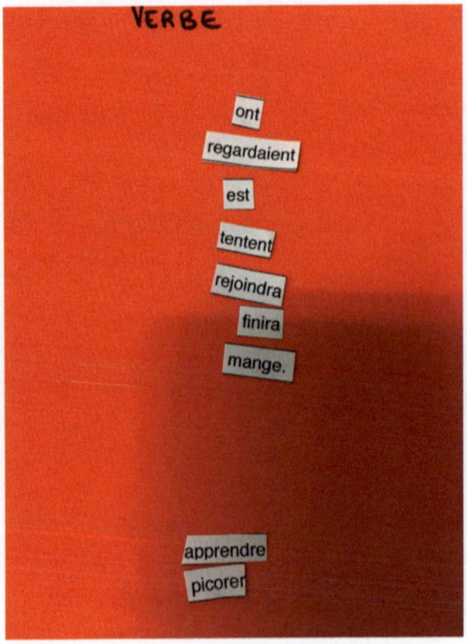

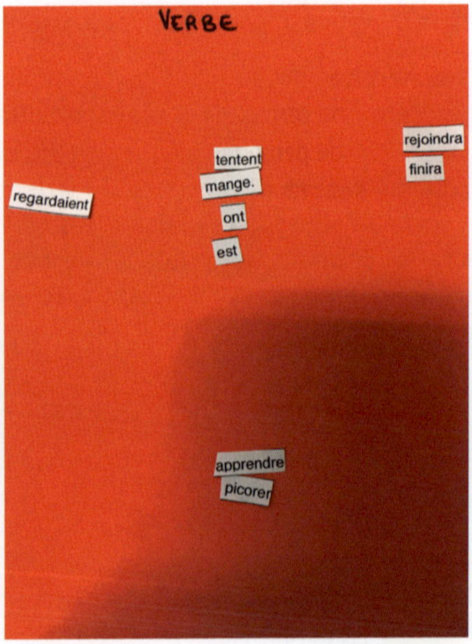

c) Mise en évidence de la structure du verbe

- Structure du verbe : radical/terminaison pour chaque catégorie (conjuguée ou à l'infinitif).
- Placer les figurines.

3. Appropriation individuelle

Classer les verbes suivants en deux colonnes : verbes à l'infinitif et verbes conjugués.

Être, jouaient, manger, descends, écrivent, arrête

Les faire écrire dans le cahier d'essais.

Séance 3 | Approfondissement de la notion

Objectifs

- Connaitre les pronoms personnels de conjugaison.
- Savoir qu'un verbe se compose de deux parties : le radical et la désinence (terminaison).
- Savoir que conjuguer un verbe à un temps donné, c'est faire varier sa terminaison en fonction du pronom personnel sujet (changement de personne et changement de nombre).

Matériel

Pour chaque binôme

- Les étiquettes ci-dessous. 4. Étiquettes individuelles (2)
- 1 bande bleue et une bande rouge.
- Ardoise.

Collectif

- Étiquettes reproduites sur de grandes bandes de papier. 4. Étiquettes collectives (2)
- 1 bande bleue et 1 bande rouge.
- Figurines. 4. Figurines
- Pâte adhésive.

Je	Tu	Il	Elle	Nous	Vous	Ils	Elles	On			
jouer	réciter	e	e	e	e	es	ons	ez	ent	ent	

Déroulement

1. Réactivation

L'enseignant·e distribue l'étiquette du verbe *jouer* et demande aux élèves de trouver la terminaison du verbe à l'infinitif. Les élèves coupent/séparent le radical de la terminaison.

Puis il place les pronoms personnels sujets sur la bande bleue et affiche les étiquettes des terminaisons au tableau en désordre.

2. Appropriation en binômes

a) Entrainement

Consigne :

« Vous allez conjuguer le verbe jouer *en associant le radical aux différentes terminaisons correspondant aux pronoms personnels sujets. »*

Les élèves déplacent le radical pour former le verbe conjugué. Les formes composées associées aux sujets sont retranscrites sur ardoise.

L'enseignant·e circule dans la classe et apporte une aide immédiate le cas échéant.

b) Mise en commun

L'enseignant·e envoie successivement différents élèves au tableau pour conjuguer le verbe pour chaque pronom personnel. Les associations sont discutées et validées collectivement.

Faire relire les terminaisons « e – es – e – ons – ez – ent ».

3. Conclusion

– La terminaison du verbe varie en fonction du pronom personnel et du temps.

– Pour conjuguer le verbe, il faut enlever la terminaison *ER* marquant l'infinitif et la remplacer par la terminaison conjuguée correspondante en fonction de la personne et du temps souhaité.

4. Appropriation individuelle

Conjuguer le verbe *réciter* et l'écrire sur le cahier d'essais.

Mémo, carte mentale et synthèse

Le verbe

Les verbes se classent selon leur terminaison (terminaison en *ER* et les autres).

Le verbe est formé d'un radical et d'une terminaison.

Il peut être à l'infinitif ou conjugué.

Le verbe est une action ou un état.

Ex. : Il mange. → action

Il est étonné. → état

Le verbe varie selon le temps et la personne.

Pour trouver le verbe, on peut le mettre à la forme négative ou utiliser la formule « *C'est ... qui...* ».

4. Mémo : Le verbe

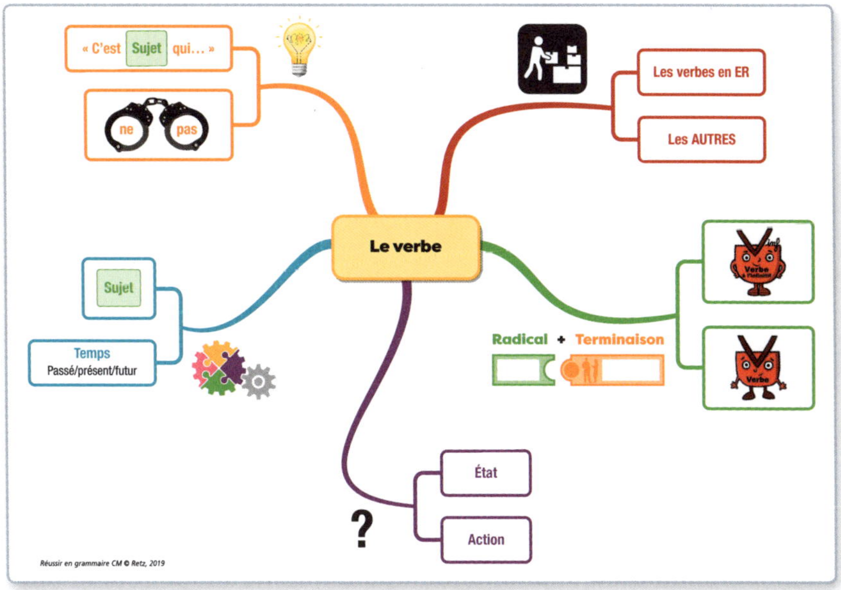

4. Carte mentale : Le verbe

Synthèse animée : pour compléter la synthèse, il est possible de présenter à la classe le petit film d'animation « Identifier un verbe », réalisé par Canopé (les fondamentaux) et disponible dans le CD-Rom.

© Canopé

4. Animation

Séances 4 et 5 | Entrainement et réinvestissement

Objectifs
- Mémoriser les notions essentielles (verbe).
- Réinvestir ses connaissances dans des exercices d'application et une production écrite courte.

Organisation Travail individuel, correction individuelle ou collective.

Matériel
- Fiche élève (2 niveaux). 4. Fiche 4
- Cahier d'essais.

Objectifs visés CM1 (niveau 1) et CM2 (niveau 2) :

Ex. 1 : Identifier le verbe dans une phrase.
Ex. 2 : Associer le connecteur de temps correspondant au temps de la phrase.
Ex. 3 : Distinguer verbes conjugués et verbes à l'infinitif et repérer les terminaisons dans chacune des formes verbales.
Ex. 4 : Transposer des phrases en changeant le pronom personnel.
Ex. 5 : Associer la terminaison en fonction du pronom personnel sujet.
Ex. 6 : Écrire une histoire à l'aide des mots proposés.

4 Le verbe

Prénom : ....

Niveau 1

Je m'entraine

❶ Colorie les verbes en rouge et écris leur infinitif.

Les oiseaux chantent au printemps. ....

Marie semble perdue dans la cour récréation. ....

Trois voitures stationnent devant l'école. ....

Les caisses sont bleues. ....

Les trois enfants jouaient souvent à des jeux de société. ....

❷ Ajoute un connecteur de temps dans les phrases suivantes.

autrefois, hier, aujourd'hui, en ce moment, demain, il y a une semaine

..............................., nous partions en Grèce.

..............................., j'ai corrigé tous les cahiers.

..............................., je roule en voiture électrique.

..............................., les chevaliers mangeaient avec leurs doigts.

❸ Classe les verbes en deux colonnes (verbes conjugués et verbes à l'infinitif) et colorie leur terminaison.

vends – mangent – pouvoir – terminait – prendre – travaillez – dormiront – récite – aller

❹ Récris les phrases avec le pronom personnel proposé.

Elle mange une pomme. (elles)

....

Nous utilisons l'ordinateur. (tu)

....

Je dine au restaurant ce soir. (ils)

....

Les lapins se cachent dans les herbes. (il)

....

❺ Ajoute une terminaison pour que le verbe soit correctement conjugué.

iez | ent | ez | ont | e | ais

Je rang......... ma chambre.

Les filles s'amus......... dans la piscine.

Les Dupont s'envoler......... pour la Chine à 15 h.

Autrefois, vous pertub......... la classe.

J'écris

❻ Écris une histoire avec les mots proposés.

tout à coup – à l'automne – au printemps – prochain – dernier – les enfants – les oiseaux – Nicolas – la famille – étaient – joue – se promène – feront – se perd – s'installeront – faisaient – tombe – dans la forêt – au bord de l'eau – dans la rivière – du vélo – leur nid

4 Le verbe

Prénom : ....

Niveau 2

Je m'entraine

❶ Colorie les verbes en rouge et écris leur infinitif.

Les oiseaux chantent-ils au printemps ? ....

Sam a l'air désemparé. ....

L'arbitre donne un carton jaune. ....

L'éléphant parade au milieu de la piste. ....

Les délégués ne sourient pas sur la photo. ....

Je distribuais les livres d'histoire. ....

Partir en été reste la meilleure période. ....

❷ Ajoute un connecteur de temps dans les phrases suivantes.

autrefois, hier, aujourd'hui, en ce moment, demain, dans une semaine

............................, Clara a les cheveux noirs.

............................, les explorateurs naviguaient sur une caravelle.

............................, il nagera 100 mètres dans la mer.

............................, j'ai perdu un billet de 5 euros.

............................, nous aurons beau temps.

❸ Classe les verbes en deux colonnes (verbes conjugués et verbes à l'infinitif) et colorie leur terminaison.

vends – mangent – pouvoir – terminait – prendre – travaillez – auras – dormiront – être – récite – aller – avoir (l'air) – veut – preniez

❹ Récris les phrases avec le pronom personnel proposé.

Elle vend sa maison. (ils)

....

Vous devez ranger votre chambre. (tu)

....

Tu ne comprends pas le problème. (nous)

....

Je mélange les cartes. (vous)

....

Il fait beaucoup de bruit. (je)

....

❺ Ajoute une terminaison pour que le verbe soit correctement conjugué. iez | ent | ez | ont | e | ais

Il protèg......... sa petite sœur.

Les garçons jou......... dans la cour.

Autrefois, vous appren......... le piano.

Les Lepic partir......... pour le Brésil à 18 h.

J'écris

❻ Écris une histoire avec les mots proposés.

tout à coup – à l'automne – au printemps – prochain – dernier – les enfants – les oiseaux – Nicolas – la famille – étaient – joue – se promène – feront – se perd – s'installeront – faisaient – tombe – dans la forêt – au bord de l'eau – dans la rivière – du vélo – leur nid

Le présent des verbes en *ER*, *être* et *avoir*

Programmes 2016, ajustements 2018 – connaissances et compétences associées :

- Comprendre comment se forment les verbes et orthographier les formes verbales les plus fréquentes.
- Identifier les marques liées au temps (imparfait - présent - futur).
- Mémorisation à l'indicatif présent des verbes *être*, *avoir*, *faire*, *aller*, *dire*, *venir*, *pouvoir*, *voir*, *vouloir*, *prendre* et des verbes dont l'infinitif se termine par *ER*.
- Compréhension de la construction de la forme conjuguée du verbe (radical, terminaison).

Compétences en lien abordées en CE2 :

- Repérer le temps d'une phrase écrite.
- Mémoriser les formes les plus fréquentes (3e personne du singulier et du pluriel).
- Mémoriser les verbes *être* et *avoir* au présent.
- Familiarisation avec l'indicatif présent de certains verbes et mémorisation de marques régulières liées à des personnes.

Séance 1 | Lecture, compréhension du texte et approche de la notion

Objectifs

- Lire et comprendre un texte.
- Lire à haute voix de manière expressive.
- Identifier le verbe conjugué.
- Identifier le temps d'un texte.

Matériel

Individuel

- Photocopie individuelle du texte *La vie des seigneurs*. 5. Texte individuel
- Crayons de couleur (rouge et bleu).

Collectif

- Le même texte projeté collectivement au tableau. 5. Texte collectif

Déroulement

1. Compréhension du texte

La vie des seigneurs

Les seigneurs sont des personnages puissants du royaume. Ils dirigent souvent une seigneurie. On y trouve les terres, le village et le château. Le maitre de ces terres protège les paysans. Il augmente ses revenus grâce aux produits cultivés sur son sol par ses protégés.

Tous les seigneurs ont le même mode de vie. Ils habitent un château fort dans lequel ils sont servis par des serviteurs. Ils aiment chasser. Dans la grande salle du château, ils consomment le gibier chassé devant toute une assemblée. Les banquets sont joyeux et festifs.

Le seigneur est avant tout un combattant. Dès l'âge de 7 ans, on l'éduque de façon sportive et militaire chez un seigneur plus puissant. Plus tard, au cours de la cérémonie de l'adoubement, il reçoit un équipement très couteux et devient officiellement chevalier. Il s'entraine souvent en affrontant d'autres chevaliers. Ces hommes en armes participent aux guerres et aux pillages.

Faire lire le texte silencieusement.

Vérifier la compréhension en posant quelques questions :

– Sur le vocabulaire : *revenus, protégés, consommer, adoubement.*

– Sur le contenu du texte :

De qui parle-t-on dans ce texte ?

Comment vit un seigneur ?

Qui sont les protégés du seigneur ?

Qui peut devenir chevalier ?

Faire faire une lecture expressive du texte par les élèves.

2. Zoom sur la notion étudiée

Demander aux élèves de prendre un crayon de couleur pour entourer des verbes conjugués du texte (en trouver au moins 5).

Correction collective. Les réponses sont validées par le groupe. Les mauvaises propositions sont conjuguées pour vérifier s'il s'agit d'un verbe ou non.

Dans la phrase « *Ces hommes en armes participent aux guerres* », colorier le verbe en rouge et le sujet en bleu. Transformer le sujet en pronom personnel :

• On obtient :

Ces hommes en armes participent aux guerres...

→ Ils participent aux guerres.

• Recommencer avec les phrases :

Le maitre de ces terres protège les paysans.

→ Il protège les paysans.

Tous les seigneurs ont le même mode de vie.

→ Ils ont le même mode de vie.

Le seigneur est avant tout un combattant.

→ Il est avant tout un combattant.

À quel temps est écrit le texte ? (Au présent.)

Prolongement

Dans une séquence d'histoire, on pourra travailler sur la vie au Moyen Âge et le système féodal.

Séance 2 | Réactivation des connaissances

Objectifs
- Savoir qu'un verbe est composé de deux parties : le radical et la terminaison.
- Savoir les terminaisons au présent de l'indicatif des verbes en *ER* et des verbes *avoir* et *être*.

Matériel

Pour chaque binôme
- Photocopie individuelle du texte *La vie des seigneurs*. 5. Texte individuel
- Feuille de recherche des verbes. Feuille de recherche

Collectif
- Texte projeté collectivement au tableau. 5. Texte collectif
- Figurines. Figurines « verbe à l'infinitif » et « pronom personnel »
- Pâte adhésive.

aimer | protéger | avoir | être — 5. Étiquettes collectives (1)

Déroulement

1. Compléter le tableau avec les formes verbales du texte

Distribuer la feuille de recherche aux différents binômes.

L'afficher au tableau, ainsi que les 4 verbes.

Faire rappeler les pronoms personnels sujets utilisés pour la conjugaison des verbes et les faire écrire sur la feuille de recherche dans la colonne correspondante. (Afficher la figurine au tableau.)

Rappeler le temps du texte (présent).

Consigne :

« Vous disposez de 4 verbes à l'infinitif. Deux se terminent par ER, *le 3e et le 4e sont différents.*

Vous allez chercher, dans le texte, des formes conjuguées de ces 4 verbes et les écrire dans le tableau. »

Dans le texte, on trouve : *ils aiment, il protège, ils ont, ils sont, il est.*
Les écrire également au tableau.
Procéder à une correction collective (les élèves épèlent leur proposition).
À la fin, colorier les terminaisons en rouge.

Verbes en ER, ÊTRE et AVOIR				
	 aimer	 protéger	 avoir	 être
je				
tu				
il, elle, on		protège		est
nous				
vous				
ils, elles	aiment		ont	sont

Erreurs possibles

Si un élève propose le mot *protégé* en tant que verbe, lui faire comprendre qu'il s'agit ici d'un nom (ses protégés) et qu'on ne peut le conjuguer.

2. Compléter le tableau avec les formes verbales manquantes

Consigne :

« Vous allez poursuivre le travail en complétant le tableau avec toutes les formes verbales conjuguées manquantes. Celles-ci ne sont pas dans le texte. »

L'enseignant·e passe dans les rangs et vérifie le travail des différents binômes.

Une correction collective est proposée au tableau. Les réponses sont validées par la classe.

3. Appropriation individuelle

Faire conjuguer le(s) verbe(s) *habiter* et *manger* (niveau 2) au présent sur le cahier d'essais.

Séance 3 | Approfondissement de la notion

Objectifs

- Savoir qu'un verbe se compose de deux parties : le radical et la désinence (terminaison).
- Connaitre les terminaisons au présent de l'indicatif des verbes en *ER* et des verbes *être* et *avoir*.

Matériel

Pour chaque binôme

- Ardoise.

Collectif

- Étiquettes ci-dessous reproduites sur grandes bandes de papier. 5. Étiquettes collectives (2)
- 1 bande bleue et 1 bande rouge.
- Figurines. Figurines
- Pâte adhésive.

Je	Tu	Il	Elle	Nous	Vous	Ils	Elles	On	J'

juger	changer	quitter	prononcer	placer	fermer	avancer

avaler	bouger	protéger	glisser	e	e	es	ons	ez	ent

Déroulement

1. Entrainement

L'enseignant·e montre le verbe *glisser*. Il tire une carte « pronom personnel » au hasard et demande aux élèves de dire la forme conjuguée. Un élève vient placer la terminaison sur le verbe en cachant la terminaison infinitive (ER).

Consigne :

« Vous allez travailler en binômes. Le but du jeu est de trouver les formes conjuguées qui seront tirées au sort. Un élève de chaque binôme vient tirer au sort un pronom et un verbe. Chaque binôme écrit sa réponse sur l'ardoise. Vous marquez vos points sur les ardoises à chaque fois que la réponse est validée. »

Placer les pronoms personnels sujets et les verbes à l'infinitif face retournée sur une table.

Chaque élève vient tirer au sort les cartes à jouer (pronom et verbe à l'infinitif).

L'enseignant·e place au tableau le pronom puis le verbe à l'infinitif côte à côte.

Les terminaisons sont éparpillées sur la table face visible.

Chaque recherche est chronométrée. L'enseignant·e propose de conjuguer une dizaine de verbes.
Lors de la correction, un élève vient placer la terminaison correspondante sur le verbe. Les points sont comptabilisés.

2. Conclusion

– On enlève la terminaison infinitive afin de placer la terminaison des verbes en *ER* correspondant au pronom personnel.
– Pour conjuguer certains verbes, il faut ajuster les sons en ajoutant un *e* pour obtenir le son [g] et la cédille pour le son [s] avec le pronom *nous*.
Ex. : nous protégeons, nous lançons

3. Appropriation individuelle

Faire conjuguer le(s) verbe(s) *garder*, *lancer* et *payer* (niveau 2) sur le cahier d'essais.

Séance 4 | Approfondissement de la notion (pour le niveau 2)

Objectifs
- Savoir qu'un verbe se compose de deux parties : le radical et la désinence (terminaison).
- Connaitre la conjugaison particulière des verbes en *ELER* et en *ETER* au présent.

Matériel

Pour chaque binôme
- Ardoise.

Collectif
- Étiquettes ci-dessous reproduites sur de grandes bandes de papier.
  5. Étiquettes collectives (3)
- 1 bande bleue et 1 bande rouge.
- Figurines.
- Pâte adhésive.

Je/J' | Tu | Il | Elle | Nous | Vous | Ils | Elles | On

appeler | jeter | geler | acheter | interpeler | peler | rejeter

étiqueter | morceler | déchiqueter | e | e | es | ons | ez | ent

Déroulement

1. Entrainement

L'enseignant·e demande aux élèves de rappeler les terminaisons des verbes en *ER* conjugués au présent. Présenter l'activité.

Consigne :

« Vous allez travailler en binômes. Le but du jeu est de trouver les formes conjuguées qui seront tirées au sort. » Activité connue (voir la séance précédente).

L'enseignant·e place les pronoms personnels sujets et les verbes à l'infinitif face retournée sur une table.

Chaque élève vient tirer au sort les cartes à jouer (pronom et verbe à l'infinitif). L'enseignant·e place au tableau le pronom puis le verbe à l'infinitif côte à côte.

Les terminaisons sont éparpillées sur la table face visible.

Chaque recherche est chronométrée. L'enseignant·e propose de conjuguer une dizaine de verbes.

Lors de la correction, un élève vient placer la terminaison correspondante sur le verbe. La forme du radical est discutée collectivement. L'enseignant·e s'attachera à ranger les différents verbes validés en deux colonnes : les verbes qui doublent la consonne et ceux qui ne la doublent pas. À la fin de la partie, une fois les points comptabilisés, l'enseignant·e demande aux élèves d'analyser les points communs et différences entre les deux colonnes.

2. Conclusion

- Le *e* du radical des verbes en *ELER* et *ETER* devient *è*.
- Seuls les verbes *appeler* et *jeter* (et verbes de la même famille) doublent la consonne.

3. Appropriation individuelle

Conjuguer les verbes *projeter* et *surgeler*, les écrire sur le cahier d'essais.

Mémo, carte mentale et synthèse

Le présent des autres verbes fréquents sera étudié dans le chapitre suivant. On viendra donc compléter la leçon.

Le présent

Le présent est un temps. On peut s'appuyer sur le mot *maintenant* pour le conjuguer.

Le présent est formé d'un radical (c'est la forme infinitive dont la terminaison *ER* est enlevée) et d'une terminaison : *e – es – e – ons – ez – ent*.

Les verbes *être* et *avoir* ont des formes conjuguées propres pour chaque pronom personnel.

Il faut faire attention à l'orthographe de certaines formes de la conjugaison :

– L'utilisation de la cédille pour marquer le son [s] avec *nous* :
Ex. : nous plaçons, nous balançons, nous prononçons…

– L'ajout du *e* pour marquer le son [g] avec *nous* :
Ex. : nous protégeons, nous bougeons, nous jugeons…

– Certains verbes en *ELER* et *ETER* doublent le *l* ou le *t* devant un *e* muet (CM2).
Ex. : j'appelle, je jette (et les verbes de la même famille).

ÊTRE → je suis, tu es, il/elle/on est, nous sommes, vous êtes, ils/elles sont.

AVOIR → j'ai, tu as, il/elle/on a, nous avons, vous avez, ils/elles ont.

5. Mémo : Le présent

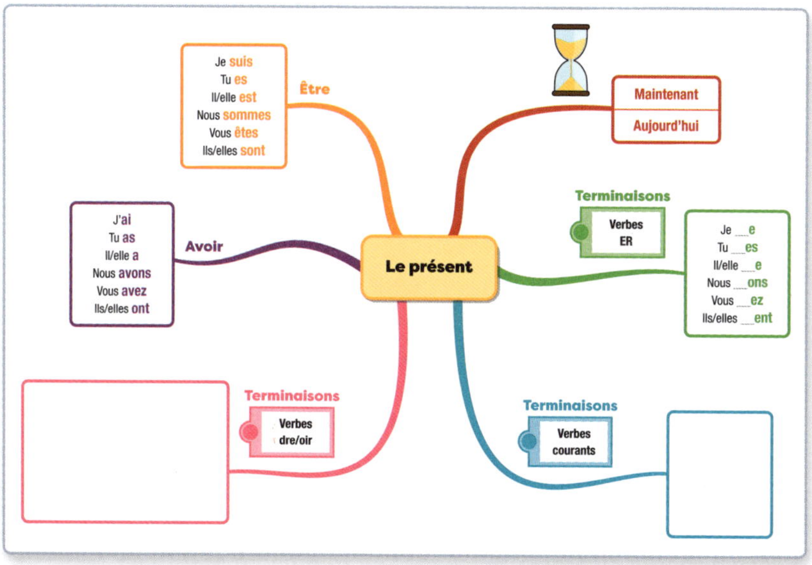

5. Carte mentale : Le présent

Les branches bleue et rose de la carte mentale seront complétées à la séquence suivante.

Synthèse animée : pour compléter la synthèse, il est possible de présenter à la classe les petits films d'animation « Le présent des verbes en ER » ou « Le présent des verbes irréguliers : être, avoir, aller » réalisés par Canopé (les fondamentaux) et disponibles dans le CD-Rom.

© Canopé

5. Animations

Séances 5 et 6 | Entrainement et réinvestissement

Objectifs
- Mémoriser les notions essentielles (le présent des verbes *être, avoir* et des verbes en *ER*).
- Réinvestir ses connaissances dans des exercices d'application et une production écrite courte.

Organisation Travail individuel, correction individuelle ou collective.

Matériel
- Fiche élève (2 niveaux). 5. Fiche 5
- Cahier d'essais.

Objectifs visés CM1 (niveau 1) et CM2 (niveau 2) :

Ex. 1 : Distinguer les verbes *être*, *avoir* et les verbes en *ER*.

Ex. 2 : Identifier le verbe en *ER* dans une phrase, écrire son infinitif (CM1). / Identifier le verbe en *ER* (dont *ELER/ETER*) dans une phrase, écrire son infinitif (CM2).

Ex. 3 : Identifier les formes verbales du verbe *être*.

Ex. 4 : Transposer des phrases en changeant le pronom personnel.

Ex. 5 : Transposer un texte au présent.

Ex. 6 : Inventer une histoire au présent à partir de mots et d'images séquentielles (CM1). / Inventer une histoire au présent à partir de mots et une image (CM2).

5 Le présent des verbes en *ER*, *être* et *avoir*

Prénom : ....

Niveau 1

Je m'entraine

❶ Colorie les verbes *être* en bleu, *avoir* en vert et les verbes en *ER* en rouge.

Vous êtes dans la classe.
L'automobiliste roule trop vite.
Les araignées ont huit pattes.
Nous rangeons la bibliothèque.
Le dauphin est un animal marin.
J'ai trois clés différentes dans ma main.

❷ Colorie les verbes en *ER* et écris leur infinitif.

Les escargots glissent sur la paroi. ....
Tu utilises un filtre bleu. ....
On change d'avis tous les jours. ....
Les élèves travaillent en silence. ....
Nous ramassons les champignons à l'automne. ....

❸ Colorie les formes du verbe *être* au présent.

je suis – il sent – elle est – nous avons – tu es – nous étions – elles sont – j'ai – nous sommes – elles seront – vous faites – vous êtes

❹ Récris les phrases avec le pronom personnel proposé.

Tu ranges ta chambre. (nous)

....

Sara regarde un documentaire. (tu)

....

Il prononce des paroles incompréhensibles. (nous)

....

J'écris

❺ Récris ce texte au présent.

Les élèves apporteront les outils. Martha ramassera les laitues. Je retournerai la terre avec la bêche. Ils creuseront des sillons et placeront les nouvelles graines. Puis, on patientera jusqu'à la nouvelle récolte.

❻ Écris une histoire avec les mots proposés.

saluer – regarder – remercier – ausculter – consoler – avoir mal – soigner

5 Le présent des verbes en *ER*, *être* et *avoir*

Prénom : ....

Niveau 2

Je m'entraine

❶ Colorie les verbes *être* en bleu, *avoir* en vert et les verbes en *ER* en rouge.

La baleine est un animal marin.
Je te confie un secret.
Les insectes ont six pattes.
Nous mélangeons les cartes.
As-tu un classeur rouge ?
Vous êtes en retard.

❷ Colorie les verbes en *ER* et écris leur infinitif.

Elle tutoie les parents de sa copine. ....
Nous avançons notre date de départ. ....
On paye avec une carte bancaire. ....
Il projette un film de science-fiction. ....
L'enfant pèle une pomme. ....
Il gèle depuis 4 jours. ....

❸ Colorie les formes du verbe *être* au présent.

tu es – j'ai – elle est – vous faites – je suis – nous étions – nous avons – elles seront – nous sommes – vous êtes – on nait – je sais – il sent – elles sont

❹ Récris les phrases avec le pronom personnel proposé.

Tu protèges le mobilier. (nous)

....

Elle interroge le voisin. (elles)

....

Je lance un défi. (nous)

....

Les élèves corrigent les exercices. (nous)

....

❺ Récris ce texte au présent.

La cuisinière a essuyé la table. Ensuite, elle a installé tous ses ingrédients. Elle a émietté le pain dur. Elle a cassé les œufs. Elle a jeté les premières épluchures. Elle a pelé les pommes. Elle a versé du lait dans le saladier. Elle a mélangé le tout.

J'écris

❻ Écris une histoire avec les mots proposés.

saluer – regarder – remercier – ausculter – consoler – avoir mal – soigner – protéger – appeler – jeter

Le présent des autres verbes

Programmes 2016, ajustements 2018 – connaissances et compétences associées :

- Comprendre comment se forment les verbes et orthographier les formes verbales les plus fréquentes.
- Identifier les marques liées au temps (imparfait – présent – futur).
- Mémorisation à l'indicatif présent des verbes fréquents : *aller, faire, dire, voir, venir, partir, vendre, prendre, pouvoir, vouloir, devoir.*
- Classification des verbes en fonction des ressemblances morphologiques.
- Compréhension de la construction de la forme conjuguée du verbe (radical, terminaison).

Compétences en lien abordées en CE2 :

- Repérer le temps d'une phrase écrite.
- Mémoriser les formes les plus fréquentes (3e personne du singulier et du pluriel).
- Familiarisation avec l'indicatif présent de certains verbes (*faire, aller, dire, venir, pouvoir, voir, vouloir, prendre*) et mémorisation de marques régulières liées à des personnes.

Séance 1 | Lecture, compréhension du texte et approche de la notion

Objectifs

- Lire et comprendre un texte.
- Lire à haute voix de manière expressive.
- Repérer les verbes au présent.

Matériel

Individuel

- Photocopie individuelle du texte *La fête surprise.* 6. Texte individuel
- Crayons de couleur.

Collectif

- Le même texte projeté collectivement au tableau. 6. Texte collectif

Déroulement

1. Compréhension du texte

La fête surprise

Cléa va bientôt avoir dix ans. Ses amis se réunissent afin de lui organiser un anniversaire surprise. C'est Mia qui prend les choses en main :
– Naël, viens-tu à la fête samedi prochain ? questionne Mia.
– Non, je suis désolé, mes parents m'offrent un weekend à SuperParc, répond le garçon.
Marie accueille la nouvelle en faisant la moue.
– Et toi, Amir ?
– Tu peux compter sur moi !
– Je fais un gâteau au chocolat ou une tarte aux pommes ? interrompt Marwan soudainement.
– La boulangerie vend des muffins tous les samedis.
– En voulez-vous ? se permet de demander Mélanie qui rejoint le groupe à cet instant…
– Je prends les spots, dit Mia. Qui veut bien apporter les bonbons ?
– Moi, répondent en chœur Amir et Marie.
– Je crois que tout est prêt. Vivement samedi ! disent les enfants à l'unisson.
Ensemble, ils partent vers la boulangerie pour réserver les muffins…

Faire lire le texte silencieusement.

Vérifier la compréhension en posant quelques questions :

– Sur le vocabulaire : *faire la moue, accueillir la nouvelle, répondre en chœur, à l'unisson.*

– Sur le contenu du texte :

De qui parle-t-on dans ce texte ?

Que va-t-il se passer samedi ?

Qui ne peut pas venir ?

Qui apporte les bonbons ?

Que vont-ils faire à la fin du texte ?

Faire faire une lecture expressive du texte par les élèves.

2. Zoom sur la notion étudiée

Demander aux élèves de prendre un crayon de couleur pour entourer des verbes conjugués du texte (au moins 5).

Correction collective. Les réponses sont validées par le groupe. Les mauvaises propositions sont conjuguées pour vérifier s'il s'agit d'un verbe ou non.

Dans la phrase « *ils partent vers la boulangerie* », colorier le verbe en rouge et le sujet en bleu. Transformer le sujet pluriel en sujet singulier :

• On obtient :

Ils partent vers la boulangerie.
→ Il part vers la boulangerie.

• Poursuivre avec les phrases suivantes (on inverse : singulier / pluriel) :

Tu peux compter sur moi.
→ Vous pouvez compter sur moi.

Je fais un gâteau.
→ Nous faisons un gâteau.

Cléa/elle prend les choses en main.
→ Elles prennent les choses en main.

Prolongement

Dans une prochaine séance de français, on pourra poursuivre le travail sur le dialogue. En sciences, on pourra envisager un travail sur l'alimentation (bien manger, les besoins de l'organisme).

Séance 2 | Réactivation des connaissances

Objectifs
- Savoir qu'un verbe se compose de deux parties : le radical et la terminaison.
- Savoir les terminaisons au présent de l'indicatif des verbes courants : *faire, dire, voir, venir, partir.*

Matériel

Pour chaque binôme
- Photocopie individuelle du texte *La fête surprise.* 6. Texte individuel
- Feuille de recherche des verbes. Feuille de recherche

Collectif
- Texte projeté collectivement au tableau. 6. Texte collectif
- Figurines. Figurines « verbe à l'infinitif » et « pronom personnel »
- Pâte adhésive.

dire | faire | venir | partir 6. Étiquettes collectives (1)

Déroulement

1. Compléter le tableau avec les formes verbales du texte

NB : Procédure connue, *cf.* p. 64.

Consigne :
« Vous disposez de 4 verbes à l'infinitif différents.
Vous allez chercher dans le texte des formes conjuguées de ces 4 verbes et les écrire dans le tableau. »

Dans le texte, on trouve : *ils partent, elle dit, ils disent, je fais, tu viens.*
Les écrire également au tableau.
Procéder à une correction collective (les élèves épèlent leur proposition).
À la fin, colorier les terminaisons en rouge.

Les autres verbes				
	dire	faire	venir	partir
je		fais		
tu			viens	
elle, il	dit			
elles, ils	disent			partent

Difficultés

Si des élèves écrivent le mot *faisant*, leur montrer qu'on ne peut pas l'associer à un pronom.
D'autres pourront proposer *viens* avec *je* et *fais* avec *tu*. Bien se référer au texte mais faire valider les propositions.

2. Compléter le tableau avec les formes verbales manquantes

Consigne :

« Vous allez poursuivre le travail en complétant le tableau avec toutes les formes verbales conjuguées manquantes. Celles-ci ne sont pas dans le texte. »

L'enseignant·e passe dans les rangs et vérifie le travail des différents binômes.

Une correction collective est proposée au tableau. Les réponses sont validées par la classe.

Les formes verbales *vous dites* et *vous faites* sont entourées en jaune pour marquer l'irrégularité. Les différentes formes pour *je*, *tu* et *il* sont encadrées pour marquer la régularité des terminaisons *s/s/t*. L'enseignant·e précise que l'oreille doit être privilégiée pour les pronoms personnels *nous*, *vous* et *ils*.

3. Appropriation individuelle

Faire conjuguer le verbe *voir* au présent sur le cahier d'essais.

Séance 3 | Réactivation des connaissances

Objectifs
- Savoir qu'un verbe se compose de deux parties : le radical et la terminaison.
- Savoir les terminaisons au présent de l'indicatif des verbes courants : *vendre, prendre, pouvoir, vouloir.*

Matériel

Pour chaque binôme
- Photocopie individuelle du texte *La fête surprise.*
- Feuille de recherche des verbes. 6. Feuille de recherche

Collectif
- Texte projeté collectivement au tableau.
- Figurines « verbe à l'infinitif » et « pronom personnel ». Figurines
- Pâte adhésive.

prendre | répondre | vouloir | pouvoir — 6. Étiquettes collectives (2)

Déroulement

1. Compléter le tableau avec les formes verbales du texte

NB : Procédure connue. Rappeler la consigne.

Consigne :

« Vous allez chercher dans le texte les formes conjuguées des 4 verbes proposés et les écrire dans le tableau. »

Dans le texte, on trouve : *je prends, elle prend, il répond, ils répondent, il veut, vous voulez, tu peux*. Les écrire au tableau.

Procéder à une correction collective (les élèves épèlent leur proposition).

À la fin, colorier les terminaisons en rouge.

Les autres verbes au présent				
	prendre	répondre	vouloir	pouvoir
je	prends			
tu				peux
il, elle	prend	répond		
vous			voulez	
ils, elles		répondent		

2. Compléter le tableau avec les formes verbales manquantes

NB : Procédure connue, *cf.* p. 65.

Les formes verbales des verbes *prendre* et *répondre* s'écrivent avec les mêmes terminaisons. Les deux colonnes sont entourées en orange pour marquer la régularité des terminaisons *ds/ds/d*... De même, les formes verbales des verbes *pouvoir* et *vouloir* s'écrivent avec les mêmes terminaisons. Ces deux colonnes sont entourées en violet pour marquer la régularité des terminaisons *x/x/t*...

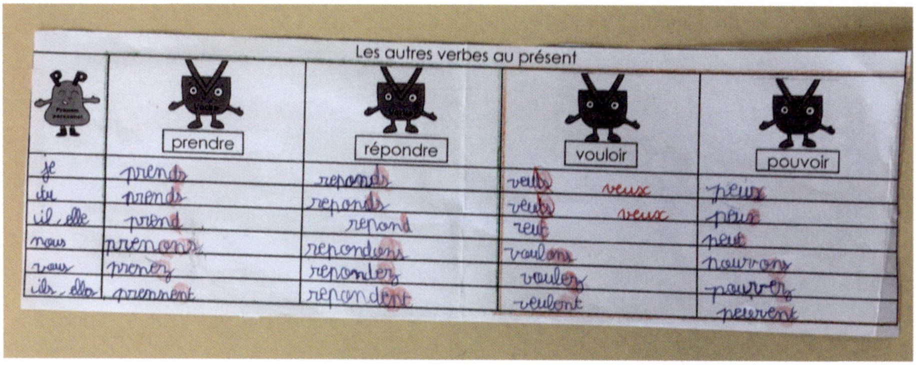

Les autres verbes au présent				
	prendre	répondre	vouloir	pouvoir
je	prends	reponds	veuls veux	peux
tu	prends	reponds	veuls veux	peux
il, elle	prend	repond	veut	peut
nous	prenons	repondons	voulons	pouvons
vous	prenez	repondez	voulez	pouvez
ils, elles	prennent	repondent	veulont	peuvent

3. Appropriation individuelle

Faire conjuguer le verbe *vendre* au présent sur le cahier d'essais.

Séance 4 | Approfondissement de la notion

Objectifs

- Savoir qu'un verbe se compose de deux parties : le radical et la désinence (terminaison).
- Connaitre les terminaisons au présent de l'indicatif des verbes courants : *aller, faire, dire, voir, venir, partir, vendre, prendre, pouvoir, vouloir.*

Matériel

Pour chaque binôme

- Ardoise.

Collectif

- Étiquettes ci-dessous reproduites sur de grandes bandes de papier (utilisation facultative). 6. Étiquettes collectives (3)
- 1 bande bleue et 1 bande rouge (utilisation facultative).
- Figurines. Figurines
- Pâte adhésive.

Je | Tu | Il | Elle | Nous | Vous | Ils | Elles | On

devoir | aller | apercevoir | tendre | protéger | J'

croire | savoir | faire | comprendre | venir | finir

s | s | t | ons | ez | ent | x | x | t | ds | ds | d

Déroulement

1. Entrainement

L'enseignant·e montre le verbe *croire*. Il/elle tire une carte « pronom personnel » au hasard et demande aux élèves de dire la forme conjuguée. Un élève vient placer la terminaison sur le verbe en cachant la terminaison infinitive (*RE*). Même consigne qu'en séquence 3.

Placer les pronoms personnels sujets et les verbes à l'infinitif face retournée sur une table.

Chaque élève vient tirer au sort les cartes à jouer (pronom et verbe à l'infinitif). L'enseignant·e place au tableau le pronom, puis le verbe à l'infinitif côte à côte.

Les terminaisons sont éparpillées sur la table face visible.

Chaque recherche est chronométrée. L'enseignant·e propose de conjuguer une quinzaine de verbes. Le verbe *aller* est proposé plusieurs fois.

Lors de la correction, un élève vient placer la terminaison correspondante sur le verbe. Les points sont comptabilisés.

2. Conclusion

- On utilise l'oreille pour trouver les formes conjuguées.
- On enlève la terminaison infinitive afin de placer la terminaison des verbes en *DRE* ou en *OIR* correspondant au pronom personnel.
- Pour conjuguer tous les autres verbes, on utilise les terminaisons *s/s/t*...
- Le verbe *aller* est complètement irrégulier.
- Il faut ajuster les sons en ajoutant un e pour obtenir le son [g] et la cédille pour le son [s] avec certains verbes. Par exemple : il aperçoit.

3. Appropriation individuelle

Faire conjuguer le verbe *aller* au présent sur le cahier d'essais.

Mémo, carte mentale et synthèse

Le présent des autres verbes

Le présent des autres verbes se conjugue selon trois catégories :

– Une grande majorité des verbes se termine toujours par :
s – s – t – ons – ez – ent.

– Les verbes en *DRE* (*vendre, prendre*) se terminent généralement par *ds – ds – d – ons – ez – ent.*

– Certains verbes en *OIR* (*pouvoir, vouloir*) se terminent par :
x – x - t – ons – ez – ent.

– Pour écrire correctement les verbes, je les prononce d'abord dans ma tête car le radical peut varier entre les personnes (ex. : je vois, nous voyons).

– Il ne faut pas oublier les 2 s pour faire le son [s] avec les verbes en *IR* (ex. : nous finissons).

(Niveau 2)

Certains verbes en *IR* (comme *offrir, ouvrir*) se termine par *e – es – e – ons – ez – ent.*

6. Mémo : Le présent des autres verbes

On viendra donc compléter la leçon.

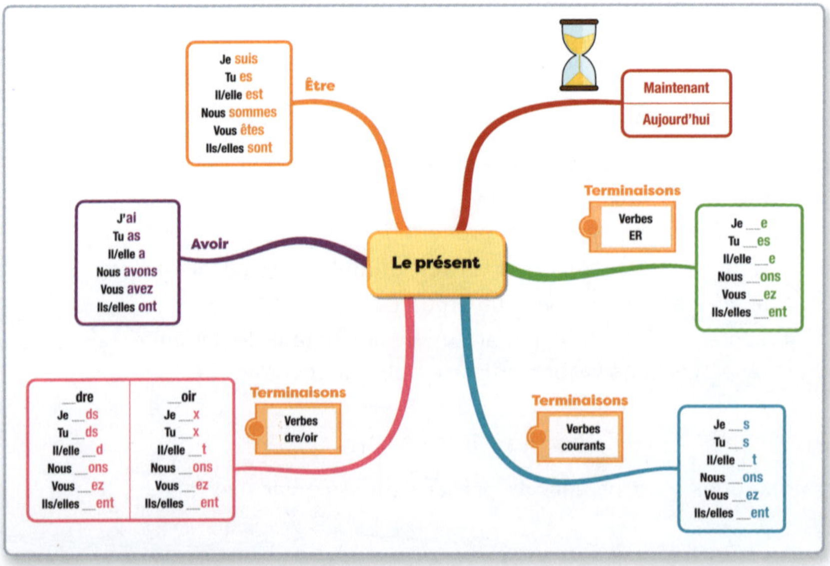

6. Carte mentale : Le présent

Synthèse animée : pour compléter la synthèse, il est possible de présenter à la classe les petits films d'animation « Le présent des verbes irréguliers : être, avoir, aller » et « le présent des verbes en *ir, oir, re* » , réalisés par Canopé (les fondamentaux) et disponibles dans le CD-Rom.

6. Animations

Séances 5 et 6 | Entrainement et réinvestissement

Objectifs	- Mémoriser les notions essentielles (le présent). - Réinvestir ses connaissances dans des exercices d'application et une production écrite courte.
Organisation	Travail individuel, correction individuelle ou collective.
Matériel	- Fiche élève (2 niveaux). 6. Fiche 6 - Cahier d'essais.

Objectifs visés CM1 (niveau 1) et CM2 (niveau 2) :

Ex. 1 : Identifier les infinitifs des verbes fréquents.

Ex. 2 : Compléter les verbes avec la bonne terminaison (CM1). / Conjuguer les verbes aux 3 personnes du singulier (CM2).

Ex. 3 : Repérer les formes verbales du verbe *aller* au présent.

Ex. 4 : Transposer des phrases en changeant le pronom personnel.

Ex. 5 : Transposer un texte au présent.

Ex. 6 : Inventer une courte histoire en utilisant les mots proposés.

6 Le présent des autres verbes

Prénom : ....

Niveau 1

Je m'entraine

❶ Écris l'infinitif des verbes ci-dessous.

Je ne vois plus rien. ....

Tu confonds les lettres *f* et *v*. ....

Vous faites vos devoirs. ....

Nous attendons la suite avec impatience. ....

Ils ne disent pas la vérité. ....

Elle apprend ses leçons. ....

❷ Complète les verbes suivants avec les bonnes terminaisons.

Il doi… – Léo veu… – je prévoi… – il déçoi… – tu appren… – je fai… – elle di… – il pren… – tu confon… – j'enten… – tu peu… – elle voi… – il ven…

❸ Colorie les formes du verbe *aller* au présent.

je vais | il est | elle va | nous avons | tu vas | nous allions | j'ai | elles sont | nous allons | elles iront | vous allez | ils vont

❹ Récris les phrases avec le pronom personnel proposé.

Tu peux plier ta serviette. (ils)

....

Je fais mes devoirs. (vous)

....

Ils peuvent partir plus tôt. (tu)

....

On ne veut plus venir. (nous)

....

❺ Récris ce texte au présent.

Nous partions tôt le matin en promenade. Nous devions bien nous couvrir car il faisait très froid. Les enfants ne pouvaient pas rester immobiles bien longtemps car le froid les saisissait. La neige fondait dans nos mains.

J'écris

❻ Écris une histoire avec les mots proposés.

enfin – tout d'abord – ensuite – puis – parcourir – revenir – guérir – partir – se perdre – voir – l'aventurier – je – vous – les aventuriers

6 Le présent des autres verbes

Prénom : ....

Niveau 2

Je m'entraine

❶ Écris l'infinitif des verbes ci-dessous.

Je reviens dans cinq minutes. ....

Il reprend le même dessert ? ....

Vous réussissez l'exercice. ....

Tu confonds les histoires. ....

Vous dites la vérité. ....

Nous faisons le marché. ....

❷ Conjugue les verbes suivants aux trois personnes du singulier.

vendre – voir – vouloir – partir – revoir – devoir – dire – reprendre – confondre – entendre – pouvoir – savoir

❸ Colorie les formes du verbe *aller* au présent.

il est | ils vont | vous allez | nous avons | je vais | elles iront | j'ai | elles sont | elle va | nous allons | je vois | tu viens | nous allions | tu vas

❹ Récris les phrases avec le pronom personnel proposé.

Je ne vois pas bien la nuit. (ils)

....

Vous prescrivez des médicaments. (je)

....

Nous dormons debout. (tu)

....

Vous garnissez les paniers. (il)

....

Nous ne décevons pas notre public. (elle)

....

❺ Récris ce texte au présent.

Nous sommes partis tôt le matin en promenade. Nous avons dû bien nous couvrir car il faisait très froid. Les enfants n'ont pas pu rester immobiles bien longtemps car le froid les saisissait. La neige fondait dans nos mains. Nous avons cueilli des fruits sauvages.

J'écris

❻ Écris une histoire avec les mots proposés.

enfin – tout d'abord – ensuite – puis – soudain – parcourir – revenir – guérir – partir – se perdre – voir – l'aventurier – je – vous – les aventuriers – animal

La ponctuation dans la phrase

Programmes 2016, ajustements 2018 – connaissances et compétences associées :
- Identifier les principaux signes de ponctuation (point, point interrogatif, point exclamatif, deux points, points de suspension, tiret, virgule, point-virgule.
- Comprendre leur rôle dans la phrase, dans le texte.

Compétences en lien abordées en CE2 :
- Identification et prise en compte des marques de ponctuation.
- Ponctuation de fin de phrase (. ! ?) et signes du dialogue en lien avec la lecture.

Séance 1 | Lecture, compréhension du texte et approche de la notion

Objectifs
- Lire et comprendre un texte.
- Lire à haute voix de manière expressive.
- Repérer les différents signes de ponctuation.

Matériel

Individuel
- Photocopie individuelle du texte *Quelle finale !* 7. Texte individuel (1)
- Crayons de couleur.

Collectif
- Le même texte projeté collectivement au tableau. 7. Texte collectif (1)

Déroulement

1. Compréhension du texte

Faire lire le texte silencieusement.

Vérifier la compréhension en posant quelques questions :

- Sur le vocabulaire : *retransmise, scotchés, lucarne, clameur.*
- Sur le contenu du texte : *De quel sport s'agit-il ? Qui regarde le match ? Où Julien, Lucas et leur père regardent-ils le match ? Quelles sont les équipes qui s'affrontent ? Qu'est-ce que le tapis vert ? Qui gagne ? Combien y a-t-il eu de but ?*

Faire faire une lecture expressive du texte par les élèves.

Faire reformuler les idées du texte.

Quelle finale !

Les fans de football assistent à la finale retransmise en direct du stade de France : une petite tache bleue avance à toute allure vers la cage adverse. Le public retient son souffle…

– Est-ce qu'il y va seul ? dit Lucas, les yeux scotchés sur l'écran géant.

– Chut ! crie son père.

Soudain, deux taches blanches surgissent du bas de l'écran.

– Nooonnnn ! murmure Julien, les mains crispées sur l'accoudoir du canapé.

Les deux attaquants blancs barrent le chemin du joueur. Après un dribble habile, le numéro 10 réussit à les distancer et file droit devant. Quel jeu extraordinaire !

– Il va aller au bout ? s'interroge le père les yeux écarquillés.

– Peut-il encore perdre la balle ? se demande Lucas.

Le gardien se prépare : trois petits pas à droite… Il se met en position pour recevoir le ballon. Pendant ce temps, la balle quitte le pied du numéro 10 et s'élève au-dessus du tapis vert. Elle se dirige vers l'angle gauche de la lucarne.

– Il marque ? demande Julien qui a fermé les yeux.

– Hourra ! ! ! hurlent de joie les garçons.

La même clameur s'élève dans tout le stade. La France vient de marquer le seul but du match à la dernière seconde !

2. Zoom sur la notion étudiée

Demander aux élèves de prendre différentes couleurs et colorier les différents signes de ponctuation.

Repérer les signes suivants :

- les points
- les points d'exclamation
- les points d'interrogation
- les virgules
- les deux points
- les points de suspension
- les tirets

Séance 2 | Réactivation des connaissances

Objectifs
- Rappeler les signes de ponctuation.
- Lire de manière expressive en utilisant la ponctuation.

Matériel

Individuel
- Photocopie individuelle du texte *Quelle finale !* 7. Texte individuel (1)
- Phrases reproduites sur de petites étiquettes. 7. Étiquettes individuelles

Collectif
- Texte projeté collectivement au tableau. 7. Texte collectif (1)
- Phrases reproduites sur de grandes bandes de papier.
- Pâte adhésive.

Est-ce qu'il y va seul ?	Quel jeu extraordinaire !

Nooonnn !	Le gardien se prépare : trois petits pas à droite...

Après un dribble habile, le numéro 10 réussit à les distancer et file droit devant.

7. Étiquettes collectives

Déroulement

1. Recherche collective

L'enseignant·e affiche les étiquettes au tableau. Elles sont lues par les élèves individuellement. Puis il/elle demande à quelques élèves de les lire de manière expressive. Les productions orales sont corrigées ou validées par la classe.

Ensuite, une lecture collective du texte *Quelle finale !* est proposée. Pour cela, les élèves se répartissent en petits groupes de 5 élèves et préparent une lecture expressive du texte. Ils se répartissent les rôles. Deux élèves jouent le rôle du narrateur.

Consigne :

« Vous vous répartissez les rôles : deux élèves jouent le rôle du narrateur, 1 élève est Julien, 1 autre est Lucas, un troisième joue le rôle du père. Vous vous entrainez à lire le texte en mettant le ton. Vous avez 15 minutes. »

L'enseignant·e circule dans les différents groupes et veille au bon déroulement des lectures.

2. Mise en commun

Chaque groupe propose sa lecture. Celle-ci est enregistrée si c'est possible, de façon à être entendue par toute la classe.

L'analyse des différentes prestations mettra en évidence la réussite du ton et du respect de la ponctuation.

3. Appropriation individuelle

Écrire les phrases suivantes sur le cahier d'essais :

Jules est inquiet !

Jules est-il inquiet ?

Jules est inquiet.

Écrire si l'intonation est montante ou descendante.

Ex. : Quel âge as-tu ? → intonation montante.

Séance 3 | Approfondissement de la notion

Objectifs
- Mise en évidence du groupe de la phrase séparé des autres groupes par la virgule.
- Comprendre le rôle de la ponctuation.
- Manipuler la ponctuation.

Matériel

Groupes de 5
- Photocopie individuelle du texte sans ponctuation 7. Texte individuel (2)
- Un crayon pour chaque groupe.

Collectif
- Le même texte projeté collectivement au tableau. 7. Texte collectif (2)

Déroulement

1. Recherche collective

Les élèves sont répartis en groupes de 5. Chaque groupe dispose d'un texte sans ponctuation. Il s'agit de retrouver la ponctuation du texte.

> C'est l'automne Lentement les feuilles tombent des arbres Des oiseaux conversent dans la mare Soudain un drôle de cygne les rejoint les bouscule et se lamente
> Pourquoi mes plumes sont-elles noires s'étonne-t-il
> Tu es jeune elles vont s'éclaircir cancane le colvert
> Les autres canards les ignorent Ils préfèrent nager tranquillement le long de la berge
> Tout à coup une cane demande à ses petits de se cacher

Laisser les élèves débattre entre eux sur la manière dont ils vont ponctuer le texte. L'enseignant·e passe dans les groupes et vient débloquer les situations quand les élèves ne trouvent pas de solution.

2. Mise en commun

Les solutions sont discutées collectivement puis validées par la classe. Plusieurs solutions sont possibles.

- Différents points sont mis en avant :

– Le groupe « vert » (complément de phrase) est séparé par une virgule lorsqu'il est placé en début de phrase. La succession de 3 verbes est signalée en rose.

– Le dialogue est introduit par les 2 points et les tirets pour chaque prise de parole.

- On obtient :

C'est l'automne. Lentement, les feuilles tombent des arbres. Des oiseaux conversent dans la mare. Soudain, un drôle de cygne les rejoint, les bouscule et se lamente :

– Pourquoi mes plumes sont-elles noires, s'étonne-t-il

– Tu es jeune, elles vont s'éclaircir, cancane le colvert.

Les autres canards les ignorent. Ils préfèrent nager tranquillement le long de la berge. Tout à coup, une cane demande à ses petits de se cacher…

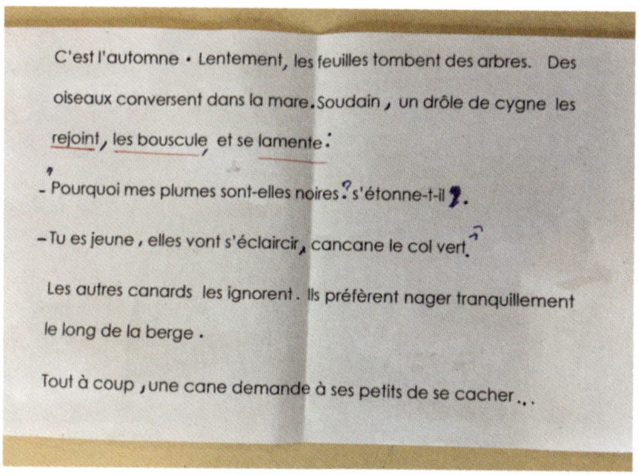
C'est l'automne • Lentement, les feuilles tombent des arbres. Des oiseaux conversent dans la mare. Soudain, un drôle de cygne les rejoint, les bouscule et se lamente :
- Pourquoi mes plumes sont-elles noires ? s'étonne-t-il ?.
- Tu es jeune, elles vont s'éclaircir, cancane le col vert.
Les autres canards les ignorent. Ils préfèrent nager tranquillement le long de la berge.
Tout à coup, une cane demande à ses petits de se cacher...

Faire remarquer l'utilisation de la virgule pour séparer les groupes déplaçables ou supprimables des groupes essentiels.

Faire conclure que la ponctuation permet d'organiser le texte et d'en faciliter la compréhension. La virgule, par exemple, ne permet pas seulement de marquer une pause, elle sépare différents groupes. Les signes de ponctuation apportent des informations sur le sens des mots et indiquent aussi les sentiments ou les intonations de l'auteur.

3. Appropriation individuelle

Sur le cahier d'essais, ajouter la ponctuation dans le court texte suivant :

Lentement les patineurs font leur numéro sur la glace Quel beau spectacle

Mémo, carte mentale et synthèse

La ponctuation

La ponctuation aide à comprendre une phrase ou un texte. Les différents signes nous indiquent quel ton adopter et où faire des pauses courtes ou plus longues.

– Le point se place à la fin d'une phrase qui donne une information. L'intonation est descendante.

– Le point d'interrogation se place à la fin de la phrase qui est une question. L'intonation est montante.

– Le point d'exclamation se place à la fin d'une phrase qui indique une émotion ou un sentiment. L'intonation est montante.

– Les points de suspension se placent à la fin d'une phrase, indiquant une suite possible.

– La virgule sépare les mots d'une énumération (actions, objets). Elle se place dans la phrase. On marque une courte pause.

– Les deux points introduisent un dialogue ou une énumération.

– Le tiret indique quelqu'un qui parle et le changement d'interlocuteur.

– Les guillemets introduisent un dialogue ou une citation.

7. Mémo : La ponctuation

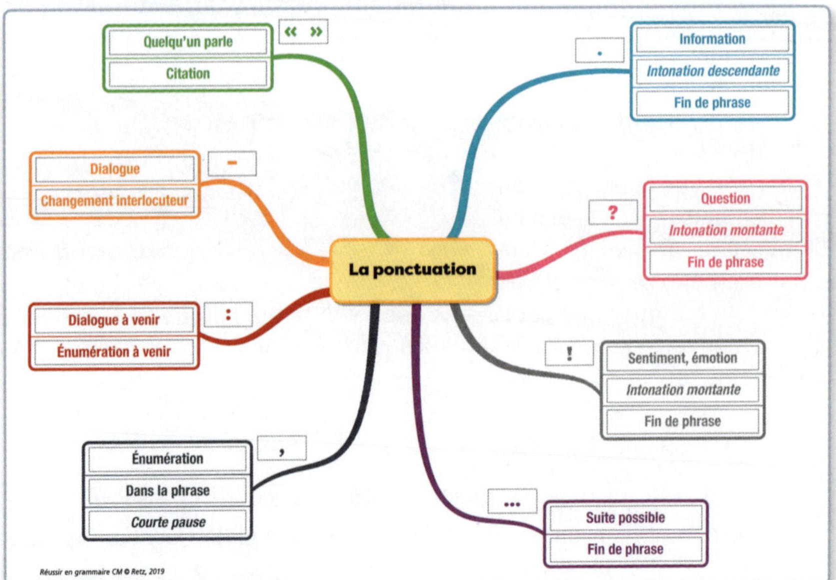

7. Carte mentale : La ponctuation

Synthèse animée : pour compléter la synthèse, il est possible de présenter à la classe le petit film d'animation « Les marques de ponctuation » réalisé par Canopé (les fondamentaux) et disponible dans le CD-Rom.

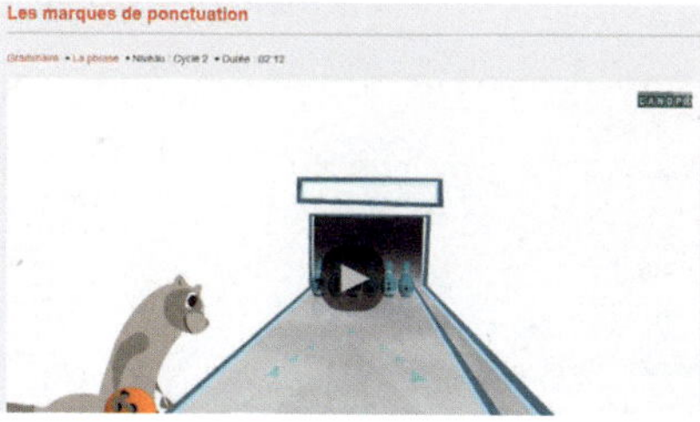

© Canopé

7. Animation

Séances 4 et 5 | Entrainement et réinvestissement

Objectifs	– Mémoriser les notions essentielles (la ponctuation). – Réinvestir ses connaissances dans des exercices d'application.
Organisation	Travail individuel, correction individuelle ou collective.
Matériel	– Fiche élève (2 niveaux). 7. Fiche 7 – Cahier d'essais.

Objectifs visés CM1 (niveau 1) et CM2 (niveau 2) :

Ex. 1 : Choisir les points qui conviennent (point, point d'exclamation, point d'interrogation).
Ex. 2 : Placer la virgule dans les phrases.
Ex. 3 : Utiliser les différents points (point ou points de suspension).
Ex. 4 : Écrire des phrases avec leur ponctuation.
Ex. 5 : Écrire un dialogue ponctué.

7 La ponctuation dans la phrase

Prénom : ....

Niveau 1

Je m'entraine

❶ **Choisis le point qui convient : . ! ?.**

Quel temps fait-il ☐

Attention ☐

Les élèves sortent les cahiers du jour ☐

Quelle belle voiture ☐

Les moutons sont dans la bergerie ☐

À quelle heure commence la cérémonie ☐

❷ **Place les virgules au bon endroit (il y en a 3).**

De bons matins ☐ le berger ☐ emmène ses chèvres ☐ dans les pâturages. Les bêtes ☐ escaladent ☐ les rochers ☐ cabriolent ☐ se battent ☐ ou mangent ☐ l'herbe grasse. Quelle belle journée d'été !

❸ **Place un point ou des points de suspension en fin de phrase.**

a. Le pilote accélère dans le virage ☐

b. Marie chercha partout, en vain ☐

c. Dans la boite, il y a des boutons, des aiguilles, du fil ☐

d. Il pleut depuis une semaine ☐

❹ **Reconstitue les phrases en ajoutant la ponctuation. N'oublie pas les majuscules.**

ils   cet été   des pingouins   ont vu

....

furieux   claque   la porte   Paul

....

jolie   comme   est   elle

....

des girafes   des lions   au zoo   il y a   des singes

....

finira   le premier   qui

....

❺ **Recopie ce dialogue en ajoutant la ponctuation. N'oublie pas les majuscules.**

garage Delcroix bonjour

bonjour j'aimerais parler à Monsieur Delcroix

c'est moi

je vous appelle pour la Renault espace noire est-elle prête

un instant je me renseigne

elle sera prête à 17 heures comme convenu

merci à tout à l'heure

7 La ponctuation dans la phrase

Prénom : ....

Niveau 2

Je m'entraine

❶ **Choisis le point qui convient : . ! ?.**

Que fais-tu ☐

C'est vraiment étonnant ☐

Quelle rapidité ☐

Les biches sont dans le jardin ☐

Où sont les clés ☐

Le gâteau est dans le four ☐

❷ **Place les virgules au bon endroit (il y en a 4).**

Aujourd'hui ☐ la maitresse emmène ses élèves ☐ au musée. À huit heures ☐ les moutons rentrent dans leur enclos. Dès l'aube ☐ nous irons chercher des champignons et ☐ des châtaignes. Quelle est belle ☐ cette voiture !

❸ **Place un point ou des points de suspension en fin de phrase.**

a. Hum… je ne sais plus ☐

b. Mon père gare la voiture ☐

c. Je ne vous raconte pas la fin ☐

d. Il y a des orages tous les jours ☐

❹ **Reconstitue les phrases en ajoutant la ponctuation. N'oublie pas les majuscules.**

ils   cet été   des pingouins   ont vu

....

des raies   dans cet aquarium   des dauphins   il y a

....

se remémora   un joli souvenir   il   brusquement

....

frissonner   le   cette chose   fit

....

jolie   est   cette voiture   qu'elle

....

❺ **Recopie ce dialogue entre Manon et son frère, en ajoutant la ponctuation. Utilise des synonymes du verbe *dire*.**

regarde j'ai trouvé un coquillage

qu'est-ce que c'est

Je ne sais pas   on dirait un couteau

mais c'est dangereux

ce n'est pas un couteau de cuisine gros bêta   c'est le nom du coquillage

Ah

Les constituants du GN

Programmes 2016, ajustements 2018 – connaissances et compétences associées :

- Identifier les principaux constituants d'une phrase simple en relation avec sa cohérence sémantique (de quoi on parle, ce qu'on en dit, à quoi on peut rajouter des compléments de phrase facultatifs).
- Identifier le groupe nominal.
- Classe des mots : noms, verbes, déterminants, adjectifs, pronoms, conjonctions de coordination et prépositions.
- Mise en évidence des groupes syntaxiques : présence du groupe nominal dans le sujet de la phrase, le groupe verbal de la phrase et le complément de phrase.

Compétences en lien abordées en CE2 :

- Identifier le groupe nominal.
- Distinguer un nom propre et un nom commun.
- Identifier un nom et son déterminant.

Séance 1 | Lecture, compréhension du texte et approche de la notion

Objectifs

- Lire et comprendre un texte.
- Lire à haute voix de manière expressive.
- Repérer les groupes nominaux.
- Repérer les constituants du GN (déterminant et nom).

Matériel

Individuel

- Photocopie individuelle du texte *Le Lion et le Rat*. 8. Texte individuel
- Crayons de couleur.

Collectif

- Le même texte projeté collectivement au tableau. 8. Texte collectif
- Les figurines nom commun, nom propre et déterminant. 8. Figurines

Déroulement

1. Compréhension du texte

Le Lion et le Rat

Il faut, autant qu'on peut, obliger tout le monde :
On a souvent besoin d'un plus petit que soi.
De cette vérité deux fables feront foi,
Tant la chose en preuves abonde.

Entre les pattes d'un Lion
Un Rat sortit de terre assez à l'étourdie.
Le Roi des animaux, en cette occasion,
Montra ce qu'il était, et lui donna la vie.
Ce bienfait ne fut pas perdu.
Quelqu'un aurait-il jamais cru
Qu'un Lion d'un Rat eût affaire ?
Cependant il advint qu'au sortir des forêts
Ce Lion fut pris dans des rets,
Dont ses rugissements ne le purent défaire.
Sire Rat accourut, et fit tant par ses dents
Qu'une maille rongée emporta tout l'ouvrage.

Patience et longueur de temps
Font plus que force ni que rage.

Jean de La Fontaine

Faire lire le texte silencieusement.

Vérifier la compréhension en posant quelques questions :

– Sur le vocabulaire : *abonde, rets, maille, ouvrage.*

– Sur le contenu du texte :

Qui est le Roi des animaux ?

Qui est le plus petit ?

Qu'arrive-t-il au rat au début de la fable ?

Qu'arrive-t-il au lion à la fin ? Que dit la morale ?

Faire faire une lecture expressive du texte par les élèves.

Faire reformuler les idées du texte.

2. Zoom sur la notion étudiée

Demander aux élèves de prendre une couleur et de colorier des groupes nominaux. Rappeler auparavant ce que signifie le mot *groupe* (plusieurs mots) et le mot *nominal* (nom).

Afficher les figurines au tableau.

Voici les réponses attendues :

Le Lion et le Rat
Il faut, autant qu'on peut, obliger tout le monde :
On a souvent besoin d'un plus petit que soi.
De cette vérité deux Fables feront foi,
Tant la chose en preuves abonde.
Entre les pattes d'un Lion
Un Rat sortit de terre assez à l'étourdie.
Le Roi des animaux, en cette occasion,
Montra ce qu'il était, et lui donna la vie.
Ce bienfait ne fut pas perdu.
Quelqu'un aurait-il jamais cru
Qu'un Lion d'un Rat eût affaire ?
Cependant il advint qu'au sortir des forêts
Ce Lion fut pris dans des rets,

Dont ses rugissements ne le purent défaire.
Sire Rat accourut, et fit tant par ses dents
Qu'une maille rongée emporta tout l'ouvrage.
Patience et longueur de temps
Font plus que force ni que rage.

Séance 2 | Réactivation des connaissances

Objectifs

- Comprendre la notion de groupe nominal (nom noyau).
- Identifier la nature des mots qui composent le groupe nominal (nom, déterminant, conjonction, adjectif, préposition, adverbe).

Matériel

Pour chaque binôme

- Photocopie individuelle du texte *Le Lion et le Rat*.
- Petites étiquettes des GN. 8. Étiquettes individuelles (1)

Collectif

- Le même texte projeté collectivement au tableau.
- Étiquettes reproduites sur de grandes bandes de papier. 8. Étiquettes collectives (1)
- Figurines nom propre et commun, déterminant, conjonction de coordination, adjectif, préposition, adverbe). 8. Figurines
- Pâte adhésive.

le Lion et le Rat	le Roi des animaux	ses rugissements
entre les pattes	dans des rets	par ses dents
deux fables	cette vérité	une maille rongée
un Rat	le monde	ce bienfait
Sire Rat	cette occasion	patience et longueur de temps
un Lion	l'ouvrage	un plus petit que soi
des forêts	à l'étourdie	la vie

Déroulement

1. Manipulation et recherche

L'enseignant·e rappelle ce qui a été fait à la séance précédente : il s'agissait de repérer des groupes nominaux dans un texte.

L'enseignant·e précise que ces GN ont été extraits du texte et sont affichés au tableau. Ils sont lus par les élèves individuellement.

Consigne :

« Vous travaillez à deux. Vous allez trier les étiquettes en fonction des mots qui constituent ces GN. Il ne s'agit pas de les classer en fonction du genre et du nombre. Vous avez 10 minutes. »

L'enseignant·e circule dans les différents groupes et veille au bon déroulement des tris. Le tri selon les animaux sera écarté.

2. Mise en commun

Chaque groupe est invité à aller voir les classements des autres groupes. Puis, les différentes propositions sont discutées collectivement.

Un premier classement est mis en évidence : le GN avec nom propre et les autres. L'enseignant·e met en évidence le fait qu'il y a des GN « raccourcis » que l'on nommera « simples » (déterminant + nom) et d'autres avec plus de mots.

Les élèves viennent répartir les étiquettes dans les 3 colonnes : GN noms propres, GN simples, GN enrichis.

Avec les élèves de CM2, le travail se poursuit sur la colonne « GN enrichis ». On mettra en évidence les GN prépositionnels et les autres.

La préposition est entourée en violet dans les groupes prépositionnels (entre les pattes, à l'étourdie, dans des rets, par ses dents) ou on vient apposer la figurine « préposition ». On pourra également mettre la figurine « conjonction de coordination » dans les GN contenant le mot « et ».

L'adjectif et l'adverbe sont mis en évidence dans le GN « une maille rongée » et « un plus petit que soi ».

Demander aux élèves d'identifier les points communs dans chaque GN en posant des questions :

- Est-ce que tous les GN ont un nom propre ? *(Réponse non.)*
- Est-ce que tous les GN ont deux mots, plus de deux mots ? *(Réponse non.)*
- Est-ce que tous les GN ont un déterminant ? *(Réponse non, effet de style du fabuliste.)* On viendra souligner les déterminants en jaune.
- Est-ce que tous les GN ont un nom. *(Réponse oui.)*

Puis demander aux élèves de trouver les noms dans chaque GN. On placera un point bleu sous chaque nom.

Attention : Certains GN ont 2 noms (Le Roi des animaux, le Lion et le Rat…).

Enfin, demander ensuite aux élèves de trouver le nom « noyau », c'est-à-dire le nom principal.

Certains GN ont deux noms « noyau » séparés par une conjonction de coordination. Celle-ci est entourée dans les GN.

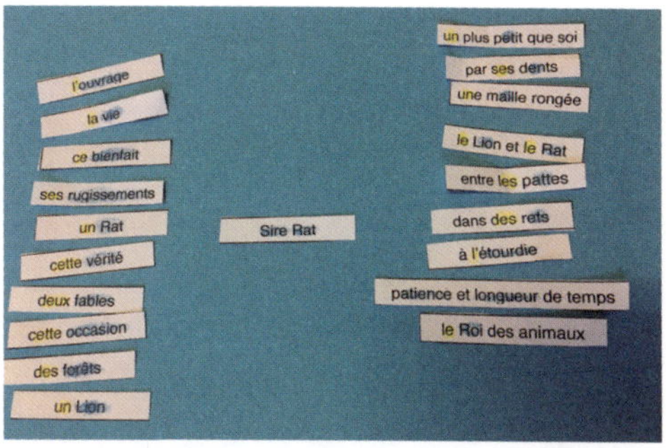

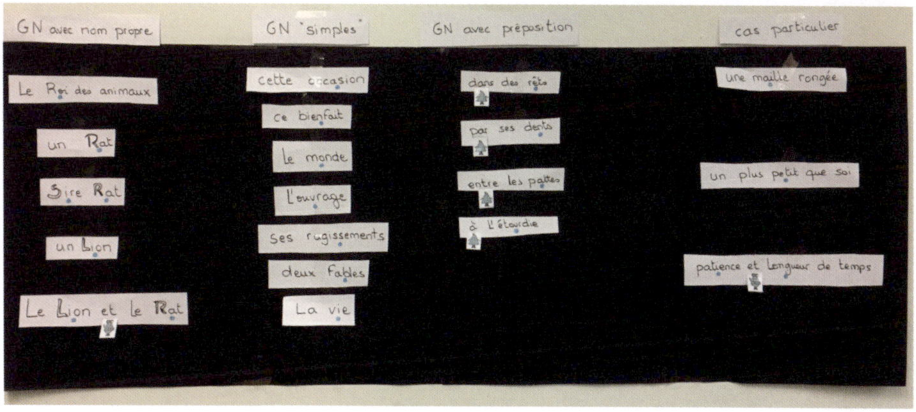

3. Appropriation individuelle

Écrire les GN suivants au tableau :

Les Rois de la jungle
Ce chat
Paris
Hercule Poirot
Un beau livre
Des sandwichs

Les faire recopier sur le cahier d'essais. Colorier les GN « simples » en bleu, les GN avec noms propres en orange et les GN enrichis en violet.

Séance 3 | Approfondissement de la notion

Objectifs
- Identifier la nature des mots qui composent le groupe nominal de base (déterminant + nom).
- Catégoriser les déterminants (définis, indéfinis, démonstratifs, possessifs).

Matériel

Pour chaque binôme
- Les étiquettes ci-dessous. 8. Étiquettes individuelles (2)
- Ciseaux.

Collectif
- Étiquettes en grand format. 8. Étiquettes collectives (2)
- Pâte adhésive.
- Figurines (déterminant, nom propre, nom commun). 8. Figurines

le Lion et le Rat	la maille	ses rugissements
les pattes	cette vérité	ce bienfait
deux fables	le monde	l'ouvrage
un Rat	un petit	la vie
ton rat	ces occasions	une lionne
des forêts	ma dent	mes étourderies

Déroulement

Rappeler ce qui a été fait à la séance précédente :
- Classement de différents GN.
- Mise en évidence des différents mots du GN dont le nom noyau.

1. Manipulation et recherche

Consigne :

« Vous allez travailler avec des étiquettes : des nouvelles et d'autres du texte. Vous allez séparer les mots de l'étiquette à l'aide des ciseaux et proposer un classement de ces mots en fonction de leur nature. »

Une correction rapide est proposée pour vérifier que les élèves ont bien séparé les noms des déterminants.

On obtient :
Déterminants : *le, le, ses, la, les, cette, ce, deux, le, l', un, un, la, ton, ces, une, des, ma, mes.*
Noms : *Lion, Rat, rugissements, maille, pattes, vérité, bienfait, fable, monde, ouvrage, Rat, petit, vie, rat, occasions, lionne, forêts, dent, étourderies.*

2. Classement

Les élèves sont invités à classer les différents déterminants.
L'enseignant·e circule dans les différents groupes et veille au bon déroulement des tris.

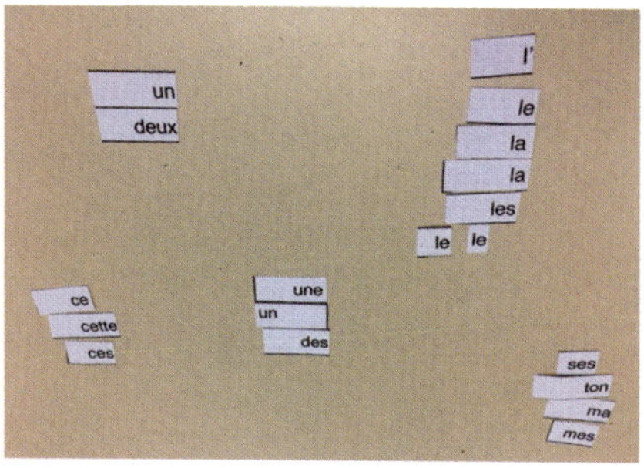

Le classement est discuté au tableau puis validé par l'ensemble de la classe.
On obtient :
Déterminant défini : *le, la, l', les.*
Déterminant indéfini : *un, une, des.*
Déterminant possessif : *ses, ton, ma, mes.*
Déterminant démonstratif : *ce, cette, ces.*
Déterminant cardinal : *un, deux.*

3. Manipulation et recherche (suite)

Les élèves sont invités à recomposer des GN à l'aide des étiquettes.
Chaque groupe vient faire une proposition qui sera validée par l'ensemble de la classe. La justification des réponses portera sur l'accord en genre et en nombre entre le déterminant et le nom dans le GN.

4. Conclusion

Dans le groupe nominal de base, il y a en général deux mots importants : le déterminant et le nom. Ces deux mots s'accordent en genre et en nombre.
Le déterminant apporte des précisions sur le nom.
- Défini : qui désigne une personne ou une chose en particulier.
- Indéfini : qui note le caractère indéterminé.
- Possessif : qui renseigne sur le possesseur.
- Cardinal : qui renseigne sur le nombre.
- Démonstratif : qui localise (dans l'espace ou dans le temps).

5. Appropriation individuelle

Faire recopier sur le cahier d'essais :

Les chats de mon voisin
Les histoires pressées

Faire colorier le nom noyau en bleu et son déterminant en jaune.

Mémo, carte mentale et synthèse

Le groupe nominal

On appelle groupe nominal (GN) un groupe de mots dans lequel le mot le plus important est un nom. On appelle ce nom le **nom noyau**. Ce nom est généralement précédé d'un déterminant.

Le GN peut comporter également d'autres mots :
- un ou plusieurs adjectifs ;
- un autre nom ;
- Une proposition.

Dans le GN, on ne peut pas supprimer le nom noyau sans que la phrase perde son sens.

On retrouve des GN dans les fonctions suivantes : sujet, groupe verbal et complément de phrase.

8. Mémo : Le groupe nominal

Carte mentale telle qu'elle est remplie à ce stade de l'année :

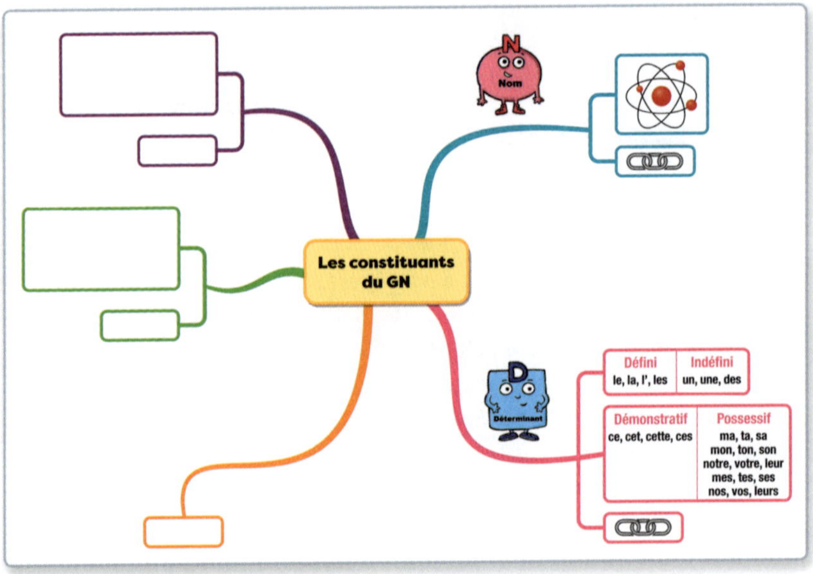

8. Carte mentale : Les constituants du GN

La carte mentale sera complétée lors des séquences sur le complément du nom (branche verte) et sur la proposition subordonnée relative (branche violette).

Synthèse animée : pour compléter la synthèse, il est possible de présenter à la classe les petits films d'animation « Les déterminants » et « Les noms propres et les noms communs », réalisés par Canopé (les fondamentaux) et disponibles dans le CD-Rom.

8. Animations

Séances 4 et 5 | Entrainement et réinvestissement

Objectifs
- Mémoriser les notions essentielles (les constituants du GN).
- Réinvestir ses connaissances dans des exercices d'application.

Organisation Travail individuel, correction individuelle ou collective.

Matériel
- Fiche élève (2 niveaux). 8. Fiche 8
- Cahier d'essais.

Objectifs visés CM1 (niveau 1) et CM2 (niveau 2) :

Ex. 1 : Colorier les noms noyaux dans les GN.
Ex. 2 : Retrouver les GN dans des phrases.
Ex. 3 : Repérer des noms (propres et communs) et des déterminants (démonstratifs et possessifs).
Ex. 4 : Écrire des GN en les réduisant.
Ex. 5 : Écrire des GN à partir de dessins (CM1). / Écrire des GN à partir de mots proposés (CM2).

8 Les constituants du GN

Prénom : ....

Niveau 1

Je m'entraine

❶ Colorie les noms noyaux dans ces groupes nominaux.

nos allées parfumées | une alimentation saine | ma vie
l'ours joyeux Baloo | l'avion | le château de Versailles
les fantômes de la nuit | ces iles lointaines | trois amis

❷ Pour chacune de ces phrases, colorie le(s) groupe(s) nominal(aux).

L'orage est violent.
Il a attrapé un mauvais rhume.
La reine des neiges est très jolie.
À l'automne, l'écureuil prépare ses réserves.
Ils sont comme chien et chat.
Les élèves jouent dans la cour.

❸ Entoure 2 noms propres en bleu, 2 noms communs en vert, 2 déterminants possessifs en orange et 2 déterminants démonstratifs en jaune.

Baloo est un bon danseur. Il aime se dandiner dans la jungle. Cet ours est plutôt insectivore. Son amie est une panthère nommée Bagheera. Ces deux animaux viennent au secours d'un petit homme qui a perdu ses parents.

❹ Recopie les phrases en supprimant tous les mots possibles dans le GN.

Le pantin de bois est posé sur la table.

....

Une énorme araignée velue escalade le rideau.

....

La petite fille aux allumettes a froid.

....

La bête féroce a disparu dans les herbes hautes.

....

J'écris

❺ Décris chacun des dessins ci-dessous sous la forme d'un GN.

8 Les constituants du GN

Prénom : ....

Niveau 2

Je m'entraine

❶ Colorie les noms noyaux dans ces groupes nominaux.

un chalet savoyard | des fruits succulents | sa tablette
la grande panthère Bagheera | ce jeune skieur | l'élève
la bonne idée de Martin | trois chats | un livre de poésies

❷ Pour chacune de ces phrases, colorie le(s) groupe(s) nominal(aux).

L'éléphant est imposant.
Il a attrapé un gros poisson.
Le père de Julie est architecte.
Cet hiver, nous irons skier à la montagne.
Elle aime les pommes, comme son frère.
Où as-tu trouvé ton chien ?

❸ Entoure 2 noms propres en bleu, 2 noms communs en vert, 2 déterminants possessifs en orange et 2 déterminants démonstratifs en jaune.

Tous les animaux célèbrent la naissance de Simba, le fils du roi Mufasa. Tous sauf Scar qui voit ses chances d'accéder au trône anéanties. Avec la collaboration des hyènes, ce jaloux se débarrasse du roi et de son héritier. Cette histoire se passe dans la magnifique savane africaine.

❹ Recopie les phrases en supprimant tous les mots possibles dans le GN.

J'ai trouvé une balle en plastique rose.

....

Mon cousin éloigné américain vient nous rendre visite.

....

Dans la prairie verdoyante galopaient des chevaux sauvages.

....

Un petit ruisseau traverse cette vaste plaine.

....

As-tu réparé la machine à laver de mon petit frère ?

....

❺ Construis des GN à l'aide des mots proposés. Entoure le nom noyau.

voisine – amies – tableaux – croisière – lectures – le – la – trois – quelques – ces – une – sa – incroyable – variées – colorés – proches – sympathique – de vacances – d'à côté – en Méditerranée

9

Le passé composé avec *avoir*

Programmes 2016, ajustements 2018 – connaissances et compétences associées :

– Comprendre comment se forment les verbes et orthographier les formes verbales les plus fréquentes.

– Mémorisation des verbes fréquents (*être, avoir, faire, aller, dire, venir, prendre, pouvoir, voir, vouloir*) et des verbes dont l'infinitif est en *ER* au passé composé avec *avoir*.

– Morphologie verbale écrite en appui sur les régularités et la décomposition du verbe.

Compétences en lien abordées en CE2 :

– Mémoriser les formes les plus fréquentes (troisième personne du singulier et du pluriel)

– Compréhension de la formation du passé composé.

– Distinction temps simple/temps composé et infinitif/participe passé.

Séance 1 | Lecture, compréhension du texte et approche de la notion

Objectifs

– Lire et comprendre un texte.

– Lire à haute voix de manière expressive.

– Repérer les verbes conjugués au passé composé.

Matériel

Individuel

– Photocopie individuelle du texte *Faits divers.* 9. Texte individuel

– Crayons de couleur.

Collectif

– Le même texte projeté collectivement au tableau. 9. Texte collectif

Faits divers

Verglas !
Le lundi 9 janvier, vers 2 heures du matin, un 4×4 de la marque Mercedes a dérapé sur la chaussée glissante et enneigée à la hauteur du carrefour des pins et a heurté deux autres véhicules. Heureusement, il n'y a eu aucun blessé.

Un « McDo » sinon rien !
Vers midi, trois écoliers de 7 ans ont projeté une évasion surprenante pendant la récréation. Ils ont d'abord escaladé le mur de l'école. Ils ont ensuite longé la cantine et pris la direction du McDonald's situé dans la commune voisine. Ils ont été reconduits dans leur établissement par des passants.

Cochons en balade…
Un éleveur des environs a remarqué l'absence de nombreux porcelets dans la nuit du mardi 10 janvier. Celui-ci a commencé par sécuriser lui-même les lieux puis il a prévenu la police. Les policiers ont retrouvé ses cochons dans le jacuzzy de sa voisine.

Épuisé !
Mercredi dernier, vers minuit, un cambrioleur est retrouvé sur les lieux de son larcin. L'occupante des lieux l'a découvert endormi sur son canapé. Le malfaiteur a pu finir sa nuit calmement en cellule.

Déroulement

1. Compréhension du texte

Faire lire le texte silencieusement.

Vérifier la compréhension en posant quelques questions :

– Sur le vocabulaire : *établissement, larcin, porcelet, jacuzzi, véhicule.*

– Sur le contenu du texte : *Qu'est-ce qu'un fait divers ? Combien y a-t-il de faits divers dans ce texte ? Où peut-on trouver des faits divers ? Ces faits divers sont-ils réels ?*

Faire faire une lecture expressive de chaque fait divers par les élèves.

Faire reformuler les idées pour chaque fait divers.

2. Zoom sur la notion étudiée

Demander aux élèves de prendre une couleur et de colorier des différentes actions pour chaque fait. Proposer un exemple en réalisant la recherche des actions dans la première phrase : « un 4x4 de la marque Mercedes a dérapé sur la chaussée glissante et enneigée à la hauteur du carrefour des pins ». On soulignera deux mots : *a dérapé*.

Voici les réponses attendues :

Faits divers

Verglas !

Le lundi 9 janvier, vers 2 heures du matin, un 4x4 de la marque Mercedes a dérapé sur la chaussée glissante et enneigée à la hauteur du carrefour des pins et a heurté deux autres véhicules. Heureusement, il n'y a eu aucun blessé.

Un « McDo » sinon rien !

Vers midi, trois écoliers de 7 ans ont projeté une évasion surprenante pendant la récréation. Ils ont d'abord escaladé le mur de l'école. Ils ont ensuite longé la cantine et pris la direction du McDonald's situé dans la commune voisine. Ils ont été reconduits dans leur établissement par des passants.

Cochons en balade…

Un éleveur des environs a remarqué l'absence de nombreux porcelets dans la nuit du mardi 10 janvier. Celui-ci a commencé par sécuriser lui-même les lieux puis il a prévenu la police. Les policiers ont retrouvé ses cochons dans le jacuzzi de sa voisine.

Épuisé !
Mercredi dernier, vers minuit, un cambrioleur est retrouvé sur les lieux de son larcin. L'occupante des lieux l'a découvert endormi sur son canapé. Le malfaiteur a pu finir sa nuit calmement en cellule.

Demander aux élèves à quel temps sont conjugués ces verbes. Insister sur le fait qu'il y a 2 mots.
Demander les infinitifs des verbes surlignés.

Séance 2 | Réactivation des connaissances

Objectifs
- Repérer un verbe conjugué au passé composé.
- Trouver le participe passé d'un verbe.
- Savoir conjuguer un verbe au passé composé avec *avoir*.

Matériel
Pour chaque binôme
- Photocopie individuelle du texte *Faits divers*.
- Ardoise.
- Crayons de couleur.
- Feuille de recherche des verbes. 9. Feuille de recherche

Collectif
- Texte projeté collectivement au tableau.
- 1 pochette bleue et 1 pochette rouge + figurines. Figurines
- Étiquettes des verbes à l'infinitif. 9. Étiquettes collectives (1)
- Pâte adhésive.

déraper | projeter | avoir | être

Déroulement

1. Compléter le tableau avec les formes verbales du texte

Faire distribuer aux binômes la feuille de recherche et faire sortir le texte *Faits divers*.
Tracer quatre colonnes au tableau et afficher la figurine pronom personnel en haut à gauche de la première colonne.

Demander aux élèves d'écrire les pronoms personnels sujets utilisés pour la conjugaison d'un verbe dans la feuille de recherche.

Afficher en haut des trois autres colonnes les étiquettes verbes à l'infinitif.

Afficher au-dessus de chacun la figurine correspondante.

Consigne :

« Vous disposez de 4 verbes à l'infinitif.

Vous allez chercher dans le texte les formes conjuguées de ces 4 verbes et les écrire dans le tableau. »

Dans le texte, on trouve : *il a dérapé, ils ont projeté, il a eu, ils ont été.*

Verbes au passé composé				
	 déraper	 projeter	 avoir	 être
	a dérapé		a eu	
		ont projeté		ont été

Les écrire au tableau.

Procéder à une correction collective (les élèves épèlent leur proposition).

2. Compléter le tableau avec les formes verbales manquantes

Consigne :

« Vous allez poursuivre le travail en complétant le tableau avec toutes les formes verbales conjuguées manquantes. Celles-ci ne sont pas dans le texte. »

L'enseignant·e passe dans les rangs et vérifie le travail des différents binômes.

Une correction collective est proposée au tableau. Les réponses sont validées par la classe.

Faire analyser le mode de construction des formes conjuguées des verbes au passé composé.

Faire colorier les mots « invariants » (= participe passé) dans chaque colonne.

Faire constater que ces verbes se conjuguent avec le verbe *avoir* (au présent) auquel on ajoute le participe passé du verbe.

Exemple : nous avons <u>eu</u>, vous avez <u>été</u>, tu as <u>projeté</u>.

Expliquer comment trouver le participe passé d'un verbe en *ER* en insistant sur la terminaison : on remplace *er* par *é* pour les verbes dont l'infinitif est en *ER* (*longé, projeté, recommencé, enregistré…*)

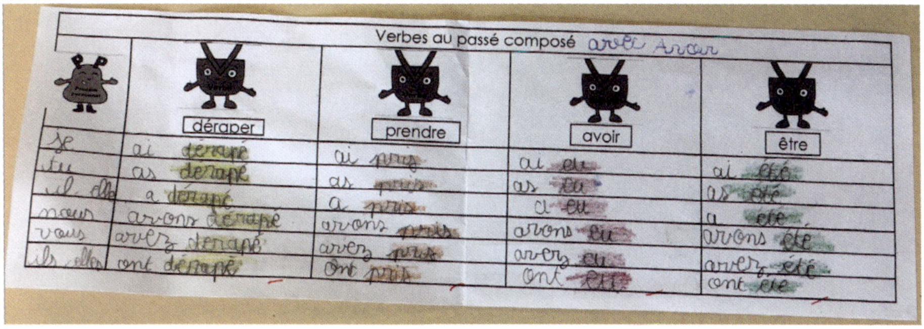

3. Appropriation individuelle

Faire conjuguer le verbe *trouver* au passé composé sur le cahier d'essais.

Séance 3 | Approfondissement de la notion

Objectifs
- Connaitre le participe passé des verbes.
- Savoir conjuguer les verbes au passé composé.

Matériel

Pour chaque binôme
- Photocopie individuelle du texte *Faits divers*.
- Ardoise.
- Crayons de couleur.
- Feuille de recherche des verbes. 9. Feuille de recherche

Collectif
- Texte projeté collectivement au tableau.
- 1 pochette bleue et 1 pochette rouge + figurines. Figurines
- Étiquettes des verbes à l'infinitif. 9. Étiquettes collectives (2)
- Pâte adhésive.

finir | prendre | pouvoir | prévenir

Déroulement

1. Compléter le tableau avec les formes verbales du texte

Procédure connue, *cf.* séance précédente.

Consigne :

« Vous disposez de 4 verbes à l'infinitif.

Vous allez chercher dans le texte les formes conjuguées de ces 4 verbes et les écrire dans le tableau. »

Dans le texte, on trouve : *ils ont pris, il a pu, il a prévenu.*

Verbes au passé composé				
	 finir	 prendre	 pouvoir	 prévenir
			a pu	a prévenu
		ont pris		

Les écrire au tableau.

Procéder à une correction collective (les élèves épèlent leur proposition).

Erreurs possibles

Certains élèves ne vont écrire qu'un seul mot : le verbe *avoir* conjugué ou le participe passé.

2. Compléter le tableau avec les formes verbales manquantes

Le verbe *finir* n'a aucune forme verbale dans le texte. Les élèves sont invités à observer une page du Bescherelle afin de chercher l'écriture du deuxième mot. L'enseignant·e les questionne sur son nom (le participe passé). Il est également recherché dans la page du Bescherelle.

Le travail suivant est réalisé de façon individuelle.

Consigne :

« Vous allez poursuivre le travail en complétant le tableau avec toutes les formes verbales conjuguées manquantes. Celles-ci ne sont pas dans le texte. »

L'enseignant·e passe dans les rangs et vérifie le travail des différents élèves.

Une correction collective est proposée au tableau. Les réponses sont validées par la classe.

Faire rappeler le mode de construction des formes conjuguées des verbes au passé composé.

Faire colorier les participes passés dans chaque colonne.

Faire constater une nouvelle fois que ces verbes se conjuguent avec le verbe *avoir* (au présent) auquel on ajoute le participe passé du verbe.

Exemple : *nous avons fini, vous avez pu, j'ai prévenu*.

Expliquer comment trouver le participe passé d'un verbe en insistant sur la terminaison : on remplace *ir* par *i* pour les verbes dont l'infinitif est en *IR* (comme *finir*). Pour les verbes *OIR*, le participe passé se termine par le son *u*. Certains participes passés sont irréguliers.

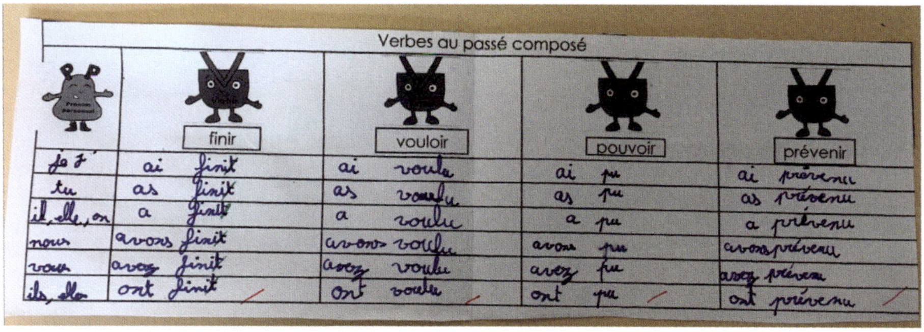

Conclure que les verbes conjugués au passé composé avec *avoir* ont un participe passé invariant.

3. Appropriation individuelle

Écrire, sur le cahier d'essais, les participes passés des verbes suivants :
partir – venir – vaincre – naitre – atteindre.

Mémo, carte mentale et synthèse

Le passé composé avec le verbe *avoir*

Le passé composé est un temps du passé.
Il est formé de deux mots (temps composé) :
– le verbe *avoir* conjugué au présent,
– le participe passé du verbe.
Les participes passés se terminent en :
– *é* pour les verbes en *er* ;
– *i* pour les verbes en *ir* ;
– *u*, *s* ou *t* pour les autres verbes ;
– *eu* et *été* sont les participes passés respectifs des verbes *avoir* et *être*.

9. Mémo : Le passé composé avec le verbe *avoir*

La branche bleue de la carte mentale sera complétée à la séquence suivante :

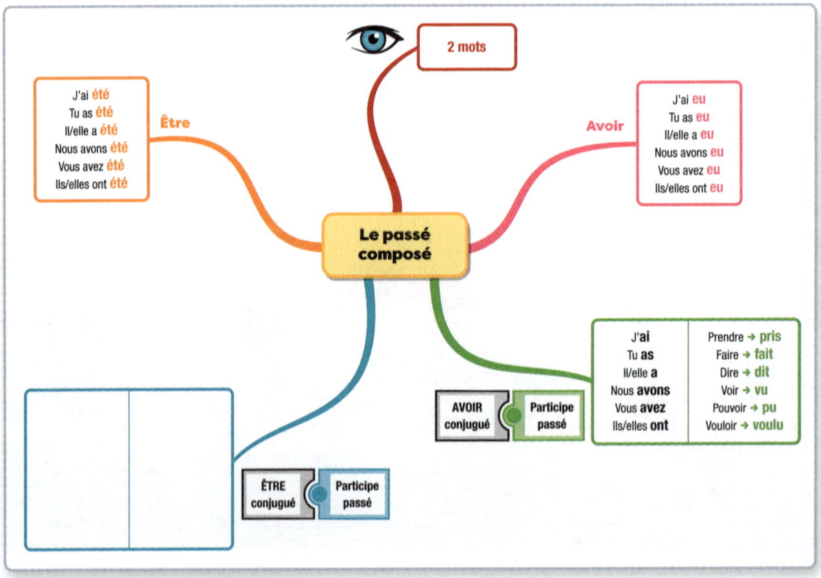

9. Carte mentale : Le passé composé

Synthèse animée : pour compléter la synthèse, il est possible de présenter à la classe le petit film d'animation « Conjuguer au passé composé », réalisé par Canopé (les fondamentaux) et disponible dans le CD-Rom.

© Canopé

9. Animation

Séances 4 et 5 | Entrainement et réinvestissement

Objectifs
- Mémoriser les notions essentielles (le passé composé des verbes avec *avoir*).
- Réinvestir ses connaissances dans des exercices d'application.

Organisation Travail individuel, correction individuelle ou collective.

Matériel
- Fiche élève (2 niveaux). 9. Fiche 9
- Cahier d'essais.

Objectifs visés CM1 (niveau 1) et CM2 (niveau 2) :

Ex. 1 : Entourer les verbes conjugués au passé composé.
Ex. 2 : Écrire les verbes conjugués à l'infinitif.
Ex. 3 : Conjuguer les verbes au passé composé.
Ex. 4 : Transposer les phrases au passé composé.
Ex. 5 : Écrire des phrases au passé composé pour chaque vignette.

9 Le passé composé avec *avoir*

Prénom : ....

Niveau 1

Je m'entraine

❶ Entoure les verbes au passé composé.

Les orages ont éclaté en fin d'après-midi. Les pluies ont ravagé tout le sud du pays. Les pompiers ont procédé à plus d'une vingtaine d'interventions. Météo France a placé le Var en vigilance orange. Les habitants ont été surpris par la violence des vents.

❷ Pour chacune de ces phrases, écris le verbe à l'infinitif.

Vous avez dit un mensonge. ....
Il a eu la grippe en janvier. ....
As-tu pris les clés de la cave ? ....
J'ai écrit les prénoms sur tous les paquets. ....
Les pompiers ont fait le déplacement. ....
Il a vu l'animal tomber de l'arbre. ....

❸ Conjugue les verbes proposés au passé composé.

Nous (étendre) → ....
Les singes (manger) → ....
La neige (fondre) → ....
Les enfants (finir) → ....
On (décorer) → ....

❹ Récris ces phrases au passé composé.

Le cuisinier prépare la tarte du jour.
....
Marie réussit son match de judo.
....
Léo comprend toutes les informations du texte.
....
L'équipe de France bat celle d'Angleterre 2-0.
....

J'écris

❺ Raconte chaque vignette par une phrase en utilisant le passé composé.

9 Le passé composé avec *avoir*

Prénom : ....

Niveau 2

Je m'entraine

❶ Entoure les verbes au passé composé.

Les vacances ont commencé. La famille Durant a préparé ses valises. Tout l'équipement a été contrôlé. Arrivée au camping, la petite troupe a installé le campement. Mais, un des pics de la tente a cassé. Impossible de la monter ! Tout le monde a dormi dans la voiture. Heureusement, un voisin a dépanné la famille dès le lendemain.

❷ Pour chacune de ces phrases, écris le verbe à l'infinitif.

Vous avez vu le monstre ? ....
Elle a été bien malade. ....
As-tu compris cet exercice ? ....
Le médecin a prescrit un médicament. ....
Les policiers ont-ils arrêté le voleur ? ....
Ils ont fait le tour de l'île. ....

❸ Conjugue les verbes proposés au passé composé.

Vous (vendre) → ....
Les dauphins (nager) → ....
La poule (pondre) → ....
On (finir) → ....
Les élèves (payer) → ....

❹ Récris ces phrases au passé composé.

Le restaurant ouvre tous les midis.
....
Nous participons au tournoi de basket.
....
Tim prend son petit déjeuner dans le jardin.
....
Le chat fait un bond.
....
Des moutons traversent la route.
....

J'écris

❺ Pour chaque vignette, écris deux phrases au passé composé pour raconter cette histoire.

Le passé composé avec *être*

Programmes 2016, ajustements 2018 – connaissances et compétences associées :

– Comprendre comment se forment les verbes et orthographier les formes verbales les plus fréquentes.

– Mémorisation des verbes fréquents (*tomber, monter, descendre, venir, aller, partir, naitre, mourir, entrer, retourner, passer*) et des verbes proches au passé composé avec *être*.

– Morphologie verbale écrite en appui sur les régularités et la décomposition du verbe.

Compétences en lien abordées en CE2 :

– Mémoriser les formes les plus fréquentes (troisième personne du singulier et du pluriel).

– Compréhension de la formation du passé composé.

– Distinction temps simple/temps composé et infinitif/participe passé.

Séance 1 | Lecture, compréhension du texte et approche de la notion

Objectifs

- Lire et comprendre un texte.
- Lire à haute voix de manière expressive.
- Repérer les verbes conjugués au passé composé.

Matériel

Individuel

- Photocopie individuelle du texte *Jeanne d'Arc.* 10. Texte individuel
- Crayons de couleur.

Collectif

- Le même texte projeté collectivement au tableau. 10. Texte collectif

Déroulement

1. Compréhension du texte

Faire lire le texte silencieusement.

Vérifier la compréhension en posant quelques questions :

- Sur le vocabulaire : *Chinon, Domrémy, Orléans, Reims, Rouen.*
- Sur le contenu du texte : *Qui est Jeanne d'Arc ? Pourquoi rejoint-elle le dauphin Charles ? Pourquoi les renforts ne sont-ils pas venus à Compiègne ? Qui capture Jeanne d'arc ?*

Faire faire une lecture expressive par les élèves du texte.

Faire reformuler les idées (qui, quoi, où, quand, comment, pourquoi).

Jeanne d'Arc

Connaissez-vous l'épopée incroyable de Jeanne d'Arc pendant la guerre de Cent Ans ? Issue d'une famille paysanne, Jeanne est née vers 1412 à Domrémy, un village de Lorraine. Un jour, elle a entendu les voix des Saintes lui demandant de libérer la France de l'occupation anglaise. Insistantes, ces voix sont revenues à plusieurs reprises.

Dans un premier temps, la jeune fille est allée à Chinon pour rencontrer le dauphin Charles. Après un entretien secret, Jeanne et ses compagnons sont envoyés à Orléans pour mettre fin au siège anglais. Le 8 mai 1429, la ville est sauvée. Les Anglais humiliés pensent que Jeanne est envoyée par le Diable.

Ensuite, elle est montée à Reims pour assister au sacre du roi Charles VII. Il n'y a plus qu'un seul roi et la victoire change de camp. Pourtant, les conseillers du roi sont méfiants face à l'inexpérience de la jeune femme.

Délaissée par le roi, la Pucelle est déjà repartie en campagne avec sa propre troupe. Elle a décidé de défendre Compiègne assiégée. Hélas, les renforts ne sont jamais venus. Jeanne d'Arc est capturée par un seigneur bourguignon puis elle est vendue aux Anglais. Lors de son procès, on lui demande pourquoi elle est apparue à plusieurs reprises vêtue d'habits masculins. Finalement, la jeune fille de 19 ans est morte sur le bucher le 30 mai 1431 à Rouen.

– Ils ont brulé une Sainte ! crie la foule émue.

Depuis ce jour, Jeanne d'Arc est devenue une légende.

2. Zoom sur la notion étudiée

Demander aux élèves de prendre une couleur et de colorier les verbes conjugués avec le verbe *être*.

Voici les réponses attendues (en rose : passé composé, en vert : voix passive ou verbes n'étant pas au passé composé) :

Connaissez-vous l'épopée incroyable de Jeanne d'Arc pendant la guerre de Cent Ans ? Issue d'une famille paysanne, Jeanne est née vers 1412 à Domrémy, un village de Lorraine. Un jour, elle a entendu les voix des Saintes lui demandant de libérer la France de l'occupation anglaise. Insistantes, ces voix sont revenues à plusieurs reprises.

Dans un premier temps, la jeune fille est allée à Chinon pour rencontrer le dauphin Charles. Après un entretien secret, Jeanne et ses compagnons sont envoyés à Orléans pour y lever le siège. Le 8 mai 1429, la ville est sauvée. Les Anglais humiliés pensent que Jeanne est envoyée par le Diable.

Ensuite, elle est montée à Reims pour assister au sacre du roi Charles VII. Il n'y a plus qu'un seul roi et la victoire change de camp. Pourtant, les conseillers du roi sont méfiants face à l'inexpérience de la jeune femme.

Délaissée par le roi, la Pucelle est déjà repartie en campagne avec sa propre troupe. Elle a décidé de défendre Compiègne assiégée. Hélas, les renforts ne sont jamais venus. Jeanne d'Arc est capturée par un seigneur bourguignon puis elle est vendue aux Anglais. Lors de son procès, on lui demande pourquoi elle est apparue à plusieurs reprises vêtue d'habits masculins. Finalement, la jeune fille de 19 ans est morte sur le bucher le 30 mai 1431 à Rouen.

– Nous avons brulé une Sainte ! crie la foule émue.

Depuis ce jour, Jeanne d'Arc est devenue une légende.

Certaines propositions sont discutées puis rejetées. C'est le cas pour celles à la voix passive que l'on peut mettre à la voix active pour souligner celui/celle qui fait l'action et celui/celle qui la subit (ici, c'est Jeanne).

« Jeanne est envoyée par le Diable. » Le Diable a envoyé Jeanne.

« Jeanne et ses compagnons sont envoyés… » Le roi a envoyé Jeanne et ses compagnons.

« Jeanne est capturée par un seigneur bourguignon puis vendue… » Un seigneur bourguignon a capturé puis vendu Jeanne…

Demander aux élèves quelle est la particularité des participes passés (présence de la lettre *e* ou de la lettre *s*).

Prolongement

On pourra envisager de poursuivre le travail sur Jeanne d'Arc en histoire.

Séance 2 | Réactivation des connaissances

Objectifs

- Repérer un verbe conjugué au passé composé.
- Trouver l'accord du participe passé avec le sujet lorsqu'il est employé avec *être*.
- Savoir conjuguer un verbe au passé composé avec *être*.

Matériel

Pour chaque binôme

- Feuille de recherche des verbes. 10. Feuille de recherche
- Crayons de couleur.

Déroulement

1. Appropriation

Certains élèves seront en individuel, d'autres en binômes. Un pronom personnel est attribué à chacun.

Ils seront répartis comme suit :

- Un garçon seul, pronom personnel *je*.
- Un garçon seul, pronom personnel *tu*.
- Une fille seule, pronom personnel *je*.
- Une fille seule, pronom personnel *tu*.
- Un groupe avec 2 garçons et 1 fille (ou 1 garçon et 1 fille), pronom personnel *nous*.
- Un groupe avec 2 garçons et 1 fille (ou 1 garçon et 1 fille), pronom personnel *vous*.
- Un groupe avec 2 filles pronom personnel *nous*.
- Un groupe avec 2 filles, pronom personnel *vous*.
- Un groupe avec 2 garçons, pronom personnel *nous*.
- Un groupe avec 2 garçons, pronom personnel *vous*.

Les fiches sont distribuées. On distinguera les fiches qui s'adressent à ceux dont les pronoms personnels sont *je/nous/il/ils/elle/elles* et ceux dont les pronoms sont *tu* et *vous*. Les bulles sont orientées vers celui/ceux qui parlent.

Consigne :

« Vous vous dessinez sous la bulle. Si vous êtes deux, vous vous dessinez à deux. Si on est seul, on se dessine seul. Vous allez ensuite écrire une phrase en employant le verbe partir. *Vous choisirez la destination de votre choix pour dire où vous allez. »*

Les phrases attendues seront :

- « Je suis parti(e).... »
- « Tu es parti(e)... »
- « Il est parti... »
- « Elle est partie... »
- « Nous sommes parti(e)s... »
- « Vous êtes parti(e)s... »
- « Ils sont partis... »
- « Elles sont parties... »

2. Analyse collective

Les fiches des élèves sont affichées au tableau. On regroupera les propositions ayant le même pronom personnel afin de les comparer.

Les propositions sont discutées collectivement puis validées par les élèves. Ces derniers sont ensuite invités à reprendre leurs fiches afin de les corriger.

3. Appropriation individuelle

Faire conjuguer le verbe *tomber* au passé composé sur le cahier d'essais.

Séance 3 | Approfondissement de la notion

Objectifs
- Connaitre le participe passé des verbes.
- Savoir conjuguer les verbes au passé composé avec *être*.
- Trouver l'accord du participe passé avec le sujet lorsqu'il est employé avec *être*.

Matériel

Individuel
- Photocopie individuelle du texte *Jeanne d'Arc*.
- Ardoise.
- Crayons de couleur.

Pour chaque binôme
- Feuille de recherche des verbes. 10. Feuille de recherche

Collectif
- Texte projeté collectivement au tableau.
- 1 pochette bleue et 1 pochette rouge + figurines. Figurines
- Étiquettes des verbes à l'infinitif. 10. Étiquettes collectives
- Pâte adhésive.

aller | partir | venir

Déroulement

1. Compléter le tableau avec les formes verbales du texte

Chaque binôme a la feuille de recherche et le texte *Jeanne d'Arc*.

Tracer quatre colonnes au tableau et afficher la figurine pronom personnel en haut à gauche de la première colonne.

Demander aux élèves d'écrire les pronoms personnels sujets utilisés pour la conjugaison d'un verbe dans la feuille de recherche. Attention, on distinguera les pronoms *il*, *elle*, *ils* et *elles*. Il y a donc plus de lignes dans la colonne « pronom personnel ».

Afficher en haut des trois autres colonnes les étiquettes verbes à l'infinitif.

Afficher au-dessus de chacun la figurine correspondante.

Consigne :

« Vous disposez de 3 verbes à l'infinitif.

Vous allez chercher dans le texte les formes conjuguées de ces 3 verbes et les écrire dans le tableau. »

Dans le texte, on trouve : *elle est (de)venue, ils sont venus, elles sont (re)venues, elle est allée, elle est (re)partie.*

Les écrire au tableau.

Verbes au passé composé			
	 aller	 partir	 venir
je/j'			
tu			
il			
elle	est allée	est (re)partie	est (de)venue
nous			
vous			
ils			sont venus
elles			sont (re)venues

Procéder à une correction collective (les élèves épèlent leur proposition).

Faire remarquer aux élèves la présence des *e* et des *s* dans les participes passés selon les formes. Demander aux élèves comment ils expliquent ces différences (accord avec le sujet).

2. Compléter le tableau avec les formes verbales manquantes

Consigne :

« Vous allez poursuivre le travail en complétant le tableau avec toutes les formes verbales conjuguées manquantes. Celles-ci ne sont pas dans le texte. Il faudra faire attention aux accords. »

L'enseignant·e passe dans les rangs et vérifie le travail des différents élèves.
Une correction collective est proposée au tableau. Les réponses sont validées par la classe.
Faire rappeler le mode de construction des formes conjuguées des verbes au passé composé.

Erreurs possibles

Certains élèves placent des *s* dans le participe passé en suivant la règle du « *tu* jamais sans son *s* ». Ex. : tu es partis. Il faut rappeler que l'accord du sujet et du verbe se fait dans le premier mot (l'auxiliaire). Le participe passé prendra un *e* si le sujet est au féminin et/ou un *s* si le sujet est au pluriel.

Faire colorier les accords dans les participes passés dans chaque colonne. Placer des parenthèses pour expliquer que l'on place des *e* uniquement lorsque le sujet est féminin. Rappeler la règle du masculin qui l'emporte sur le féminin.
Faire constater qu'il n'existe que peu de verbes qui se conjuguent avec *être*. Écrire la liste au tableau.

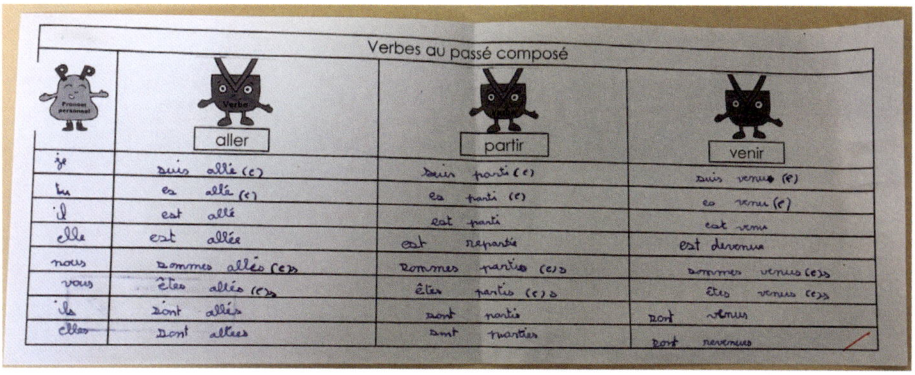

Conclure que les verbes conjugués au passé composé avec l'auxiliaire *être* ont un participe passé qui s'accorde avec le sujet.

3. Appropriation individuelle

Conjuguer, sur le cahier d'essais, le verbe *naitre* au passé composé.

Mémo, carte mentale et synthèse

Le passé composé avec *être*

Le passé composé se forme également avec :
– le verbe *être* conjugué au présent ;
– le participe passé du verbe.

Le participe passé s'accorde avec le sujet :

Ex. : Elle est venue, ils sont venus.

Les verbes que l'on conjugue avec *être* sont : *naitre, mourir, aller, venir, partir, monter, descendre, arriver, tomber, passer*.

10. Mémo : Le passé composé avec *être*

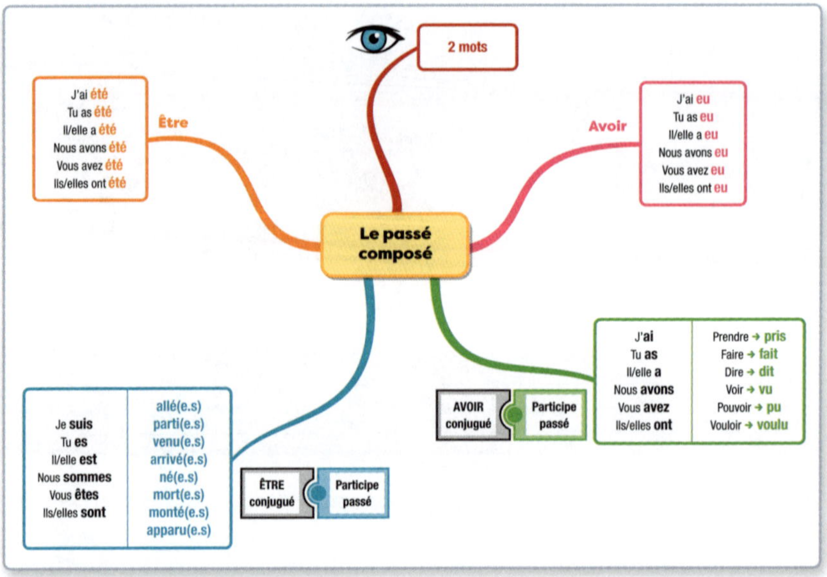

10. Carte mentale : Le passé composé

Synthèse animée : pour compléter la synthèse, il est possible de présenter à la classe le petit film d'animation « Conjuguer au passé composé », réalisé par Canopé (les fondamentaux) et disponible dans le CD-Rom.

© Canopé

10. Animation

Séances 4 et 5 | Entrainement et réinvestissement

Objectifs	– Mémoriser les notions essentielles (le passé composé des verbes avec *être*). – Réinvestir ses connaissances dans des exercices d'application.
Organisation	Travail individuel, correction individuelle ou collective.
Matériel	– Fiche élève (2 niveaux). 10. Fiche 10 – Cahier d'essais.

Objectifs visés CM1 (niveau 1) et CM2 (niveau 2) :

Ex. 1 : Entourer les verbes conjugués au passé composé.
Ex. 2 : Entourer la forme correctement conjuguée au passé composé.
Ex. 3 : Conjuguer les verbes au passé composé.
Ex. 4 : Transposer les phrases au passé composé.
Ex. 5 : Écrire une courte histoire à l'aide des mots proposés.

10 Le passé composé avec *être*

Prénom : ....

Niveau 1

Je m'entraine

❶ Entoure les verbes au passé composé.

Les randonneurs sont arrivés aux Saisies vers midi. Ils ont commencé leur ascension. Ils sont restés 2 jours à 1 650 mètres d'altitude. Puis, les promeneurs sont redescendus à ski rapidement. Enfin, ils sont passés par la vallée et sont repartis à Lyon.

❷ Pour chacune de ces phrases, entoure la forme correctement conjuguée au passé composé.

Mathilde	sort est sortie était sortie	depuis le gouter.
Ce chien	mourir meurt est mort	de peur.
Qui est	tombé tomber tombera	dans les pommes ?
Elles	sont entré sont entrée sont entrées	par la porte du garage.
L'infirmière	être descendue est descendue est descendu	prendre un café.
Mathéo	est né est née est nés	au milieu de l'été.

❸ Conjugue les verbes proposés au passé composé.

Nous (partir) → ....

La princesse (venir) → ....

Les enfants (rentrer) → ....

Ils (passer) → ....

Vous (monter) → ....

❹ Récris ces phrases au passé composé.

Elle sort en pleurant.

....

L'avion n'arrivera pas à l'aéroport.

....

Les éléphants tombent dans le piège.

....

Les professeurs stagiaires entrent dans la classe.

....

J'écris

❺ Raconte une petite histoire au passé composé en utilisant les mots suivants (au choix).

les fées – la princesse – l'enfant – les marins – le dragon – le sorcier voler – sortir – venir – aller – tomber – partir – manger – rester – château – forêt – la cascade – la grotte – la mer – tout d'abord – ensuite – enfin

10 Le passé composé avec *être*

Prénom : ....

Niveau 2

Je m'entraine

❶ Entoure les verbes au passé composé.

Les filles sont montées au col de la Tour vers 8 heures. Elles ont pris une rapide collation. Elles sont restées deux bonnes heures. Puis, elles sont redescendues à ski rapidement. Elles sont passées par la vallée. Enfin, elles sont allées au village voisin. Elles sont revenues le lendemain.

❷ Pour chacune de ces phrases, entoure la forme correctement conjuguée au passé composé.

Les souris	sont entrés sont entré sont entrées	dans leur trou.
Elle	nait pas n'est pas née n'est pas né	en juillet.
Qui	est arrivé est arriver arrivait	à midi ?
Ils	son sortis sont sorti sont sortis	par la porte du garage.
Le docteur	descendu est descendu descendre	prendre un café.
Pierre	est allés est aller est allé	à la piscine.

❸ Conjugue les verbes proposés au passé composé.

Vous (partir) → ....

Les grands-parents (venir) → ....

Paul et Valérie (rentrer) → ....

Elle (passer) → ....

Nous (monter) → ....

❹ Récris ces phrases au passé composé.

Il part de la maison gaiment.

....

Les passagers arrivent à destination.

....

Les girafes ne vont jamais dans la savane.

....

Les abeilles sortent ensemble de la ruche.

....

La France devient une destination de plus en plus touristique.

....

J'écris

❺ Raconte une petite histoire au passé composé en utilisant les mots suivants (au choix).

les fées – la princesse – l'enfant – les marins – le dragon – le sorcier voler – sortir – venir – aller – tomber – partir – manger – rester – château – forêt – la cascade – la grotte – la mer – tout d'abord – ensuite – enfin

Les phrases interrogatives

Programmes 2016, ajustements 2018 – connaissances et compétences associées :

– Identifier les constituants d'une phrase interrogative en relation avec sa cohérence sémantique.
– Construction de phrases interrogatives.
– Observation et analyse de l'ordre des mots et des groupes syntaxiques.
– Observation de l'enchainement des phrases dans un texte.

Séance 1 | Lecture, compréhension du texte et approche de la notion

Objectifs
– Lire et comprendre un texte.
– Lire à haute voix de manière expressive.
– Repérer les phrases interrogatives dans le texte.

Matériel
Individuel
– Photocopie individuelle du texte *Le pince-sans-rire.* 11. Texte individuel
– Crayons de couleur.
Collectif
– Le même texte projeté collectivement au tableau. 11. Texte collectif

Déroulement

1. Compréhension du texte

Faire lire le texte silencieusement.

Vérifier la compréhension en posant quelques questions :

– Sur le vocabulaire : *déclinez, suspect, pince-sans-rire, interrogatoire, comtesse, chef d'accusation, officier, cellule.*

– Sur le contenu du texte : *Qui est Monsieur Bill ? Pourquoi subit-il un interrogatoire ? Quel est le chef d'accusation ? (De quoi est-il accusé ?) Qui est le pince-sans-rire ? Pourquoi ? Pourquoi l'inspecteur dit-il qu'il tient son homme ?*

Faire faire une lecture expressive du texte par les élèves (on pourra donner des rôles tels que l'inspecteur, le suspect, le narrateur).

Le pince-sans-rire

L'inspecteur rejoint le suspect dans son bureau. L'interrogatoire peut débuter.
« Monsieur Bill, je suis l'inspecteur Superfor. Nous allons commencer. Déclinez vos nom et prénom, s'il vous plait !
– Bill Bill.
– Quel est votre prénom ? demande l'inspecteur agacé.
– Bill.
– Vous avez quel âge, Monsieur Bill ? poursuit le policier.
– Quel âge me donnez-vous ?
– Monsieur Bill, cessez ce petit jeu ! Où habitez-vous ?
– À Densacélul ! répond le voleur avec un sourire moqueur.
– Monsieur Bill, vous aggravez votre cas. Est-ce que vous avez des frères et sœurs ?
– Non ! Pourquoi me posez-vous cette question ?
– Où étiez-vous mercredi soir ?
– Je ne sais pas.
– Connaissez-vous le chef d'accusation ?
– Non, vous allez me le dire.
– Vous reconnaissez ce collier ?
– Oui, c'est celui de ma grand-mère !
– Non, Monsieur Bill, c'est celui de la comtesse Raviole !
– Qui est-ce ? Et vous, comment avez-vous eu ce collier ? Aah, je sais, vous l'avez volé ! s'amuse le suspect.
– Monsieur Bill, vous êtes coupable !
– Pourquoi aurais-je volé le collier de cette comtesse ? Quand s'est passé le vol ?
– C'est moi qui pose les questions, Monsieur Bill ! Dans tous les cas, l'interrogatoire est clos.
Sur ces paroles, l'inspecteur Superfor sort du bureau en laissant le malfaiteur la bouche ouverte et les yeux ronds et appelle un officier.
– Capitaine ! Raccompagnez ce monsieur dans sa cellule… Nous tenons notre homme ! »

2. Zoom sur la notion étudiée

Demander aux élèves de prendre une couleur et de colorier les phrases interrogatives du texte. Avec les CM2, on pourra distinguer les types de questions (*cf.* couleur dans les phrases ci-dessous).

Réponses attendues :

Le pince-sans-rire

L'inspecteur rejoint le suspect dans son bureau. L'interrogatoire peut débuter.

« Monsieur Bill, je suis l'inspecteur Superfor. Nous allons commencer. Déclinez vos nom et prénom, s'il vous plait !

– Bill Bill.

– Quel est votre prénom ? demande l'inspecteur agacé.

– Bill.

– Vous avez quel âge, Monsieur Bill ? poursuit le policier.

– Quel âge me donnez-vous ?

– Monsieur Bill, cessez ce petit jeu ! Où habitez-vous ?

– À Densacélul ! répond le voleur avec un sourire moqueur.

– Monsieur Bill, vous aggravez votre cas. Est-ce que vous avez des frères et sœurs ?

– Non. Pourquoi me posez-vous cette question ?

– Où étiez-vous mercredi soir ?

– Je ne sais pas.

– Connaissez-vous le chef d'accusation ?

– Non, vous allez me le dire.

– Vous reconnaissez ce collier ?

– Oui, c'est celui de ma grand-mère !

– Non, Monsieur Bill, c'est celui de la comtesse Raviole !

– Qui est-ce ? Et vous, comment avez-vous eu ce collier ? Aah, je sais, vous l'avez volé ! s'amuse le suspect.

– Monsieur Bill, vous êtes coupable !

– Pourquoi aurais-je volé le collier de cette comtesse ? Quand s'est passé le vol ?

– C'est moi qui pose les questions, Monsieur Bill ! Dans tous les cas, l'interrogatoire est clos.

Sur ces paroles, l'inspecteur Superfor sort du bureau en laissant le malfaiteur la bouche ouverte et les yeux ronds et appelle un officier.

– Capitaine ! Raccompagnez ce monsieur dans sa cellule... Nous tenons notre homme ! »

Prolongement

On pourra travailler sur le champ lexical du policier en vocabulaire.

Séance 2 | Réactivation des connaissances

Objectifs
- Repérer les phrases interrogatives.
- Trier les phrases interrogatives en fonction des réponses qu'elles apportent.

Matériel
Pour chaque binôme
- Étiquettes des phrases. 11. Étiquettes individuelles
- Crayons de couleur.

Collectif
- Texte projeté collectivement au tableau.
- Phrases reproduites sur grandes bandes de papier. 11. Étiquettes collectives
- Pâte adhésive.

Où étiez-vous mercredi soir ?	Connaissez-vous le chef d'accusation ?
Quel est votre prénom ?	Pourquoi me posez-vous cette question ?
Qui est-ce ?	Vous avez quel âge ?
Où habitez-vous ?	
Quel âge me donnez-vous ?	Vous reconnaissez ce collier ?
Pourquoi aurais-je volé le collier de cette comtesse ?	
Est-ce que vous avez des frères et sœurs ?	
Quand s'est passé le vol ?	Comment avez-vous eu ce collier ?

Déroulement

1. Recherche

Les élèves travaillent en binômes. Les étiquettes sont distribuées.

L'enseignant·e demande quel est le point commun entre toutes ces étiquettes. (Réponse attendue : Ce sont des phrases interrogatives.)

Consigne :

« Vous devez trier les phrases interrogatives en fonction de leur contenu et des réponses qu'elles donnent. »

L'enseignant·e passe dans les rangs. Il/elle questionne les groupes pour savoir quels sont les critères de classement choisis par les élèves.

2. Mise en commun

Les grandes étiquettes des phrases sont affichées au tableau. Les élèves des différents groupes proposent leur classement.
Le premier classement concerne les phrases interrogatives (qui, que, quand, quoi, où, comment, pourquoi).
On trouve :
- Qui est-ce ?
- Quel est votre prénom ?
- Vous avez quel âge ?
- Quel âge me donnez-vous ?
- Quand s'est passé le vol ?
- Où étiez-vous mercredi soir ?
- Où habitez-vous ?
- Comment avez-vous eu ce collier ?
- Pourquoi aurais-je volé le collier de cette comtesse ?
- Pourquoi me posez-vous cette question ?

On demandera aux élèves les types de réponses qu'appellent ces questions.
- Qui ? > une personne
- Quoi ? > une chose, une action
- Quand ? > un temps
- Où ? > un lieu
- Comment ? > une manière
- Pourquoi ? > une cause
- On ajoutera combien, qui renseigne sur la quantité.

Expliquer que la phrase « *Vous avez quel âge ?* » a une tournure incorrecte. Après l'avoir reformulée en : « *Quel âge avez-vous ?* », on mettra en évidence que l'auteur du texte a souhaité souligner l'humeur du policier qui le pousse à parler de façon incorrecte. Dans le contexte (retour au texte), il est énervé.
Le classement suivant concerne les phrases dont le point commun est la réponse OUI ou NON.
1. Est-ce que vous avez des frères et sœurs ?
2. Connaissez-vous le chef d'accusation ?
3. Vous reconnaissez ce collier ?

On mettra en évidence leurs structures respectives :
- Phrase commençant par « *est-ce que* » + sujet + verbe.
- Phrase avec inversion du sujet et du verbe.
- Phrase finissant par un point d'interrogation (ex. : *Vous avez quel âge ?)*

Les élèves s'entrainent à transformer oralement la phrase « *Est-ce que vous avez des frères et sœurs ?* » sur le modèle des deux autres.

On obtient :

Avez-vous des frères et sœurs ?

Vous avez des frères et sœurs ?

Reprise de l'exercice avec la phrase « *Connaissez-vous le chef d'accusation ?* »

On obtient :

Est-ce que vous connaissez le chef d'accusation ?

Vous connaissez le chef d'accusation ?

Reprise de l'exercice avec la phrase « *Vous reconnaissez ce collier ?* »

On obtient :

Est-ce que vous reconnaissez ce collier ?

Reconnaissez-vous ce collier ?

3. Appropriation individuelle

Écrire la phrase suivante au tableau :

Il fait beau.

Demander aux élèves de la transformer, sur le cahier d'essais, en phrase interrogative selon les 3 formes :

– Est-ce qu'il fait beau ?
– Il fait beau ?
– Fait-il beau ?

Séance 3 | Approfondissement de la notion

Objectifs
- Écrire des phrases interrogatives.

Matériel

Pour chaque binôme
- Photocopie individuelle du texte *Le pince-sans-rire*. 11. Texte individuel
- Fiche pour les élèves. 11. Interrogatoire

Collectif
- Texte projeté collectivement au tableau. 11. Texte collectif
- Pâte adhésive.

Déroulement

1. Recherche

Recherche en binômes, écriture des phrases individuelles.

Expliquer aux élèves qu'ils vont jouer le rôle de l'inspecteur Superfor.

L'exercice consiste à interroger un suspect. Les réponses de ce dernier sont déjà écrites sur la fiche. Ce sont les questions de l'inspecteur qui sont manquantes. Il faut donc les inventer et les écrire.

Les élèves peuvent mimer la scène et poser les questions à leur partenaire pour vérifier la cohérence entre la question posée et la réponse.

L'écriture des phrases interrogatives est réalisée de façon individuelle.

Interrogatoire : Le suspect est interrogé par l'inspecteur Superfor

....

– Je suis en super forme !

....

– Thomas Teux.

....

– J'ai fêté mon vingt-deuxième anniversaire la semaine dernière.

....

– J'habite sur la cinquième avenue.

....

– C'est une Renault Clio.

....

– Non, je ne les ai pas volés.

....

– J'étais dans cet immeuble parce que je me rendais chez mon dentiste. Il est au second étage !

L'enseignant·e circule dans les rangs et vérifie que les élèves se sont bien mis dans la peau du personnage et qu'ils jouent la scène dans un discours direct.

2. Mise en commun

Les élèves proposent leurs phrases au fur et à mesure que les réponses de la fiche sont introduites. Ils valident les propositions orales.

On mettra en avant :

- L'écriture des phrases ;
- l'ordre des mots : verbe/sujet ;
- l'ajout du « t' » et des traits d'union entre le verbe qui se termine par une voyelle et le sujet qui commence par une voyelle.

On pourra demander aux élèves interrogés de venir écrire les phrases au tableau. Les autres élèves corrigent leur fiche.

3. Appropriation individuelle

Pas d'appropriation individuelle puisqu'elle est déjà proposée dans la séance.

Mémo, carte mentale et synthèse

Les phrases interrogatives

Les phrases interrogatives servent à poser des questions.

Elles se terminent toujours par un point d'interrogation. On remarque qu'il faut souvent inverser le sujet et le verbe lorsqu'on écrit une phrase interrogative.

On distingue les phrases interrogatives dont la réponse est OUI/NON : elles se forment de 3 manières différentes.
- La phrase déclarative avec un point d'interrogation.
- La phrase commençant par « *est-ce que* ».
- La phrase avec une inversion VERBE/SUJET.

Les autres questions construites avec une inversion VERBE/SUJET sont introduites par des mots interrogatifs (qui, quel, quel(les), quand, pourquoi, comment, combien). Elles apportent une information/ réponse précise.

11. Mémo : Les phrases interrogatives

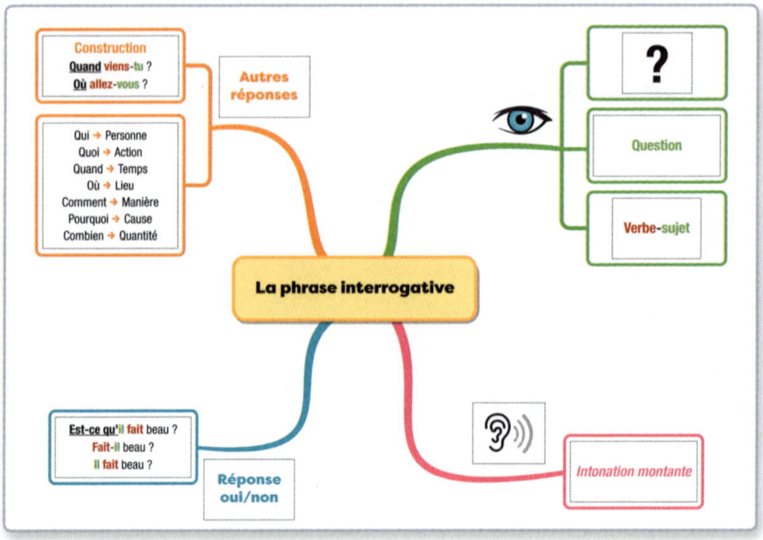

11. Carte mentale : Les phrases interrogatives

Synthèse animée : pour compléter la synthèse, il est possible de présenter à la classe le petit film d'animation « La phrase interrogative », réalisé par Canopé (les fondamentaux) et disponible dans le CD-Rom.

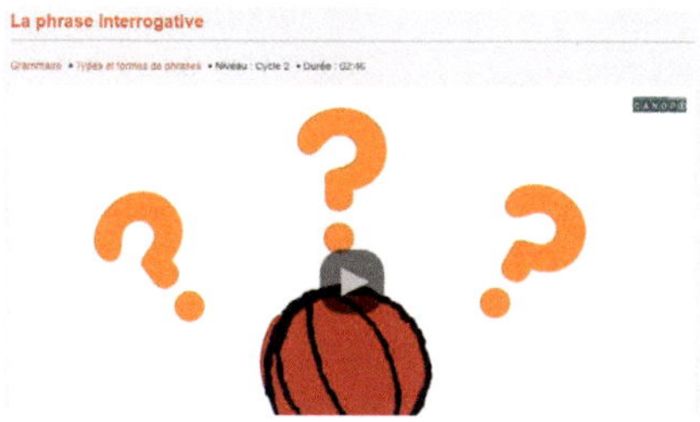

© Canopé

11. Animation

Séances 4 et 5 | Entrainement et réinvestissement

Objectifs
- Mémoriser les notions essentielles (la phrase interrogative).
- Réinvestir ses connaissances dans des exercices d'application.

Organisation Travail individuel, correction individuelle ou collective.

Matériel
- Fiche élève (2 niveaux). 11. Fiche 11
- Cahier d'essais.

Objectifs visés CM1 (niveau 1) et CM2 (niveau 2) :

Ex. 1 : Identifier les phrases interrogatives.
Ex. 2 : Écrire la ponctuation à la fin des phrases (point ou point d'interrogation).
Ex. 3 : Écrire des phrases interrogatives.
Ex. 4 : Écrire la question correspondant aux groupes de mots soulignés.
Ex. 5 : Écrire cinq phrases interrogatives dont les réponses sont dans le texte.

11 Les phrases interrogatives

Prénom : ....

Niveau 1

Je m'entraine

❶ Entoure les phrases interrogatives.

Quelle heure est-il ? Les voitures sont garées au premier étage du parking. Ah ? Le parking ferme ses portes dans 3 minutes. C'est trop tard ? Nous n'aurons pas le temps de les sortir. Peux-tu m'aider ? Tu veux les clés ?

❷ Ajoute la ponctuation en fin de phrase.

L'enfant n'a pas fait de cauchemar ☐ Que faisais-tu ce matin ☐ Est-ce un tableau de Van Gogh ☐ Elles veulent une glace ☐ Les premières fleurs sont sorties de terre ☐ La maison est enfin repeinte ☐

❸ Transforme ces phrases à la forme interrogative.

Tu as lancé le ballon.

....

Pauline et Léa aiment les hamburgers.

....

La famille Durand a beaucoup d'amis.

....

❹ Trouve la question correspondant aux groupes de mots soulignés.

Elles vont <u>à la piscine</u>.

....

<u>L'avion</u> a décollé <u>vers 8 heures</u>.

....

Le chat est un bon chasseur <u>parce qu'il a attrapé dix souris</u>.

....

J'écris

❺ Écris 5 questions dont la réponse est dans le texte.

Le chat est un mammifère carnivore qui appartient à la grande famille des félidés. Ce petit animal possède des sens très développés. Tout d'abord, son champ de vision est incroyable. Il a surtout un atout par rapport à l'homme car ses pupilles sont capables de s'ajuster à l'intensité de la lumière. C'est un grand chasseur la nuit.
Ensuite, il peut décoder un nombre incalculable d'odeurs différentes. Mais son ouïe est certainement son point fort. C'est un animal de compagnie assez indépendant qui dort en moyenne entre 12 et 16 heures par jour.

11 Les phrases interrogatives

Prénom : ....

Niveau 2

Je m'entraine

❶ Entoure les phrases interrogatives.

Quel est son nom ? Le volcan est entré en éruption ce matin. Ah bon ? Mange ton dessert ! Pourquoi le four est-il encore allumé ? Qui est-ce ? Tu veux une seconde part ? J'adore le basket ! Je ne viendrai pas la semaine prochaine.

❷ Ajoute la ponctuation en fin de phrase.

Il n'y a plus de moutons dans le pré ☐ Que dis-tu ☐ Comment ont-ils fait pour monter là-haut ☐ J'aime les pains au chocolat ☐ Ils ne veulent pas de glace ☐ C'est vraiment incroyable ☐ Les dinosaures ont-ils tous disparu ☐ La tour Eiffel est-elle à Paris ☐

❸ Transforme ces phrases à la forme interrogative.

Ils vont monter au troisième étage de la tour Eiffel.

....

Le paon fait la roue.

....

Les lions vivent dans la savane.

....

Il neigeait souvent en décembre.

....

❹ Trouve la question correspondant aux groupes de mots soulignés.

Il va <u>à la montagne</u>.

....

Le bateau quitte le port <u>à 18 heures</u>.

....

Le chien entend tous les bruits <u>parce qu'il a l'ouïe fine</u>.

....

<u>Les enfants</u> mangent <u>des bonbons</u>.

....

J'écris

❺ Écris 5 questions dont la réponse est dans le texte.

La vache est un gros mammifère domestique qui appartient à la famille des bovidés. Son alimentation se compose principalement d'herbe et d'eau.
Le fermier lui donne aussi du foin, de la paille ou des céréales.
En été, elle vit et se déplace en troupeau dans les alpages. C'est la transhumance. En hiver, les vaches rentrent à l'étable.
La vache chasse les mouches grâce à sa longue queue à plumeau.
Elle a aussi deux cornes dures et pointues.

L'adjectif qualificatif épithète

Programmes 2016, ajustements 2018 – connaissances et compétences associées :

– Identifier les principaux constituants d'une phrase simple en relation avec sa cohérence sémantique (de quoi on parle, ce qu'on en dit, à quoi on peut rajouter des compléments de phrase facultatifs).

– Identifier le groupe nominal.

– Classe des mots : noms, verbes, déterminants, adjectifs, pronoms, conjonctions de coordination et prépositions.

– Raisonner pour résoudre des problèmes orthographiques, d'accord essentiellement.

– Compréhension que des éléments de la phrase fonctionnent ensemble (groupe nominal) ; compréhension de la notion de chaine d'accords pour déterminant/nom/adjectif (variation singulier/pluriel et variation féminin/masculin).

Compétences en lien abordées en CE2 :

– Identifier le groupe nominal.

– Distinguer et accorder l'adjectif.

Séance 1 | Lecture, compréhension du texte et approche de la notion

Objectifs

- Lire et comprendre un texte.
- Lire à haute voix de manière expressive.
- Repérer les groupes nominaux.
- Repérer les constituants du GN (déterminant, nom et adjectif).

Matériel

Individuel

- Photocopie individuelle du texte *Loup-Garou*. 12. Texte individuel
- Crayons de couleur.

Collectif

- Le même texte projeté collectivement au tableau. 12. Texte collectif

Déroulement

1. Compréhension du texte

Faire lire le texte silencieusement.

Vérifier la compréhension en posant quelques questions :

– Sur le vocabulaire : *gantées, rauque, s'esclaffer.*

– Sur le contenu du texte : *Qu'est-il arrivé à Antoine ? Pourquoi la classe s'esclaffe-t-elle ? Quelles sont les réactions du maitre ? Quels étaient les indices laissés par l'auteur sur l'identité du maitre tout au long du texte ?*

Faire faire une lecture expressive du texte par les élèves.

Loup-Garou

Antoine entre en courant dans la classe.
Il est en retard, comme d'habitude.
– Monsieur, monsieur ! crie-t-il encore tout essoufflé, cette nuit j'ai vu un loup-garou.
– À la télé ? demande Céline.
– Mais non, en vrai !
– Oh, arrête tes conneries, dit Fabien.
– Il veut faire l'intéressant, dit Valérie.
– Hou… hou… hou… loup-garou ! hurle Damien, pour rire.
Le maitre, lui, enfonce son bonnet sur ses oreilles.
– Mais si, je vous jure, dit Antoine. Il était habillé comme un homme, mais j'ai vu ses pattes toutes poilues avec des griffes longues comme ça !
– Et il avait du vernis sur ses ongles ? demande Aline en se tordant de rire.
Toute la classe s'esclaffe bruyamment.
Le maitre, lui, de ses mains gantées de noir, redresse le col de son manteau.
Antoine s'énerve :
– Puisque je vous dis que je l'ai vu ! Même qu'il avait des oreilles pointues et deux grandes dents, là, comme un loup. Et ses yeux ! Tout rouges, comme du feu ! J'ai eu une de ces trouilles quand il m'a couru après ! Je me demande comment j'ai pu lui échapper…
Mais plus personne ne l'écoute. Il attend un instant, puis s'assied, déçu, à sa place.
– Taisez-vous ! crie le maitre d'une voix rauque, animale. Les yeux cachés derrière d'épaisses lunettes noires, il regarde Antoine fixement et marmonne entre ses dents :
– Toi, la prochaine fois, je ne te louperai pas !

Bernard Friot, *Nouvelles histoires pressées* © 2017 Éditions Milan

2. Zoom sur la notion étudiée

Demander aux élèves de prendre une couleur et d'entourer les mots qui indiquent :
– *Que dit-on : des mains, des griffes, des pattes, des oreilles, des dents, de la voix, des yeux, des lunettes ?*
(Réponses : poilues, longues, gantées, grandes, pointues, rauque, animale, cachés, épaisses, noires.)
Que dit-on d'Antoine lorsqu'il s'assied à sa place ? (Réponse : déçu.)
Comment appelle-t-on ces mots coloriés ? (Réponse : des adjectifs).

Séance 2 | Réactivation des connaissances

Objectifs
- Identifier la nature et les caractéristiques de l'adjectif qualificatif épithète.
- Comprendre la place de l'adjectif dans le groupe nominal.
- Identifier la nature des mots qui composent le groupe nominal (nom, déterminant, conjonction, adjectif).
- Repérer les accords dans le groupe nominal.

Matériel

Pour chaque binôme
- Photocopie individuelle du texte *Loup-Garou.* 12. Texte individuel
- Étiquettes des mots du GN. 12. Étiquettes individuelles

Collectif
- Le même texte projeté collectivement au tableau. 12. Texte collectif
- Étiquettes reproduites sur de grandes bandes de papier. 12. Étiquettes collectives
- Figurines (nom, adjectif, déterminant). 12. Figurines
- Pâte adhésive.

ses pattes	une griffe	des mains	poilues	noires
des oreilles	des yeux	une voix	longue	rauque
deux dents	un hurlement	gantées	animale	
des poils	un pelage	des lunettes	grandes	rouges
colorés	beige	épaisses	pointues	

Déroulement

1. Recherche

L'enseignant·e rappelle ce qui a été fait lors de la séance précédente. Il distribue les étiquettes et explique comment elles sont organisées : le déterminant et le nom sont regroupés dans une même étiquette, l'adjectif est à part.

Les élèves sont invités à reconstituer des groupes nominaux comportant d'un ou plusieurs adjectifs. Ils peuvent placer les adjectifs selon différentes manières. Pour cela, ils peuvent découper et séparer les déterminants. Ils peuvent également créer l'étiquette du mot si besoin.

Les élèves sont regroupés en binômes. Ils créent ensemble leurs groupes nominaux enrichis. L'enseignant·e passe dans les rangs et observe les productions des élèves. Il ne relève pas les problèmes d'accord dans les propositions des élèves (voir photo ci-dessous).

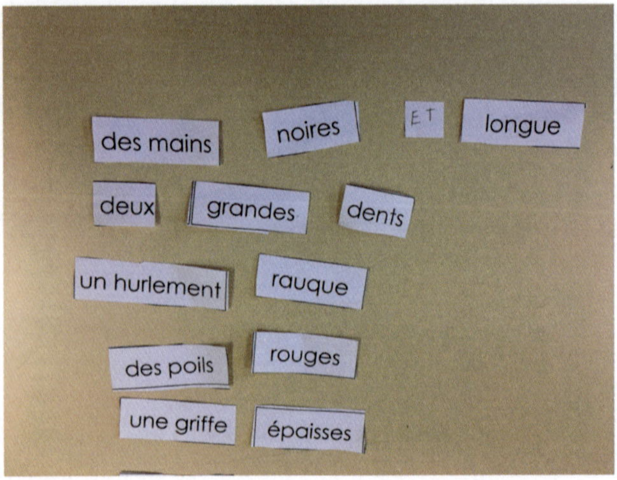

2. Analyse de la place de l'adjectif épithète dans le GN

Dans cette première phase, on va d'abord s'intéresser à la place de l'adjectif épithète dans le groupe nominal. Les élèves proposent un groupe nominal enrichi de façon orale. On analyse les GN et on met en évidence les combinaisons suivantes (dire quels sont les différents mots) :

D + A + N

D + N + A

D + A + N + A

D + N + A + C + A

La place des adjectifs « animale » et « rouges » est analysée dans le texte. L'enseignant·e demande pourquoi ces adjectifs sont séparés du GN par la ponctuation (effet d'accentuation). La combinaison est ajoutée au tableau.

D + A + N + Ponctuation + A

3. Analyse de la chaine d'accord dans le GN

Les élèves viennent ensuite proposer les GN au tableau. On analyse cette fois les chaines d'accord. Les propositions sont discutées collectivement.

Les élèves reprennent ensuite les associations qu'ils ont faites un peu plus tôt et corrigent les chaines d'accord. L'enseignant·e passe une nouvelle fois dans les rangs pour analyser les GN des élèves.

Dans le groupe nominal, tous les mots doivent s'accorder :

- si le nom est au singulier, l'adjectif doit être au singulier ;
- si le nom est au pluriel, l'adjectif doit être au pluriel ;
- si le nom est au féminin, l'adjectif doit être au féminin ;
- si le nom est au féminin et au pluriel, l'adjectif doit être au féminin et au pluriel.

4. Appropriation individuelle

Sur le cahier d'essais, associer les mots pour former des GN enrichis :
trois – des – loup – affamé – femelle – sauvage.

Séance 3 | Approfondissement de la notion

Objectifs
- Comprendre la place de l'adjectif dans le groupe nominal.
- Connaitre la règle d'accord en genre et en nombre déterminant/nom/adjectif.

Matériel

Individuel
- Texte. 12. Texte individuel
- Crayon.
- Feuille d'écriture.

Groupe de 2 ou 3
- 3 dés. 12. Patrons des dés

Déroulement

1. Recherche

Les élèves sont répartis en groupes de 2 ou 3 élèves. Ils reçoivent le matériel : 3 dés différents (l'un avec des déterminants, le deuxième avec des noms et le troisième avec des adjectifs).

Consigne :

« Vous devez lancer les 3 dés et écrire le GN obtenu. Il faut faire attention aux accords. »

– Si on obtient un GN dont le sens est incorrect, on pourra relancer les dés « noms » et « adjectifs ».

– Seul le dé « déterminants » ne pourra être relancé.

– Des modifications peuvent être faites sur le déterminant « cet » qui peut devenir « ce ».

– L'écriture des GN est individuelle sur la feuille. Mais les élèves pourront se mettre d'accord sur la place de l'adjectif dans le GN et sur la chaine d'accord.

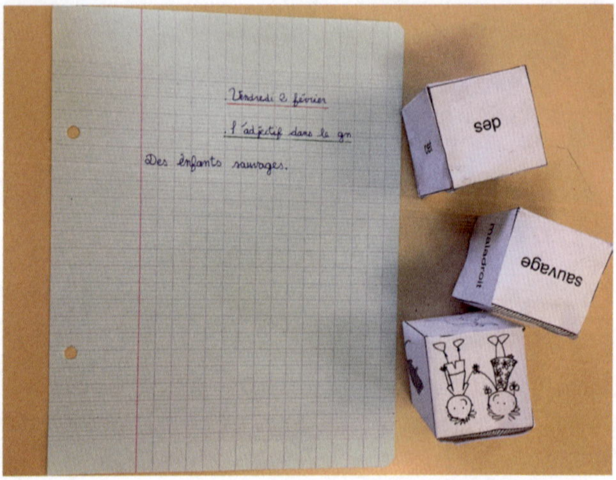

L'enseignant·e circule entre les différents groupes. Il/elle contrôle les propositions et la bonne compréhension des consignes. Il/elle écoute les élèves débattre sur les propositions d'accord.

2. Mise en commun

Les différents groupes proposent à tour de rôle un GN qu'ils viennent écrire au tableau. La proposition écrite est validée par l'ensemble de la classe.

Une fois que tous les groupes ont proposé 1 ou 2 GN, l'enseignant·e demandera aux élèves de relire individuellement leur feuille pour vérifier les GN qui n'ont pas été écrits au tableau et de les corriger si nécessaire en prenant en compte les remarques qui ont été faites pendant la correction. Les élèves pourront éventuellement se relire à deux.

À la fin, l'enseignant·e relève les feuilles.

Faire conclure que l'adjectif s'accorde en genre et en nombre avec le nom noyau et son déterminant.

3. Appropriation individuelle

Trois GN incorrects sont proposés. Les élèves les récrivent sur le cahier en les corrigeant.

des addition incomplète

un soleils rouges

trois jeune filles obéissant

Mémo, carte mentale et synthèse

L'adjectif qualificatif épithète

L'adjectif qualificatif est un mot qui apporte des précisions : couleur, taille, qualité…

On l'utilise pour enrichir le nom qu'il accompagne. Dans le GN, il a la fonction d'épithète.

Il peut être placé avant et/ou après ce nom.

On peut essayer de le supprimer dans certains cas :

Ex. : Sa jupe rayée est déchirée. → Sa jupe est déchirée.

De beaux oiseaux se sont envolés juste devant nous. → Des oiseaux se sont envolés juste devant nous. (Ici, il faut modifier le déterminant).

L'adjectif s'accorde en genre et en nombre avec le nom.

12. Mémo : L'adjectif qualificatif épithète

Sur la carte mentale des constituants du GN, la branche verte sera complétée lors de la séquence 16 (complément de nom) et la branche violette lors de la séquence 23 (proposition subordonnée relative).

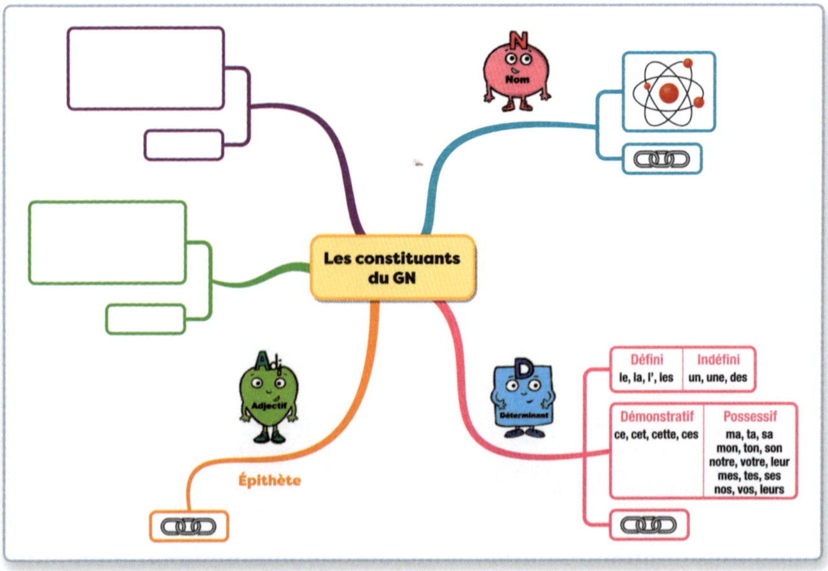

12. Carte mentale : Les constituants du GN

Synthèse animée : pour compléter la synthèse, il est possible de présenter à la classe les petits films d'animation « La place des adjectifs qualificatifs » et « Ses accords simples avec le nom », réalisés par Canopé (les fondamentaux) et disponibles dans le CD-Rom.

© Canopé

12. Animation

Séances 4 et 5 | Entrainement et réinvestissement

Objectifs	- Mémoriser les notions essentielles (l'adjectif épithète). - Réinvestir ses connaissances dans des exercices d'application.
Organisation	Travail individuel, correction individuelle ou collective.
Matériel	- Fiche élève (2 niveaux). 12. Fiche 12 - Cahier d'essais.

Objectifs visés CM1 (niveau 1) et CM2 (niveau 2) :

Ex. 1 : Souligner les adjectifs dans des listes de mots.
Ex. 2 : Entourer les adjectifs qualificatifs épithètes (dans un texte).
Ex. 3 : Remplacer les mots soulignés par un adjectif épithète.
Ex. 4 : Ajouter des adjectifs épithètes au bon endroit dans la phrase.
Ex. 5 : Écrire un texte pour présenter un animal en utilisant les noms et les adjectifs qualificatifs proposés.

12 L'adjectif qualificatif épithète

Prénom : ....

Niveau 1

Je m'entraine

❶ Dans chaque liste, souligne les adjectifs.

a. fête – estival – festive – fêter – saison – saisonnières
b. imprudent – ciel – prudence – dent – prudentes – céleste
c. majestueuse – croyance – beaux – croire – incroyable
d. soigné – couleur – multicolore – monochrome – peinture

❷ Entoure les adjectifs qualificatifs épithètes.

Le dompteur travaille régulièrement avec ses tigres sauvages. Il dispose de sa voix vibrante et d'un long fouet pour se faire respecter. La fine baguette sert à diriger le fauve agile vers les tabourets colorés.

❸ Remplace les mots soulignés par un adjectif épithète.

Charlemagne est un personnage de l'histoire.

....

Il adore les desserts au chocolat.

....

La jeune femme portait une jolie robe à rayures.

....

❹ Ajoute les adjectifs épithètes au bon endroit (attention aux règles d'accord).

La tulipe colore les jardins. (fleuri, joli)

....

Le perroquet a un bec. (crochu, gros)

....

Les tortues ont des habitats. (divers, marin)

....

La radio propose des émissions. (nouveau, intéressant)

....

J'écris

❺ Écris un texte pour présenter la tortue, en utilisant les noms et les adjectifs proposés.

carapace	animaux	terrestre
espèces	reptile	marin
nageoires	régions	aquatique
tortue	varié	ovipare
taille	tropical	important
bouclier	massive	réduit
sens	puissante	

12 L'adjectif qualificatif épithète

Prénom : ....

Niveau 2

Je m'entraine

❶ Dans chaque liste, souligne les adjectifs.

a. gracieux – sel – envoler – petit – hirondelles – carnivores
b. immenses – étendue – vieille – revêtir – colossaux – homme
c. multicolore – odorantes – fleurs – habile – être – son – grand
d. floral – découvrir– splendeur – énergisante – splendides

❷ Entoure les adjectifs qualificatifs épithètes.

Le grand chapiteau rouge et jaune est enfin monté sur la place centrale du village. Les funambules s'entrainent sur une courte corde tendue entre deux poteaux. Une écuyère agile fait un saut périlleux sur son cheval, dans un minuscule enclos. Le clown blanc est un personnage connu dans ce cirque.

❸ Remplace les mots soulignés par un adjectif épithète.

Marie Curie est une chercheuse en sciences.

....

Dans ce zoo, on peut observer des pandas de Chine.

....

Il te faut les ingrédients de base.

....

L'autorisation des parents est obligatoire.

....

❹ Ajoute les adjectifs épithètes au bon endroit (attention aux règles d'accord).

La rose pousse dans le jardin. (pourpre, odorant, fleuri)

....

La tortue a une carapace. (marin, abimé)

....

Les sorcières ont souvent des nez. (crochu, méchant)

....

Ses cheveux entourent son visage. (noir, fin, long)

....

Le grenier est envahi de souris. (gris, sombre, petit)

....

J'écris

❺ Écris un texte pour présenter la fourmi, en utilisant les noms et les adjectifs proposés.

pattes	communication	organisé
espèce	fourmilière	nombreux
antenne	insectes	dangereux
fourmi	répertorié	social
nid	construit	natal
colonies	conséquent	omnivore
œufs	rapide	

Le complément de phrase

Programmes 2016, ajustements 2018 – connaissances et compétences associées :

– Identifier les principaux constituants d'une phrase simple en relation avec sa cohérence sémantique (de quoi on parle, ce qu'on en dit).

– Observation et analyse de l'ordre des mots et des groupes syntaxiques.

– Mise en évidence des groupes syntaxiques : le groupe sujet de la phrase et le groupe verbal (ce qu'on dit du sujet) et les compléments (compléments circonstanciels de temps, de lieu, de cause, de manière).

– Classes de mots : noms, verbes, déterminants, adjectifs, pronoms personnels sujets, préposition.

Compétences en lien abordées en CE2 :

– Identifier les principaux constituants d'une phrase simple en relation avec sa cohérence sémantique (de quoi on parle, ce qu'on en dit et les compléments).

– Identifier des groupes dans la phrase.

– Reconnaitre le groupe nominal.

Séance 1 | Lecture, compréhension du texte et approche de la notion

Objectifs

- Lire et comprendre un texte.
- Lire à haute voix de manière expressive.
- Repérer les compléments de phrases/circonstanciels (*où*, *quand*, *comment*) dans la phrase.

Matériel

Individuel

- Photocopie individuelle du texte *Petite balade dans Paris*. 13. Texte individuel

Collectif

- Le même texte projeté collectivement au tableau. 13. Texte collectif

Déroulement

1. Compréhension du texte

Faire lire le texte silencieusement.

Vérifier la compréhension en posant quelques questions :

– Sur le vocabulaire : *patrimoine, ascension, surplomber, incontournable, panorama, charme, authentique, illustre, cultiver.*

– Sur le contenu du texte : *Quel est le genre de ce texte ? Quels sont les monuments cités dans le texte ? Quels sont ceux qui offrent une vue exceptionnelle de Paris ? Quel est l'aspect du jardin des Tuileries ? Comment est appelé celui qui se promène dans Paris ?* (le promeneur, le visiteur, le voyageur).

Faire une lecture expressive du texte.

On pourra présenter aux élèves certains monuments de Paris (en particulier le jardin des Tuileries, à la française).

Petite balade dans Paris

Paris, capitale de la France, est une destination de rêve. Elle cultive un patrimoine d'exception, entre histoire et modernité.

Sur l'ile de la Cité, le visiteur ne manquera pas le cœur historique de la ville : la cathédrale Notre-Dame. Après l'ascension des 422 marches des tours, il pourra découvrir l'une des plus belles vues panoramiques de Paris.

En marchant le long de la Seine, le voyageur parviendra sans effort au musée d'Orsay qui expose ses plus grands chefs-d'œuvre. Là, en quelques heures, il apprendra tous les secrets des grands artistes du XXe siècle.

En descendant le fleuve, il atteindra les piliers de la célèbre dame de fer. Haute de 324 mètres, la tour Eiffel surplombe Paris depuis un peu plus de 100 ans.

À Montmartre, après l'incontournable visite de la basilique du Sacré-Cœur, le touriste pourra poursuivre l'aventure dans un quartier au charme authentique.

En 1806, Napoléon ordonne la construction de l'Arc de Triomphe. Aujourd'hui, il porte les noms illustres de la Nation et abrite la tombe du soldat inconnu. Depuis son sommet, le promeneur pourra admirer, de jour comme de nuit, le panorama unique de la plus belle avenue du monde, les Champs-Élysées.

Le voyage pourra prendre fin dans le plus ancien jardin à la française de Paris, le jardin des Tuileries. Tranquillement, le voyageur admirera l'œuvre de monsieur Le Nôtre au milieu des bassins et des statues de la mythologie grecque. Quelle belle balade !

2. Zoom sur la notion

Poser les questions suivantes et demander les réponses exactes dans le texte :

→ Comment le voyageur admirera-t-il l'œuvre de monsieur Le Nôtre ? (Tranquillement.)

→ Où le touriste poursuivra-t-il son aventure ? (Dans un quartier au charme authentique, à Montmartre.)
→ Quand Napoléon ordonne-t-il la construction de l'Arc de Triomphe ? (En 1806.)
→ Comment atteindra-t-il les piliers de la célèbre dame de fer ? (En descendant le fleuve.)
→ Quand le promeneur pourra-t-il admirer le panorama unique de la belle avenue ? (De jour comme de nuit.)

3. Appropriation individuelle

Faire colorier dans le texte une réponse répondant à chacune des questions suivantes : *où ? quand ? comment ?*

Séance 2 | Réactivation des connaissances

Objectifs
- Identifier les groupes dans la phrase.
- Identifier les compléments de phrase.
- Manipuler les compléments de phrase en les supprimant ou en les déplaçant.

Matériel

Pour chaque binôme
- Photocopie individuelle du texte *Petite balade dans Paris*. 13. Texte individuel
- Étiquettes des phrases. 13. Étiquettes individuelles
- Ciseaux.
- Crayons de couleur (bleu, jaune, vert).

Collectif
- Texte projeté collectivement au tableau. 13. Texte collectif
- 1 bande bleue, 1 bande jaune, 2 bandes vertes.
- Étiquettes des phrases. 13. Étiquettes collectives
- Pâte adhésive.

En marchant le long de la Seine, le voyageur parviendra sans effort au musée d'Orsay.

En 1806, Napoléon ordonne la construction de l'Arc de Triomphe.

À Montmartre, après l'incontournable visite de la basilique du Sacré-Cœur, le touriste pourra poursuivre son aventure dans un quartier au charme authentique.

Déroulement

1. Recherche en binôme

Afficher au tableau les bandes bleue, jaune et verte (× 2) ainsi que les 3 phrases. Les étiquettes sont distribuées à chaque binôme qui les lit.

Consigne :

« *Vous devez identifier les groupes importants dans la phrase. Vous coloriez le groupe sujet en bleu et le groupe verbal en jaune. Vous cherchez ensuite les groupes verts qui répondent aux questions* où ?, quand ?, comment ? »

L'enseignant.e circule dans la classe et apporte son aide.

2. Mise en commun

Pour chaque phrase, les groupes sont identifiés et placés sur les bandes.

- Bande bleue → le voyageur – Napoléon – le touriste.
- Bande jaune → parviendra au musée d'Orsay – ordonne la construction de l'Arc de Triomphe – poursuivra son aventure.
- Bande verte → En marchant le long de la Seine (*comment*) – sans effort (*comment*) – en 1806 (*quand*) – À Montmartre (*où*) – après l'incontournable visite de la basilique du Sacré-Cœur (*où*) – dans un quartier au charme authentique (*où*).

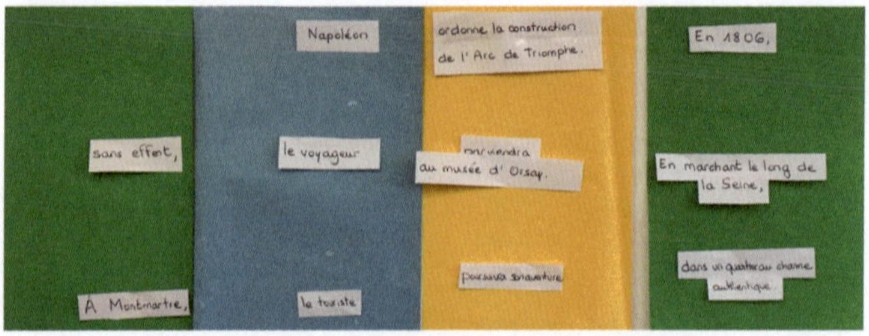

Pour vérifier le classement, les élèves sont invités à écrire les phrases sur leur cahier d'essais en supprimant les groupes verts. Ils vont ensuite écrire les phrases en modifiant la place des groupes verts dans la phrase. Si la suppression ou le déplacement fonctionne, les élèves ont alors bien identifié ces groupes.

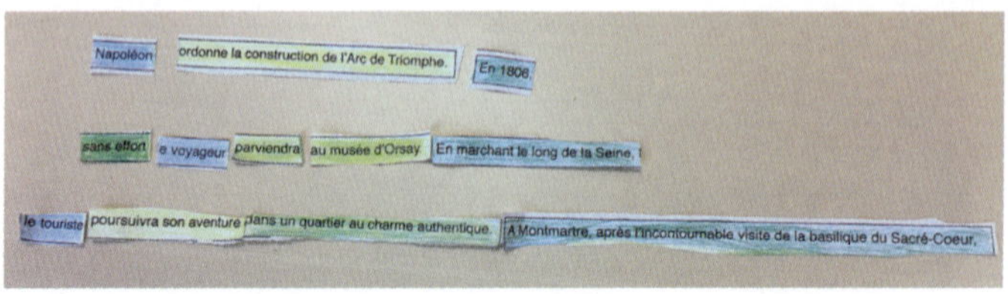

Attention/erreurs possibles

Le groupe « sans effort » peut tromper les élèves en raison de sa place entre le verbe et le complément du verbe. On montrera qu'il peut être déplacé ou supprimé. Le groupe « au musée d'Orsay » répond bien à la question « où ». En revanche, il ne peut être ni supprimé, ni déplacé. Ce n'est donc pas un complément « vert ».

Pour chaque validation, l'enseignant.e mettra en évidence la présence des virgules qui séparent les différents groupes.

3. Appropriation individuelle

Écrire la phrase suivante au tableau.

Tôt le matin, les visiteurs se promènent le long de la Seine.

Demander aux élèves d'écrire, sur leur cahier, de nouvelles phrases après avoir déplacé ou supprimé les compléments de phrase/circonstanciels.

Séance 3 | Approfondissement de la notion

Objectifs
- Identifier les groupes syntaxiques dans la phrase.
- Manipuler les groupes dans la phrase.
- Écrire des compléments de phrase/circonstanciels.
- Distinguer les groupes « indispensables » (non supprimables, non déplaçables) des groupes « non indispensables » (déplaçables et/ou supprimables).

Matériel

Pour chaque groupe (3 élèves)
- 1 feuille pour écrire.

Collectif
- 1 dé contenant 6 phrases. 13. Patrons des dés
- 1 dé contenant les questions « Où ? », « Quand ? », « Comment ? ».

Déroulement

1. Manipulation

Les élèves se répartissent dans les groupes.

Consigne :

Chaque groupe vient lancer les deux dés : le dé « phrase » et le dé « complément de phrase » (où, quand, comment). Tous les groupes écrivent la phrase initiale avec l'ajout du bon complément de phrase sur leur feuille.

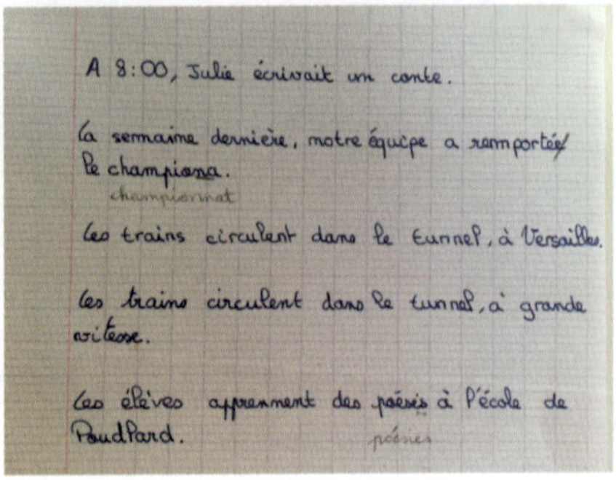

Les phrases sont énoncées oralement. L'enseignant.e valide les propositions.

Les groupes gagnent deux points pour chaque phrase énoncée :

- Un point pour la phrase oralisée si le complément de phrase/circonstanciel est correct.
- Un point pour la phrase écrite si la phrase est bien écrite.

L'enseignant.e vérifiera l'utilisation de la virgule pour séparer les groupes.

Si deux groupes ont le même complément de phrase placé au même endroit dans la phrase, les groupes ne gagnent pas le point.

Erreurs possibles

Il peut y avoir une confusion entre le complément de phrase et le complément du nom. Faire déplacer les deux compléments pour vérifier.

En CM1, on pourra rester sur la terminologie « complément de phrase ». En CM2, on pourra utiliser la terminologie « complément circonstanciel ».

2. Conclusion

- Les compléments de phrase sont aussi appelés compléments circonstanciels. Ils sont constitués soit d'un adverbe, soit d'un GN (déterminant, nom…) soit d'un GN prépositionnel.
- Ils sont déplaçables et supprimables.
- Ils répondent à la question où (lieu), quand (temps), comment (manière) ou pourquoi (cause).

3. Appropriation individuelle

Sur le cahier, écrire la phrase et l'enrichir de plusieurs compléments de phrase/circonstanciel :

Marie joue du piano.

Mémo, carte mentale et synthèse

Le complément de phrase ou complément circonstanciel

Le complément de phrase (ou circonstanciel) est composé d'un mot ou de plusieurs mots.

Il répond aux questions : « Où ? », « Quand ? », « Comment ? », « Pourquoi ? ».

Il apporte des renseignements sur un lieu, un temps, une manière, une cause et même un but.

Il est déplaçable et/ou supprimable.

13. Mémo : Le complément de phrase ou complément circonstanciel

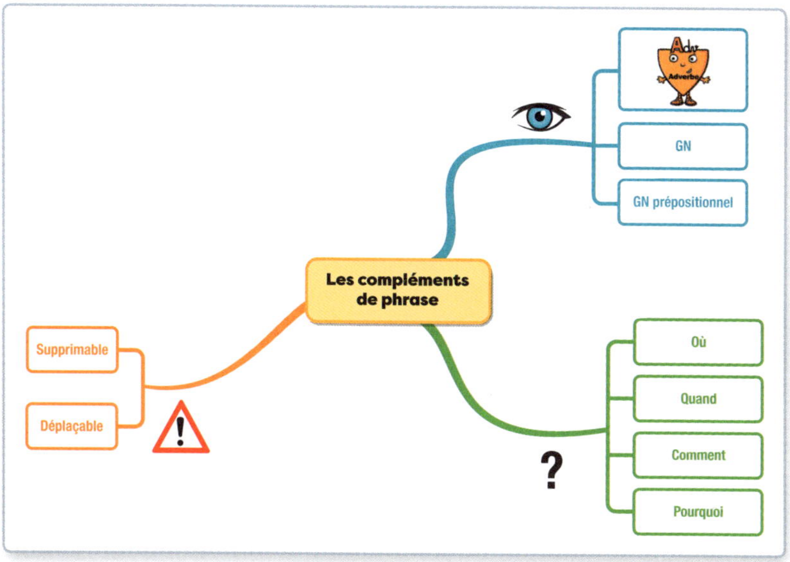

13. Carte mentale : Les compléments de phrase

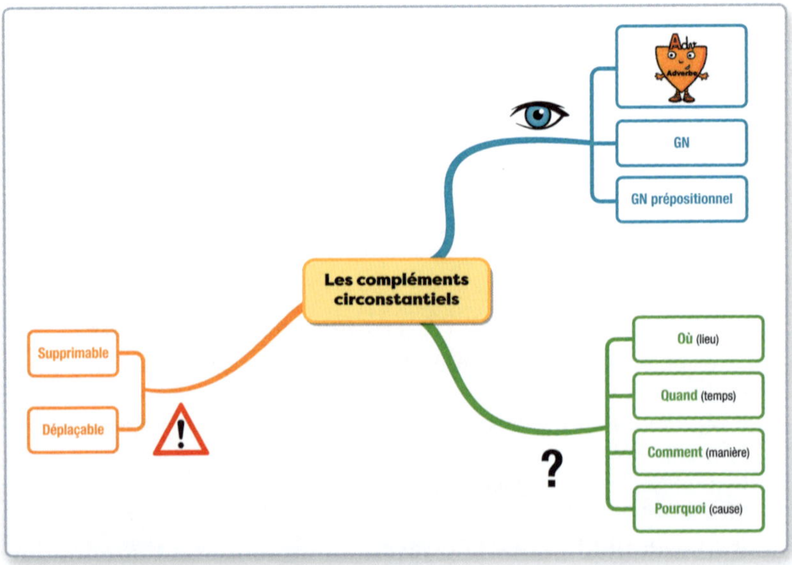

13. Carte mentale : Les compléments circonstanciels

Synthèse animée : pour compléter la synthèse, il est possible de présenter à la classe le petit film d'animation « Reconnaitre les compléments circonstanciels de lieu, de temps et de manière », réalisé par Canopé (les fondamentaux) et disponible dans le CD-Rom.

13. Animation

Séances 4 et 5 | Entrainement et réinvestissement

Objectifs	– Mémoriser les notions essentielles (le complément de phrase). – Réinvestir ses connaissances dans des exercices d'application.
Organisation	Travail individuel, correction individuelle ou collective.
Matériel	– Fiche élève (2 niveaux). 13. Fiche 13 – Cahier d'essais.

Objectifs visés CM1 (niveau 1) et CM2 (niveau 2) :

Ex. 1 : Identifier les informations des compléments de phrase.

Ex. 2 : Distinguer les groupes indispensables et ceux qui sont supprimables/ déplaçables.

Ex. 3 : Identifier les compléments de phrase dans les phrases et préciser ce qu'ils indiquent.

Ex. 4 : Ajouter des compléments de phrase dans des phrases.

Ex. 5 : Enrichir un texte en ajoutant des compléments de phrase.

13 Le complément de phrase

Prénom : ....

Niveau 1

Je m'entraine

❶ Sur ton cahier, classe les compléments de phrase suivants (manière, lieu, temps).

hier – là-bas – à toute vitesse – rapidement – à 10 heures – sans aucune hâte – autrefois – en volant – à Paris – tout de suite – avec des baguettes – l'été – au loin – ce soir – dans l'école.

❷ Parmi les compléments soulignés, colorie ceux que l'on peut déplacer ou supprimer.

Ce weekend, mes parents sont allés au cinéma.

Paul et Valérie jouent tranquillement dans le jardin.

Le magicien réalise son numéro avec précision.

Ce matin, les élèves ont pris le bus vers 7 heures.

❸ Colorie les compléments de phrase (précise s'ils indiquent un lieu, un temps ou une manière).

Depuis deux jours, nous préparons le mariage.

Le peintre expose ses toiles, chaque année, à Paris.

Les élèves participent à la chorale avec passion.

Dans le ciel, il n'y a pas d'étoiles qui scintillent.

Chaque année, la galette est découpée en 5 parts.

❹ Ajoute un complément de phrase (attention à la ponctuation).

Les filles jouent à cachecache.

....

Le TGV entre en gare.

....

Les tortues sont des espèces menacées.

....

Nous partirons en vacances.

....

J'écris.

❺ Enrichis ce texte avec des compléments de phrase (*où*, *quand*, *comment*).

La rivière coulait. Mon regard resta posé sur le rivage. Je levais les yeux. Un drôle d'oiseau s'avança et se posa. Je restais pour le regarder. Un chant doux et mélodieux se fit entendre. Mon pied fit craquer une branche. L'oiseau s'envola. Je quittai la forêt.

13 Le complément de phrase

Prénom : ....

Niveau 2

Je m'entraine

❶ Sur ton cahier, classe les compléments de phrase suivants (manière, lieu, temps, cause).

ici – maintenant – l'année prochaine – facilement – avec des baguettes – pour aller au ski – doucement – à l'école – en raison du mauvais temps – autrefois – il y a 5 heures – avec enthousiasme – plus tard – à cause de lui

❷ Parmi les compléments soulignés, colorie ceux que l'on peut déplacer ou supprimer.

Demain, les jeunes iront au cinéma.

Pour se nourrir, l'oiseau attrape sa proie en vol.

L'été, les touristes sont plus nombreux dans les campings.

Tous les soirs, elle danse avec beaucoup de grâce.

❸ Colorie les compléments de phrase (précise s'ils indiquent un lieu, un temps, une manière ou une cause).

Dans deux jours, nous partirons au Canada.

L'artiste expose ses œuvres dans une usine, à Versailles.

Chaque année, les garçons participent au tournoi avec joie.

Sur cette voiture, il n'y a aucune rayure.

Comme la nuit tombait, elle rentra une heure plus tôt.

Il mange son repas avec des baguettes.

❹ Ajoute un complément de phrase (attention à la ponctuation).

Nous patientons.

....

L'avion avait du retard.

....

Ils chanteront une chanson.

....

Peux-tu venir ?

....

J'écris.

❺ Enrichis ce texte avec des compléments de phrase (*où*, *quand*, *comment*).

Je me souviens de cet endroit. La rivière était calme. Le soleil se couchait. Le ciel avait des teintes orangées. Il n'y avait aucun bruit. Les Indiens avaient monté les tipis. Le campement s'affairait. Les enfants patientaient. Les mères préparaient les poissons. Les bisons se reposaient…

L'imparfait

Programmes 2016, ajustements 2018 – connaissances et compétences associées :

– Comprendre comment se forment les verbes et orthographier les formes verbales les plus fréquentes.

– Mémorisation des verbes fréquents (*être*, *avoir*, *aller*, *faire*, *dire*, *prendre*, *pouvoir*, *voir*, *venir*, *vouloir*) et des verbes dont l'infinitif est en *-ER*, *-IR* à l'imparfait.

– Classification des verbes en fonction des ressemblances morphologiques

– Compréhension de la construction de la forme conjuguée du verbe (radical, terminaison).

Compétences en lien abordées en CE2 :

– Repérer le temps d'une phrase écrite (marques liées au temps de l'imparfait).

– Familiarisation avec l'imparfait des verbes *être*, *avoir*, *faire*, *aller*, *dire*, *venir*, *pouvoir*, *voir*, *vouloir*, *prendre* et des verbes dont l'infinitif se termine par *ER*.

– Mémoriser les formes les plus fréquentes (troisième personne du singulier et du pluriel) et des verbes *être* et *avoir*.

Séance 1 | Lecture, compréhension du texte et approche de la notion

Objectifs
- Lire et comprendre un texte.
- Lire à haute voix de manière expressive.
- Repérer les verbes conjugués à l'imparfait.

Matériel

Individuel
- Photocopie individuelle du texte *Cendrillon*. 14. Texte individuel
- Crayons de couleur.

Collectif
- Le même texte projeté collectivement au tableau. 14. Texte collectif

Déroulement

1. Compréhension du texte

Faire lire le texte silencieusement.

Vérifier la compréhension en posant quelques questions :

– Sur le vocabulaire : *gentilhomme, Cucendron, vile, les noces, parquetées, quoique, haïssables, communément, de son humeur, elle ne put souffrir, montées, méchante paillasse, souffrait tout, le gouvernait, méchants habits, ne lassait pas d'être.*

– Sur le contenu du texte : *Qui sont les personnages de cette histoire ? De quelle partie de l'histoire est issu cet extrait ? Qu'est-il arrivé à la maman de Cendrillon ? Qui gouverne la maison ? Pourquoi la belle-mère a-t-elle changé ?*

Faire reformuler les idées principales de chaque partie (caractères des personnages, tâches de Cendrillon et d'où vient son nom).

Demander quel est le temps de ce récit ? (Passé : imparfait et passé simple)

Cendrillon ou La petite pantoufle de verre

Il était une fois un gentilhomme qui épousa en secondes noces une femme, la plus hautaine et la plus fière qu'on eût jamais vue. Elle avait deux filles de son humeur et qui lui ressemblaient en toutes choses. Le mari avait de son côté une jeune fille, mais d'une douceur et d'une bonté sans exemple : elle tenait cela de sa mère, qui était la meilleure personne du monde.

Les noces ne furent pas plus tôt faites, que la belle-mère fit éclater sa mauvaise humeur ; elle ne put souffrir les bonnes qualités de cette jeune enfant, qui rendaient ses filles encore plus haïssables. Elle la chargea des plus viles occupations de la maison : c'était elle qui nettoyait la vaisselle et les montées, qui frottait la chambre de Madame, et celles de Mesdemoiselles ses filles. Elle couchait tout en haut de la maison dans un grenier, sur une méchante paillasse pendant que ses sœurs étaient dans les chambres parquetées, où elles avaient des lits des plus à la mode, et des miroirs où elles se voyaient depuis les pieds jusqu'à la tête.

La pauvre fille souffrait tout avec patience, et n'osait s'en plaindre à son père qui l'aurait grondée, parce que sa femme le gouvernait entièrement. Lorsqu'elle avait fait son ouvrage, elle s'allait mettre au coin de la cheminée et s'assoir dans les cendres ; ce qui faisait qu'on l'appelait communément dans le logis Cucendron ; la cadette qui n'était pas si malhonnête que son ainée, l'appelait Cendrillon. Cependant Cendrillon, avec ses méchants habits, ne laissait pas d'être cent fois plus belle que ses sœurs, quoique vêtues plus magnifiquement.

Cendrillon ou la petite pantoufle de verre, 3 contes de Charles Perrault © Éditions Retz 2009.

2. Zoom sur la notion

Demander aux élèves de prendre une couleur et de colorier tous les verbes conjugués à l'imparfait.

Voici les réponses attendues :

Cendrillon

Il **était** une fois un gentilhomme qui épousa en secondes noces une femme, la plus hautaine et la plus fière qu'on eût jamais vue. Elle **avait** deux filles de son humeur et qui lui **ressemblaient** en toutes choses. Le mari **avait** de son côté une jeune fille, mais d'une douceur et d'une bonté sans exemple : elle **tenait** cela de sa mère, qui **était** la meilleure personne du monde.

Les noces ne furent pas plus tôt faites, que la belle-mère fit éclater sa mauvaise humeur ; elle ne put souffrir les bonnes qualités de cette jeune enfant, qui rendaient ses filles encore plus haïssables. Elle la chargea des plus viles occupations de la maison : c'était elle qui nettoyait la vaisselle et les montées, qui frottait la chambre de Madame, et celles de Mesdemoiselles ses filles. Elle couchait tout en haut de la maison dans un grenier, sur une méchante paillasse pendant que ses sœurs étaient dans les chambres parquetées, où elles avaient des lits des plus à la mode, et des miroirs où elles se voyaient depuis les pieds jusqu'à la tête.

La pauvre fille souffrait tout avec patience, et n'osait s'en plaindre à son père qui l'aurait grondée, parce que sa femme le gouvernait entièrement. Lorsqu'elle avait fait son ouvrage, elle s'allait mettre au coin de la cheminée et s'assoir dans les cendres ; ce qui faisait qu'on l'appelait communément dans le logis Cucendron ; la cadette qui n'était pas si malhonnête que son ainée, l'appelait Cendrillon. Cependant Cendrillon, avec ses méchants habits, ne laissait pas d'être cent fois plus belle que ses sœurs quoique vêtues plus magnifiquement.

Certaines propositions sont discutées puis rejetées : c'est le cas pour « avait fait », « aurait grondée ». (Ce sont 2 temps composés : plus-que-parfait et futur antérieur).

Demander aux élèves quelle est la particularité des verbes à l'imparfait avec les personnes utilisées dans le texte (elle/il/elles) : on voit toujours « ai ».

Prolongement

On pourra proposer un travail sur les étapes du conte en littérature (en lien avec la valeur de l'imparfait et du passé simple).

Séance 2 | Réactivation des connaissances

Objectifs

- Repérer un verbe conjugué à l'imparfait.
- Savoir les terminaisons à l'imparfait de l'indicatif des verbes en *ER* et des verbes *avoir* et *être*.

Matériel

Pour chaque binôme

- Photocopie individuelle du texte *Cendrillon*. 14. Texte individuel
- Feuille de recherche des verbes. 14. Feuille de recherche

Collectif

- Texte projeté collectivement au tableau. 14. Texte collectif
- Figurines. Figurines « verbe à l'infinitif » et « pronom personnel »
- Pâte adhésive.

avoir | être | ressembler | appeler — 14. Étiquettes collectives (1)

Déroulement

1. Compléter le tableau avec les formes verbales du texte

Procédure connue, *cf.* Chapitre 15, séance 2, p. 64.

Faire rappeler les pronoms personnels sujets utilisés pour la conjugaison des verbes et les faire écrire sur la feuille de recherche dans la colonne correspondante. (Afficher la figurine au tableau).

Rappeler le temps du texte (passé).

Consigne :

« Vous disposez de 4 verbes à l'infinitif. Deux se terminent par ER, *le 3*e *et le 4*e *sont différents.*

Vous allez chercher dans le texte des formes conjuguées de ces 4 verbes et les écrire dans le tableau. »

Dans le texte, on trouve : *il était, elles étaient, elle avait, elles avaient, elles ressemblaient, on appelait.*

Les écrire également au tableau.

Procéder à une correction collective (les élèves épèlent leur proposition).

Colorier à la fin les terminaisons en rouge.

Les verbes à l'imparfait				
	 avoir	 être	 ressembler	 appeler
j'/je				
tu				
il, elle, on	avait	était		appelait
nous				
vous				
ils, elles	avaient	étaient	ressemblaient	

2. Compléter le tableau avec les formes verbales manquantes

Consigne :

« Vous allez poursuivre le travail en complétant le tableau avec toutes les formes verbales conjuguées manquantes. Celles-ci ne sont pas dans le texte. »

Passer dans les rangs et vérifier le travail des différents binômes.

Proposer une correction collective au tableau.

Faire valider les réponses par la classe.

3. Appropriation individuelle

Conjuguer le verbe *manger* à l'imparfait sur le cahier d'essais.

Séance 3 | Approfondissement de la notion

Objectifs
- Savoir conjuguer les verbes à l'imparfait.
- Connaitre la formation du radical.

Matériel
Pour chaque groupe
- Étiquettes des verbes. 14. Étiquettes individuelles (2)
- Ciseaux.
- Surligneur.

Collectif
- Étiquettes des verbes. 14. Étiquettes collectives (2)
- Pâte adhésive.

Déroulement

Distribuer la fiche contenant les étiquettes des verbes à chaque binôme.

1. Recherche et manipulation

Demander aux élèves de surligner les terminaisons des verbes au présent de la fiche.
Circuler dans la classe et observer le travail réalisé par chaque binôme.

2. Mise en commun

Demander aux élèves d'énoncer leurs propositions collectivement puis les faire valider par l'ensemble de la classe.

3. Recherche du radical à l'imparfait

Demander de découper les étiquettes et d'enlever les terminaisons surlignées. Seul le radical pour chaque verbe accompagné du pronom personnel est gardé.

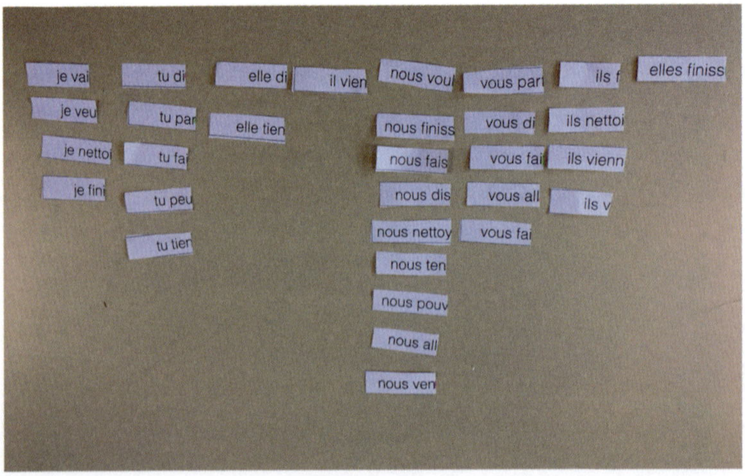

Consigne :

« Il s'agit de trouver comment on forme le radical des verbes conjugués à l'imparfait. Pour cela, vous allez associer les étiquettes contenant un pronom personnel et un radical aux terminaisons de l'imparfait. Si la combinaison ne fonctionne pas avec au moins une des terminaisons, vous pourrez éliminer toutes les étiquettes contenant le pronom personnel testé. Si la combinaison fonctionne, vous réservez l'étiquette du pronom-radical de côté.

Ex : tu peu-ais *ne fonctionne pas, vous mettez de côté toutes les étiquettes contenant le pronom personnel* tu. Nous croy-ions *fonctionne, vous réservez l'étiquette. »*

Circuler auprès des groupes et les aider à éliminer les pronoms personnels qui ne suivent pas la règle énoncée.

Après une recherche par binôme, organiser une synthèse collective.

Faire justifier la réponse du choix du pronom « nous ».

Faire écrire les verbes conjugués à l'imparfait avec nous.

nous voulions
nous finissions
nous faisions
nous disions
nous venions

nous nettoyions
nous tenions
nous pouvions
nous allions

Interroger oralement les élèves sur les autres formes verbales conjuguées à l'imparfait.

4. Conclusion

Pour trouver le radical du verbe à l'imparfait, on conjugue ce verbe au présent avec nous et on lui ajoute les terminaisons de l'imparfait.

5. Appropriation individuelle

Chercher les radicaux des verbes suivants : *bouger - venir – franchir – vouloir*. Les écrire sur le cahier d'essais.

Mémo, carte mentale et synthèse

L'imparfait

L'imparfait est un temps du passé. Il sert à raconter des actions qui durent.

On peut utiliser le mot « autrefois » pour le conjuguer.

À l'imparfait, le radical est le même que celui de *nous* au présent et les terminaisons de tous les verbes sont : *-ais, -ais, -ait, -ions, -iez, -aient*.

Certains verbes comme *crier* ont donc 2 *i*.

14. Mémo : L'imparfait

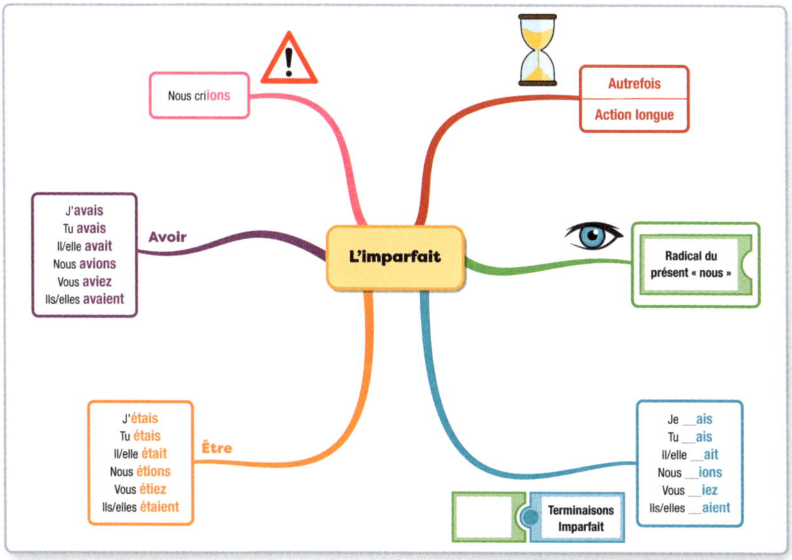

14. Carte mentale : L'imparfait

Synthèse animée : pour compléter la synthèse, il est possible de présenter à la classe le petit film d'animation « L'imparfait, un temps irrégulier », réalisé par Canopé (les fondamentaux) et disponible dans le CD-Rom.

© Canopé

14. Animation

Séances 4 et 5 | Entrainement et réinvestissement

Objectifs
- Mémoriser les notions essentielles (l'imparfait).
- Réinvestir ses connaissances dans des exercices d'application.

Organisation Travail individuel, correction individuelle ou collective.

Matériel
- Fiche élève (2 niveaux). 14. Fiche 14
- Cahier d'essais.

Objectifs visés CM1 (niveau 1) et CM2 (niveau 2) :

Ex. 1 : Colorier les verbes conjugués à l'imparfait.
Ex. 2 : Compléter avec le pronom personnel qui convient.
Ex. 3 : Transposer les verbes au présent à l'imparfait.
Ex. 4 : Conjuguer les verbes entre parenthèses à l'imparfait.
Ex. 5 : Compléter le texte avec les verbes proposés à l'imparfait.

14 L'imparfait

Prénom : ....

Niveau 1

Je m'entraine

❶ **Colorie les verbes à l'imparfait.**

La petite fille aux allumettes regardait la jolie poupée de la vitrine. Elle portait une robe bleue à volants et des souliers noirs. Ses cheveux bruns évoluaient librement sur ses épaules. Sa coiffe était jaune, ornée de quelques fleurs. Elle avait l'air joyeuse.

❷ **Complète avec le pronom personnel qui convient.**

.... mangeait à la cantine tous les jours.

.... faisions la vaisselle.

.... allaient chercher l'eau au puits.

.... étiez très en colère.

.... voyais les lettres à l'envers.

.... devait apprendre ses tables.

❸ **Transpose les verbes au présent à l'imparfait.**

Nous refaisons → ....

Nous avons → ....

Béa et moi rougissons → ....

Nous crions → ....

Nous payons → ....

❹ **Conjugue les verbes entre parenthèses à l'imparfait.**

Je (préparer) le repas du midi.

....

Il (avoir) des dents aiguisées.

....

La première étoile (apparaitre) vers 8 heures.

....

Le dernier coureur (franchir) la ligne d'arrivée.

....

J'écris.

❺ **Complète le texte avec les verbes proposés à l'imparfait.**

incommoder – faire – être (3) – pouvoir – donner – aller – avoir (3)

Il .... une fois un bucheron et une bucheronne qui .... sept garçons. L'ainé n'........... que dix ans, et le plus jeune n'en .... que sept. On s'étonnera que le bucheron ait eu tant d'enfants en si peu de temps ; mais c'est que sa femme .... vite en besogne, et n'en .... pas moins de deux à la fois. Ils .... forts pauvres, et leurs sept enfants les .... beaucoup, parce qu'aucun d'eux ne .... encore gagner sa vie. [...] Le pauvre enfant .... le souffre-douleur de la maison, et on lui .... toujours le tort.

Extrait du *Petit Poucet*, Charles Perrault

14 L'imparfait

Prénom : ....

Niveau 2

Je m'entraine

❶ **Colorie les verbes à l'imparfait.**

La petite fille aux allumettes marchait dans la rue pieds nus. Elle ne savait pas où aller. Elle regardait les passants qui se dépêchaient de regagner leur logis pour y fêter Noël. Elle avait froid. Elle sentait les allumettes dans sa poche. Combien la boite en contenait-elle ? Elle allait bientôt les regarder se consumer une à une.

❷ **Complète avec le pronom personnel qui convient.**

.... mangeaient à la cantine tous les jours.

À quelle heure faisiez-........... la vaisselle ?

.... allions chercher l'eau au puits.

.... n'était pas très en colère.

.... voyiez les lettres à l'envers.

.... devaient apprendre leurs tables.

❸ **Transpose les verbes au présent à l'imparfait.**

Nous défaisons → ....

Nous mugissons → ....

Béa et moi nageons → ....

Nous crions → ....

Nous balayons → ....

❹ **Conjugue les verbes entre parenthèses à l'imparfait.**

Les deux enfants (venir) après l'école.

....

Il (avoir) mal aux dents.

....

Les étoiles (étinceler) dans la nuit.

....

Les pompiers (éteindre) le feu sans difficulté.

....

J'écris.

❺ **Complète le texte avec les verbes proposés à l'imparfait.**

ressembler – faire – être (5) – pouvoir – voir (2) – avoir (2)

Il .... une fois une veuve qui .... deux filles ; l'ainée lui .... si fort et d'humeur et de visage que, qui la ...., ... la mère. Elles .... toutes deux si désagréables et si orgueilleuses qu'on ne .... vivre avec elles. La cadette, qui .... le vrai portrait de son père pour la douceur et l'honnêteté, ... avec cela une des plus belles filles qu'on eût su voir. Comme on aime naturellement son semblable, cette mère .... folle de sa fille ainée, et en même temps .... une aversion effroyable pour la cadette. Elle la .... manger à la cuisine et travailler sans cesse.

Extrait de *Les fées*, Charles Perrault

Le complément du verbe

Programmes 2016, ajustements 2018 – connaissances et compétences associées :

– Identifier les principaux constituants d'une phrase simple en relation avec sa cohérence sémantique (de quoi on parle, ce qu'on en dit).

– Observation et analyse de l'ordre des mots et des groupes syntaxiques.

– Mise en évidence des groupes syntaxiques : le groupe sujet de la phrase et le groupe verbal (ce qu'on dit du sujet) très souvent formé du verbe et des compléments du verbe (COD/COI) s'il y en a.

– Classes de mots : noms, verbes, déterminants, adjectifs, pronoms personnels sujets, prépositions.

Compétences en lien abordées en CE2 :

– Identifier les principaux constituants d'une phrase simple en relation avec sa cohérence sémantique (de quoi on parle, ce qu'on en dit et les compléments).

– Identifier des groupes dans la phrase.

– Reconnaitre le groupe nominal.

Séance 1 | Lecture, compréhension du texte et approche de la notion

Objectifs

- Lire et comprendre un texte.
- Lire à haute voix de manière expressive.
- Identifier les compléments du verbe.

Matériel

Individuel

- Photocopie individuelle du texte *Enquête au sommet.* 15. Texte individuel
- Crayons de couleur orange.

Collectif

- Le même texte projeté collectivement au tableau. 15. Texte collectif

Déroulement

1. Compréhension du texte

Faire lire le texte silencieusement.

Vérifier la compréhension en posant quelques questions :

– Sur le vocabulaire : *incriminée, minutieusement, artificiel, raisonnement, bonbonnière.*

Sur le contenu du texte :

Qui est le détective ?

Qui est l'assistance ?

Que s'est-il passé dans la pièce ?

Qui est la coupable ?

Quelle est la nature du forfait ?

Faire une lecture expressive du texte.

Enquête au sommet

La lumière s'alluma dans la pièce incriminée. L'assistance retint son souffle. L'enquêteur venait d'arriver sur les lieux du forfait. D'abord, il fit le tour de la pièce. Il observa minutieusement la bonbonnière ouverte, les papiers de bonbon jetés sur le sol. Puis, il interrogea chacune d'entre nous. Pendant de longues minutes, il réfléchit intensément, en tenant sa tête entre ses mains. Soudain, son visage s'éclaira et il s'exclama :
– Je sais qui a fait le coup !
Il s'approcha de nous et nous expliqua son raisonnement :
– J'ai trouvé un cheveu blond près de la bonbonnière. Or, seule Éva a les cheveux blonds. Elle semblait donc la coupable idéale. Mais en observant ce cheveu de très près, j'ai vu qu'il s'agissait d'un cheveu artificiel, d'un cheveu… de poupée. Éva a 38 ans : elle a passé l'âge de jouer à la poupée. Par conséquent, il ne pouvait s'agir que de … Manon !
La petite fille applaudit en riant :
– Bravo, papa, tu as trouvé ! Pourtant, j'avais tout fait pour te mettre sur une fausse piste !
Le détective prit sa fille dans ses bras et la félicita.

2. Zoom sur la notion

Demander aux élèves de prendre un crayon de couleur orange pour entourer des groupes de mots dans les phrases :

- Qu'est-ce que retint l'assistance ? (son souffle)
- Que fit d'abord le détective ? (le tour de la pièce)
- De qui s'approcha-t-il ? (de nous)
- Que nous expliqua-t-il ? (son raisonnement)
- À qui expliqua-t-il son raisonnement ? (à nous)
- Qui prit-il dans ses bras ? (sa fille)
- Qui félicita-t-il ? (sa fille)

Pour la phrase « L'assistance retint son souffle. », demander aux élèves de supprimer ou de déplacer le complément colorié (son souffle). Faire remarquer qu'on ne peut ni déplacer ni supprimer ce groupe de mots.

Même procédure avec la phrase « J'ai trouvé un cheveu blond près de la bonbonnière. »

Demander aux élèves à quel groupe appartient « son souffle » et « un cheveu blond ». Réponse : le groupe du verbe (ou prédicat, *cf.* remarque sur le prédicat, p. 12).

Faire constater qu'on ne peut ni supprimer ni déplacer ces groupes de mots.

Séance 2 | Réactivation des connaissances

Objectifs

- Identifier les groupes dans la phrase.
- Identifier les compléments du verbe.
- Manipuler les compléments du verbe en les pronominalisant.

Matériel

Individuel

- Photocopie individuelle du texte *Enquête au sommet.* 15. Texte individuel
- Phrases reproduites sur de petites étiquettes. 15. Étiquettes individuelles
- 1 bande bleue, 1 bande jaune, 1 bande verte.
- Ciseaux.

Collectif

- Le même texte projeté collectivement au tableau. 15. Texte collectif
- Phrases reproduites sur grandes bandes de papier. 15. Étiquettes collectives
- 1 bande bleue, 1 bande jaune, 1 bande verte.
- Pâte adhésive.

L'assistance retint son souffle. | Il nous expliqua son raisonnement

J'ai trouvé un cheveu blond près de la bonbonnière.

Il s'approcha de nous. | D'abord, il fit le tour de la pièce.

Puis, l'enquêteur interrogea chacune d'entre nous.

Il la félicita.

Finalement, papa a donné un bonbon à Manon.

Déroulement

1. Découverte et manipulation

Les élèves travaillent en binômes. Ils se munissent des bandes de couleur bleue, jaune et verte.

Consigne :

« Vous allez découper les phrases suivantes et répartir les groupes de mots dans leur fonction respective (sujet, groupe du verbe (prédicat) et complément de phrase). »

Les propositions sont affichées au tableau et les binômes les valident.

Erreurs /remédiation

Quelques difficultés sont mises en évidence :
– le pronom personnel « Je » sous sa forme contractée « j'ai »,
– la présence des 2 pronoms : l'un est sujet, le second est complément « Il nous expliqua »…

2. Zoom sur les compléments du verbe

Consigne :

« Vous allez maintenant souligner les verbes dans les groupes du verbe. »

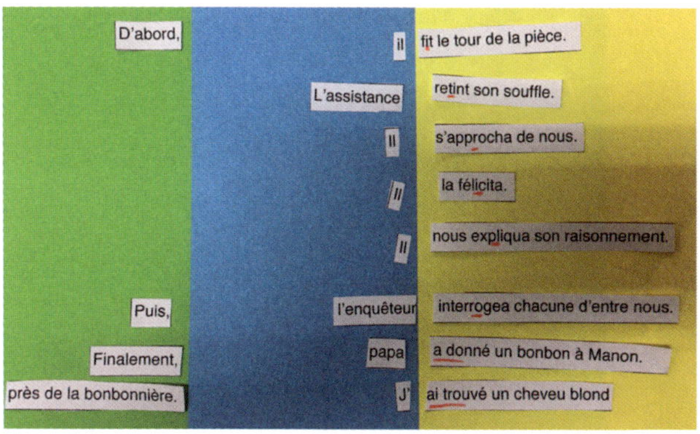

Faire valider l'ensemble des verbes repérés par la classe.
Faire observer les mots non soulignés présents dans le groupe du verbe.
Interroger les élèves :
– Où sont situés ces mots (avant ou après le verbe).
– À quelle question ils répondent. Les réponses attendues sont : *quoi, qui, à quoi, à qui, de quoi, de qui.*

Annoncer que ces groupes de mots sont des compléments du verbe.

Faire vérifier si ces groupes de mots peuvent être déplacés ou supprimés (réponse : non).

Observer si le complément du verbe peut être transformé.

Qui est « la » dans la phrase « Il la félicita. » ? S'appuyer sur la phrase du texte (C'est Manon).

Faire transformer d'autres compléments du verbe :

L'assistance retint son souffle. → L'assistance le retint.

J'ai trouvé un cheveu blond. → Je l'ai trouvé.

Papa a donné un bonbon à Manon. → Papa l'a donné à Manon.
→ Papa le lui a donné.

Il nous expliqua son raisonnement. → Il nous l'expliqua.

Il fit le tour de la pièce. → Il le fit.

3. Appropriation individuelle

Écrire les phrases suivantes au tableau :

L'enfant a rangé ses jouets.

La maitresse a donné un nouveau crayon à Julie.

Les faire recopier sur le cahier et colorier les compléments du verbe puis les pronominaliser.

Séance 3 | Approfondissement de la notion

Objectifs

- Identifier les groupes syntaxiques dans la phrase.
- Manipuler les groupes dans la phrase.
- Écrire des compléments du verbe.
- Manipuler les compléments du verbe en les pronominalisant.
- Distinguer les compléments du verbe (complément d'objet direct et complément d'objet indirect).

Matériel

Pour chaque groupe

- 1 dé contenant des verbes à l'infinitif. 15. Patron des dés
- 1 dé précisant « 1 complément du verbe », « 2 compléments du verbe » ou « pronominaliser ».
- 1 feuille.

Déroulement

1. Réactivation

Rappeler ce qu'est un complément du verbe.
Demander aux élèves d'inventer une phrase, avec le verbe *confier*, contenant un complément du verbe.
Ex. : Il confie son livre.
Même demande avec deux compléments du verbe.
Ex. : Il confie son livre à la bibliothécaire.
Demander de pronominaliser un des compléments proposés.
Ex. : Il le confie à la bibliothécaire. Il lui confie son livre. Il le lui confie.

2. Appropriation en groupe

Consigne :
« Dans chaque groupe, vous lancez les deux dés : le dé verbe *et le dé* complément du verbe. *Vous écrivez la phrase à partir du verbe sélectionné en ajoutant un ou deux compléments du verbe. Lorsque vous tombez sur la case* pronominaliser, *vous devez pronominaliser le complément du verbe de la phrase de votre choix. Le nombre de phrases qui répondent bien à la commande des dés sera comptabilisé. »*

Attention

Afin d'aider à la relecture des phrases, il est important que les élèves écrivent le code suivant à la fin des phrases écrites : 1 pour « un complément », 2 pour « deux compléments » et P pour « pronominaliser ».

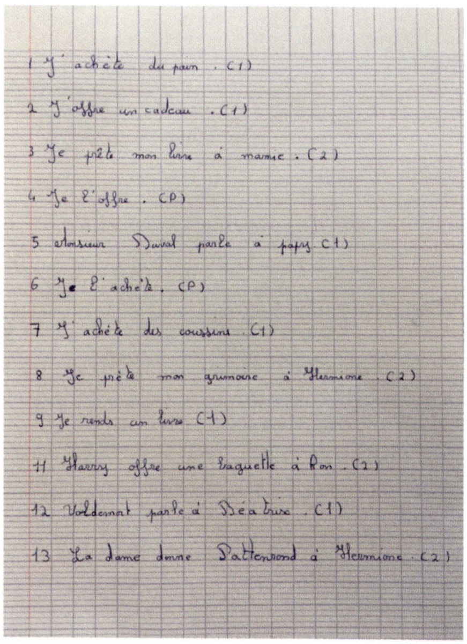

3. Mise en commun

Les phrases sont énoncées oralement (3 par 3) pour chaque groupe. L'enseignant·e et les élèves valident les propositions.

Erreurs possibles

Les élèves pourront proposer un complément du nom et un complément du verbe au lieu de deux compléments du verbe.
Ex. : Jouer/2 compléments du verbe : Les enfants jouent avec une balle de tennis.
Le groupe de mots « de tennis » représente un complément du nom « balle ».
Pronominaliser pour montrer qu'il n'y a qu'un seul complément « avec une balle de tennis » et qu'il est enrichi.

4. Conclusion

On peut ajouter deux compléments du verbe. Il se situe avant lorsqu'il est pronominalisé ou après le verbe. Les compléments du verbe sont également appelés complément d'objet. On les distingue en complément d'objet direct (COD) et complément d'objet indirect (COI). Le COI est introduit par une préposition (à, de).

5. Appropriation individuelle

Écrire ces phrases au tableau :

Le chien protège… (1 complément du verbe).
La fleuriste ajoute… (2 compléments du verbe).
Les étudiants ont oublié… (1 complément du verbe pronominalisé).

Les élèves les récrivent sur leur cahier, en ajoutant des compléments du verbe et en suivant les indications entre parenthèses.

Mémo, carte mentale et synthèse

Le complément du verbe

Le complément du verbe (ou complément d'objet) est constitué de plusieurs mots.

Il répond aux questions : *qui, quoi, à qui, à quoi, de qui, de quoi*.

Pour les CM2

Lorsqu'il répond aux questions *quoi, qui*, c'est un complément d'objet direct. Lorsqu'il est introduit par une préposition (*à, de*) ou qu'il répond aux questions : *à qui, à quoi, de qui, de quoi*, c'est un complément d'objet indirect.

Il apporte des renseignements sur une chose ou une personne.

Il n'est ni déplaçable, ni supprimable mais il est pronominalisable : le complément du verbe est alors remplacé par un pronom complément (*le, la, les, l', lui, la, leur, me, te, nos, vous, en, y…*).

15. Mémo : Le complément du verbe

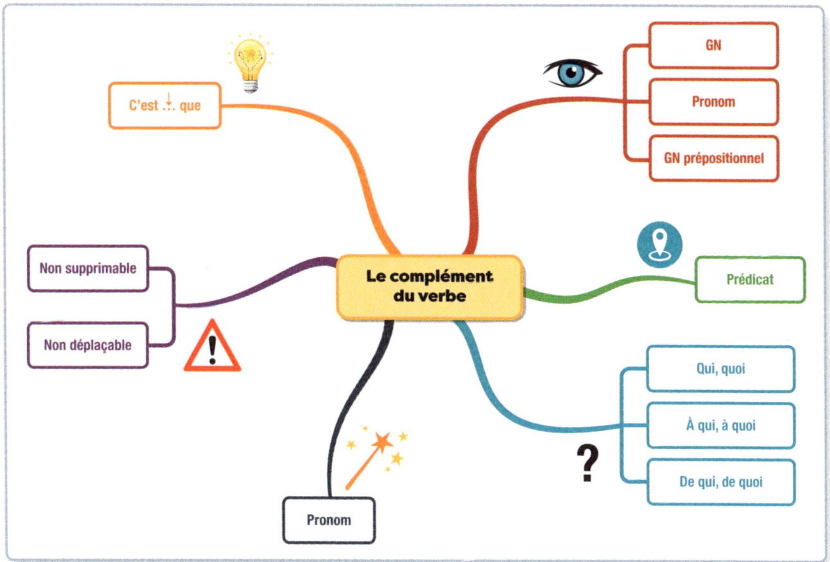

15. Carte mentale : Le complément du verbe

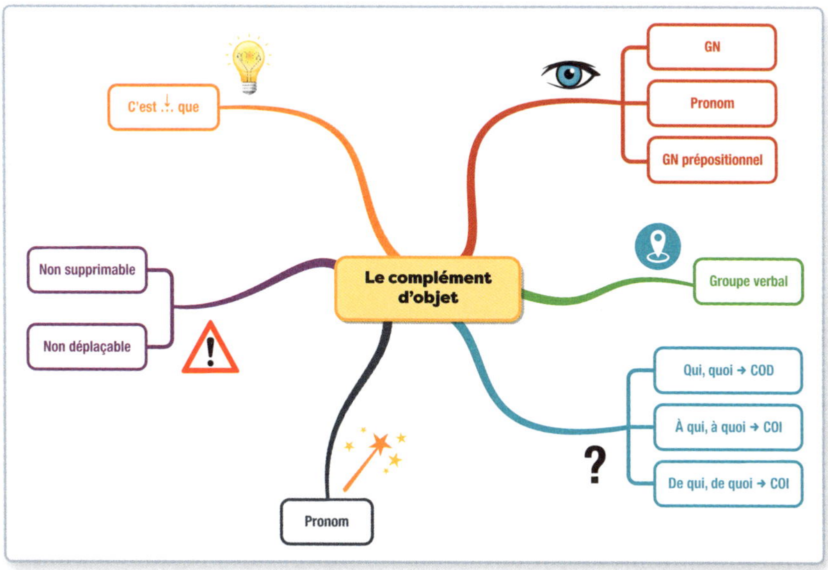

15. Carte mentale : Le complément d'objet

Synthèse animée : pour compléter la synthèse, il est possible de présenter à la classe les petits films d'animation « Le complément d'objet direct » et « Le complément d'objet indirect », réalisés par Canopé (les fondamentaux) et disponibles dans le CD-Rom.

© Canopé

15. Animations

Séances 4 et 5 | Entrainement et réinvestissement

Objectifs
- Mémoriser les notions essentielles (le complément du verbe).
- Réinvestir ses connaissances dans des exercices d'application et une production écrite courte.

Organisation Travail individuel, correction individuelle ou collective.

Matériel
- Fiche élève (2 niveaux). 15. Fiche 15
- Cahier d'essais.

Objectifs visés CM1 (niveau 1) et CM2 (niveau 2) :

Ex. 1 : Identifier le complément du verbe dans une phrase.

Ex. 2 : Associer pour chaque complément du verbe la question (qui/quoi, à qui/à quoi, de qui/de quoi).

Ex. 3 : Ajouter un complément du verbe (ou deux) pour chaque phrase.

Ex. 4 : Récrire les phrases en pronominalisant les compléments du verbe.

Ex. 5 : Écrire des phrases en utilisant les mots proposés.

Erreurs possibles

- Les élèves associent la question « qui » au sujet et non au complément du verbe.
- Les élèves proposent un complément du nom au lieu d'un complément du verbe dans l'exercice 3 (3e phrase).

15 Le complément du verbe

Prénom : ……………………

Niveau 1

Je m'entraine

❶ Colorie les compléments du verbe.

1. Tous les matins, je prends le train.
2. La princesse porte une jolie robe bleue.
3. La maman prépare un gouter à son enfant.
4. En hiver, nous mangeons des soupes.
5. La lionne le protège.

❷ Pour chaque complément du verbe, associe la question correspondante.

L'inspecteur de police commence son enquête. ……………………

Ce livre parle des animaux sauvages. ……………………

La maitresse encourage ses élèves. ……………………

La mairie la construit. ……………………

Le boucher confie sa recette à sa cliente. ……………………

❸ Ajoute un complément du verbe.

Le rhinocéros a ……………………

Il était une fois ……………………

Les élèves se rappellent ……………………

La maitresse raconte ……………………

Chaque année, le boulanger leur vend ……………………

Les pirates s'emparent ……………………

❹ Pronominalise chaque complément du verbe (il est souligné).

Les élèves chantent des chansons.

……………………

Marie écrit à sa mère.

……………………

Le cuisinier met de la crème sur les gâteaux.

……………………

Les sorcières préparent une potion magique.

……………………

J'écris.

❺ Écris des phrases avec des compléments du verbe en utilisant les sujets et les verbes proposés.

le paquet – Mathilde – sa grand-mère – elle – il – recevoir – ouvrir – envoyer – contenir – répondre

15 Le complément du verbe

Prénom : ……………………

Niveau 2

Je m'entraine

❶ Colorie les compléments du verbe.

1. Tous les matins, la jeune femme boit un verre de lait.
2. Le prince ne porte pas sa couronne.
3. La femelle les protège.
4. En hiver, les ours aiment manger des végétaux.
5. La maman donne un gouter à son fils.

❷ Pour chaque complément du verbe, associe la question correspondante.

Le voleur a dérobé les bijoux de Mme Durant. ……………………

Il le mange. ……………………

Le directeur a-t-il ramassé les cahiers ? ……………………

Ce roman parle de sorcellerie. ……………………

Le concierge remet les clés à la propriétaire. ……………………

❸ Ajoute un (ou deux) complément(s) du verbe.

La girafe possède ……………………

Il était une fois ……………………

……………………

Il a arrêté de ……………………

……………………

Maman raconte ……………………

Il …………… donne ……………………

Les sorciers apprennent ……………………

❹ Pronominalise chaque complément du verbe (il est souligné).

La mercerie vend des boutons de chemise.

……………………

La maitresse lit les appréciations aux élèves.

……………………

Le gardien a oublié de fermer une fenêtre.

……………………

Les pompiers préparent leur intervention.

……………………

Le boulanger ne pétrit plus la pâte manuellement

……………………

J'écris.

❺ Écris des phrases avec des compléments du verbe en utilisant les sujets et les verbes proposés.

il – elle – les sorcières – l'apprenti – les élèves – le professeur – élaborer – suivre – envoyer – transformer – recevoir

Le complément du nom

Programmes 2016, ajustements 2018 – connaissances et compétences associées :

– Identifier les principaux constituants d'une phrase simple en relation avec sa cohérence sémantique (de quoi on parle, ce qu'on en dit, à quoi on peut rajouter des compléments de phrase facultatifs).

– Identification du groupe nominal.

– Classification des mots : noms, verbes, déterminants, adjectifs, pronoms, conjonctions de coordination et prépositions.

– Raisonnement pour résoudre des problèmes orthographiques, d'accord essentiellement.

– Mise en évidence des groupes syntaxiques : présence du groupe nominal dans le sujet de la phrase, le groupe verbal de la phrase et le complément de phrase.

Compétences en lien abordées en CE2 :

– Identifier le groupe nominal.

– Distinguer un nom propre et un nom commun.

– Classer des mots : nom, déterminant, adverbe, verbe à l'infinitif.

Séance 1 | Lecture, compréhension du texte et approche de la notion

Objectifs

– Lire et comprendre un texte.

– Lire à haute voix de manière expressive.

– Repérer les groupes nominaux.

– Repérer les constituants du GN (déterminant, nom et complément du nom).

Matériel

Individuel

– Photocopie individuelle du texte *Le travail des enfants.* 16. Texte individuel

– Crayons de couleur.

Collectif

– Le même texte projeté collectivement au tableau. 16. Texte collectif

Déroulement

Distribuer le texte.

1. Compréhension du texte

Faire lire le texte silencieusement.

Vérifier la compréhension en posant quelques questions :

– Sur le vocabulaire : *article, infraction, nullement, la bonté, la fabrique, ayez.*

– Sur le contenu du texte : *De quel type d'écrit s'agit-il ? Qui écrit cette lettre ? À qui est-elle adressée ? De quand date-t-elle ? Quel est l'objet de cette lettre ? Pourquoi l'instituteur dit-il qu'il est content de la loi du 28 mars 1841 ?*

Faire une lecture expressive du texte.

Le travail des enfants

Omerville, le 10 octobre 1843

Monsieur le sous-préfet,

Depuis quatorze ans que j'exerce la profession d'instituteur dans la commune d'Omerville, j'ai toujours vu la fabrique de M. Provost [...] enlever les enfants de la commune d'Omerville au travail et par là, la plupart sont privés d'instruction, attendu qu'ils ne fréquentent aucune école. Lorsque j'ai vu la loi du 28 mars 1841, concernant le travail des enfants dans les fabriques, j'étais l'homme le plus content ; mais aujourd'hui je suis désespéré en voyant qu'elle n'est nullement exécutée ; au contraire, les enfants y sont reçus encore plus jeunes et travaillent seize heures par jour et n'ont qu'une heure un quart pour faire deux repas.

C'est pourquoi, Monsieur le sous-préfet, je m'adresse à vous afin que vous ayez la bonté de faire cesser cette infraction à la loi puisqu'aucun article de cette loi n'est observé.

Extrait d'une lettre de l'instituteur d'Omerville, *Histoire CM2*, collection « Comprendre le monde », Retz 2017

2. Zoom sur la notion

Demander aux élèves de prendre une couleur et de colorier les GN enrichis.
Voici les réponses attendues :

Le travail des enfants

Omerville, le 10 octobre 1843

Monsieur le sous-préfet,

Depuis quatorze ans que j'exerce la profession d'instituteur dans la commune d'Omerville, j'ai toujours vu la fabrique de M. Provost [...] enlever les enfants de la commune d'Omerville au travail et par là, la plupart sont privés d'instruction, attendu qu'ils ne fréquentent aucune école. Lorsque j'ai vu la loi du 28 mars 1841, concernant le travail des enfants dans les fabriques, j'étais l'homme le plus content ; mais aujourd'hui je suis désespéré en voyant qu'elle n'est nullement exécutée ; au contraire, les enfants y sont reçus encore plus jeunes et travaillent seize heures par jour et n'ont qu'une heure un quart pour faire deux repas.

C'est pourquoi, Monsieur le sous-préfet, je m'adresse à vous afin que vous ayez la bonté de faire cesser cette infraction à la loi puisque aucun article de cette loi n'est observé.

Demander aux élèves d'identifier le nom noyau de chaque GN.

Poser la question suivante : *Comment appelle-t-on les compléments qui viennent enrichir ces noms ?* Les compléments du nom.

Séance 2 | Réactivation des connaissances

Objectifs

- Identifier la nature des mots et les caractéristiques du complément du nom.
- Comprendre la place du complément du nom dans le groupe nominal.
- Identifier la nature des mots qui composent le groupe nominal (nom propre, nom commun, déterminant, préposition, adverbe, verbe à l'infinitif).

Matériel

Individuel

- Photocopie individuelle du texte *Le travail des enfants*. 16. Texte individuel
- Petites étiquettes des mots du GN. 16. Étiquettes individuelles

Collectif

- Le même texte projeté collectivement au tableau. 16. Texte collectif
- Étiquettes reproduites sur de grandes bandes de papier. 16. Étiquettes collectives
- Figurines (nom propre, nom commun, adverbe, déterminant, verbe à l'infinitif, préposition). Figurines
- Pâte adhésive.

la profession d'instituteur	la commune d'Omerville	
cette infraction à la loi	aucun article de cette loi	
le travail des enfants	la fabrique de M. Provost	
la loi du 28 mars 1841	l'envie de travailler	la vie d'autrefois
un salaire en argent	seize heures par jour	

Déroulement

1. Rappel de la séance précédente

Faire rappeler les mots qui composent un groupe nominal.
Distribuer les étiquettes et demander d'identifier les noms noyaux.

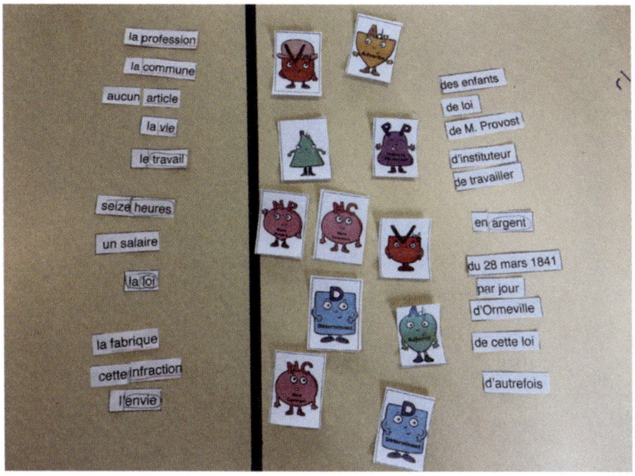

Découper le GN en séparant le nom noyau (+ déterminant) de son complément du nom.

Organiser les étiquettes en deux colonnes : les GN avec le nom noyau d'un côté et les compléments du nom de l'autre.

Procéder à une rapide correction (*voir photo ci-dessus*).

2. Manipulation et recherche en binôme

Recomposer une étiquette (GN avec le nom noyau et son complément du nom) et l'analyser en utilisant les étiquettes figurines. Pour chaque mot, les élèves placent en dessous la figurine correspondant à la classe de ce mot.

Adopter la même démarche avec d'autres étiquettes.

Passer dans les groupes pour valider les propositions des élèves.

Erreurs possibles

Sur la photo, le « d' » dans le GN « la vie d'autrefois » est considéré comme étant un déterminant alors qu'il s'agit d'une préposition.

3. Mise en commun

Inviter un élève au tableau, lui demander de faire l'analyse d'une étiquette.

Inviter d'autres élèves, faire analyser d'autres étiquettes.

Faire conclure que le complément du nom est introduit par une préposition (*à, dans, par, pour, en, vers, avec, de, sans sous*...). Les noter au tableau. Montrer que le complément du nom peut être composé d'un nom (commun ou propre), d'un adverbe ou d'un verbe à l'infinitif (*voir photo, p. 173*).

4. Appropriation individuelle

Écrire ces phrases au tableau :

Des bottes en caoutchouc.

Le fer à repasser.

Une farine sans gluten.

Des flutes à champagne.

Les élèves les recopient sur leur cahier et analysent les GN enrichis.

Séance 3 | Approfondissement de la notion

Objectifs
- Identifier la nature des mots et les caractéristiques du complément du nom.
- Comprendre la place du complément du nom dans le groupe nominal.
- Identifier la nature des mots qui composent le groupe nominal (nom propre, nom commun, déterminant, préposition, adverbe, verbe à l'infinitif).
- Connaitre les règles d'accord dans le GN et notamment avec le complément du nom.

Matériel

Pour chaque groupe
- Crayon.
- Feuille d'écriture.
- Deux dés : l'un avec un déterminant et le nom noyau, l'autre avec une figurine du mot qui composera le complément du nom. 16. Dés

Déroulement

Répartir les élèves en groupes de 2 ou 3 élèves.
Leur donner le matériel : deux dés différents (l'un avec un déterminant et le nom noyau, l'autre avec une figurine du mot qui composera le complément du nom).
Afficher la synthèse réalisée à la séance précédente (*voir photo p. 173*).

1. Recherche et manipulation

Faire répéter les composants du complément du nom (préposition et nom propre ou nom commun/adverbe/verbe à l'infinitif).
Faire réciter les prépositions par un élève.
Analyser le GN « le travail des enfants ». Préciser que le GN correspond à l'expression « le travail de les enfants » : « des » est la contraction de la préposition « de » et de l'article « les ».
Proposer d'autres exemples :
- à les → aux
- de le → du

Consigne :
« Vous devez lancer les deux dés et écrire le GN obtenu. Il faut faire attention aux accords.
– Si vous obtenez un GN dont le sens est incorrect, vous pouvez relancer les dés « déterminant et nom noyau » et « figurines » (mot qui composera le complément du nom).
– L'écriture des GN est individuelle sur la feuille. Mais vous pouvez vous mettre d'accord sur la place de l'adjectif dans le GN et sur la chaine d'accord. »
Circuler dans la classe et contrôler les propositions des différents groupes.
Vérifier la bonne compréhension des consignes.
Écouter les élèves débattre sur les propositions d'accord.

2. Mise en commun

Laisser les différents groupes proposer à tour de rôle un GN qu'ils viennent écrire au tableau.
Faire valider la proposition écrite par l'ensemble de la classe.
Une fois que tous les groupes ont proposé un ou deux GN, demander aux élèves de relire individuellement leur fiche et de vérifier les GN qui n'ont pas été écrits au tableau.

Les laisser les corriger si nécessaire en prenant compte des remarques qui ont été faites pendant la correction. Les élèves pourront éventuellement se relire à deux.

Relever les fiches afin de les corriger.

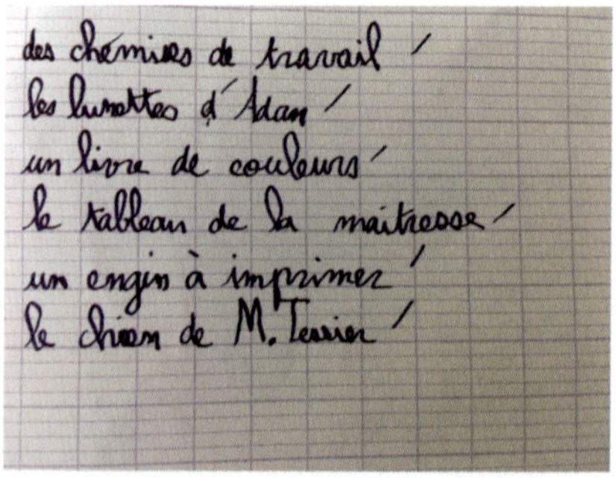

3. Conclusion

Le complément du nom est toujours introduit par une préposition. Il ne s'accorde pas avec le nom noyau.

4. Appropriation individuelle

Écrire ces GN au tableau :

Une montre.

Des tapis.

Une table.

Les élèves les recopient sur leur cahier et les enrichissent.

Mémo, carte mentale et synthèse

Le complément du nom

Le complément du nom est un groupe de mots qui appartient au groupe nominal. Il enrichit le nom noyau du GN en apportant des précisions : matière, appartenance, origine…

Il peut être un nom (propre ou commun), un pronom, un adverbe ou un verbe à l'infinitif.

Il est relié au nom noyau par une préposition (*à, de, d', du, en, sans, avec, aux*…).

Le complément du nom est supprimable.

Le complément du nom ne s'accorde pas avec le nom noyau.

16. Mémo : Le complément du nom

Carte mentale qui sera complétée lors des chapitres suivants :

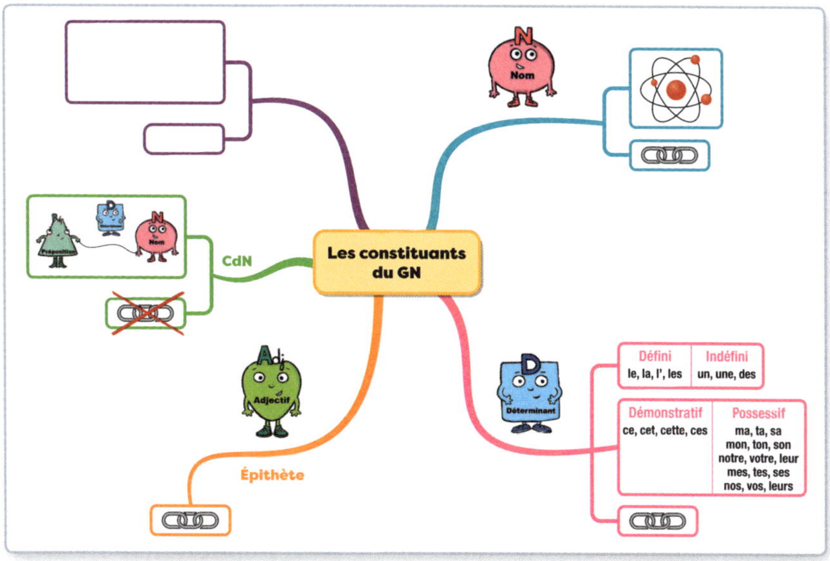

16. Carte mentale : Les constituants du GN

Ou carte mentale du complément du nom :

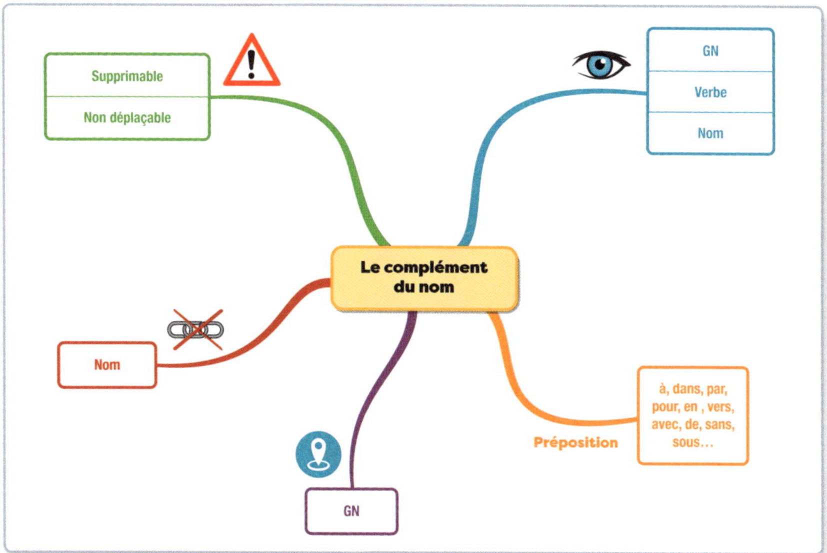

16. Carte mentale : Le complément du nom

Synthèse animée : pour compléter la synthèse, il est possible de présenter à la classe le petit film d'animation « Reconnaitre le complément du nom dans le groupe nominal », réalisé par Canopé (les fondamentaux) et disponible dans le CD-Rom.

© Canopé

16. Animation

Séances 4 et 5 | Entrainement et réinvestissement

Objectifs
- Mémoriser les notions essentielles (le complément du nom).
- Réinvestir ses connaissances dans des exercices d'application.

Organisation Travail individuel, correction individuelle ou collective.

Matériel
- Fiche élève (2 niveaux). 16. Fiche 16
- Cahier d'essais.

Objectifs visés CM1 (niveau 1) et CM2 (niveau 2) :

Ex. 1 : Identifier les compléments du nom dans des GN.
Ex. 2 : Ajouter la préposition dans le complément du nom.
Ex. 3 : Remplacer les adjectifs par des compléments du nom.
Ex. 4 : Transposer des GN au pluriel.
Ex. 5 : Enrichir les GN d'un texte avec des compléments du nom.

16 Le complément du nom

Prénom : ....

Niveau 1

Je m'entraine

❶ Entoure les compléments du nom dans les GN suivants.

1. une cuillère à café
2. des crayons de couleur
3. une chemise à carreaux
4. une jupe en coton
5. du pain sans gluten

❷ Complète ces compléments avec la bonne préposition.

une boite .... carton
une jupe .... rayures
un livre .... voyager
le champ .... Monsieur Dulac
un casier .... un cadenas

❸ Remplace chaque adjectif par un complément du nom.

une structure métallique ....
la pollution terrestre ....
l'autorisation parentale ....
des spécialités régionales ....
une glace chocolatée ....
des baguettes campagnardes ....

❹ Mets ces groupes nominaux au pluriel.

Une chanson sans paroles
....
Un paysage de rêve
....
La chemise à repasser
....
Un plat en argent
....

J'écris.

❺ Complète les noms soulignés avec des compléments du nom.

Tous les matins, c'est le même rituel. Dans la salle, Julie utilise sa brosse trois minutes. Puis elle passe son gant sur sa figure. Ensuite, elle cherche ses élastiques dans l'armoire. Une fois sa coiffure en place, elle passe dans la pièce et attrape un gâteau.

16 Le complément du nom

Prénom : ....

Niveau 2

Je m'entraine

❶ Entoure les compléments du nom dans les GN suivants.

1. une serviette en papier
2. le chat des voisins
3. l'envie de manger
4. un envoi par avion
5. une saucisse sans porc

❷ Complète ces compléments avec la bonne préposition.

une fourchette .... argent
un bateau .... moteur
un fauteuil .... se détendre
le plat .... Madame Pic
l'homme .... moustache
une nappe .... carreaux

❸ Remplace chaque adjectif par un complément du nom.

les activités campagnardes ....
la fraicheur matinale ....
la pollution atmosphérique ....
un magazine mensuel ....
des barres chocolatées ....
un gaz inodore ....
une location saisonnière ....

❹ Mets ces groupes nominaux au pluriel.

Un gâteau sans gluten
....
Une voiture de sport
....
La maison à vendre
....
Une occasion en or
....
Un chat de gouttière
....

J'écris.

❺ Complète les noms soulignés avec des compléments du nom.

Tous les soirs, c'est le même rituel. Dans sa chambre, Julien fait ses devoirs. Puis il prépare son cartable. Ensuite, il réalise un dessin. Un peu plus tard, il sort ses voitures. Il les fait rouler sur le tapis. La porsche est la plus rapide. À la fin, il s'installe dans son lit et parcourt rapidement des yeux un livre.

Le futur

Programmes 2016, ajustements 2018 – connaissances et compétences associées :

– Comprendre comment se forment les verbes et orthographier les formes verbales les plus fréquentes :
– Identifier les marques liées au temps (imparfait – présent – futur).
– Mémorisation des verbes fréquents (*être, avoir, aller, faire, dire, prendre, pouvoir, voir, devoir, vouloir*) et des verbes dont l'infinitif est en *ER* au futur.
– Classification des verbes en fonction des ressemblances morphologiques.
– Compréhension de la construction de la forme conjuguée du verbe (radical, terminaison).

Compétences en lien abordées en CE2 :

– Repérer le temps d'une phrase écrite (marques liées au temps du futur).
– Se familiariser avec le futur des verbes *être, avoir, faire, aller, dire, venir, pouvoir, voir, vouloir, prendre* et des verbes dont l'infinitif se termine par *ER*.
– Mémoriser les formes les plus fréquentes (-ons, -ez, -nt) et des verbes *être* et *avoir* au futur.

Séance 1 | Lecture, compréhension du texte et approche de la notion

Objectifs
– Lire et comprendre un texte.
– Lire à haute voix de manière expressive.
– Repérer les verbes conjugués au futur.

Matériel
Individuel
– Photocopie individuelle du texte *La smart city*. 17. Texte individuel
– Crayons de couleur.
Collectif
– Le même texte projeté collectivement au tableau. 17. Texte collectif

Déroulement

Distribuer le texte.

1. Compréhension du texte

La smart city

Dans quelques années, les villes abriteront 70 % de la population mondiale. Il sera alors compliqué pour ces six milliards de citadins de supporter les bouchons et la pollution. C'est pourquoi les architectes auront le défi d'aménager des espaces et des bâtiments compatibles avec une planète aux ressources limitées.
Le modèle urbain de demain ressemblera à une ville plus intelligente, plus économe et plus responsable, connectée aux besoins de ses habitants. Bienvenue dans la *smart city* !
Il s'agira de rendre la ville à la fois plus vivante et vivable. La production de déchets qui sera réduite grâce à des systèmes de recyclage ou de récupération souterrains permettra de produire de l'énergie. La gestion de cette nouvelle énergie, de l'éclairage, de la vidéosurveillance et de la voirie sera pilotée depuis un seul et même poste de commandement.
La *smart city* s'équipera également de wifi, de caméras de sécurité, de capteurs environnementaux et de kiosques interactifs. Elle sera très réactive et capable de lire les dysfonctionnements. Elle proposera en un temps record des solutions de réorganisation urbaine et humaine.
Hyperconnectée, elle sera avant tout un lieu du « vivre ensemble ». Nous pourrons, par exemple, évoluer dans un Paris végétal où l'air sera respirable, un New York qui accueillera des fermes d'élevage en haut des gratte-ciels…
En attendant, la ville du futur alimentera toujours les scénarios de science-fiction.

Faire lire le texte silencieusement.

Vérifier la compréhension en posant quelques questions :

– Sur le vocabulaire : *citadin, modèle urbain, interactif, réactive, hyperconnectée, capteurs, responsable, vivante et vivable.*

– Sur le contenu du texte : *Pourquoi les architectes doivent-ils trouver des aménagements compatibles avec les ressources de la planète ? Quel serait le modèle urbain ? Qu'est-ce qu'une smart city ? Quels sont les exemples de Paris, de New York proposés dans le texte ? Où peut-on voir des villes du futur ?*

Faire reformuler les idées principales de chaque partie.

Demander quel est le temps de ce récit : futur.

2. Zoom sur la notion

Demander aux élèves de prendre une couleur et de colorier dix verbes conjugués au futur.

Voici les réponses attendues :

La smart city

Dans quelques années, les villes abriteront 70 % de la population mondiale. Il sera alors compliqué pour ces six milliards de citadins de supporter les bouchons et la pollution. C'est pourquoi les architectes auront le défi d'aménager des espaces et des bâtiments compatibles avec une planète aux ressources limitées.

Le modèle urbain de demain ressemblera à une ville plus intelligente, plus économe et plus responsable, connectée aux besoins de ses habitants. Bienvenue dans la *smart city* !
Il s'agira de rendre la ville à la fois plus vivante et vivable. La production de déchets qui sera réduite grâce à des systèmes de recyclage ou de récupération souterrains permettra de produire de l'énergie. La gestion de cette nouvelle énergie, de l'éclairage, de la vidéosurveillance et de la voirie sera pilotée depuis un seul et même poste de commandement.
La *smart city* s'équipera également de wifi, de caméras de sécurité, de capteurs environnementaux et de kiosques interactifs. Elle sera très réactive et capable de lire les dysfonctionnements. Elle proposera en un temps record des solutions de réorganisation urbaine et humaine.
Hyperconnectée, elle sera avant tout un lieu du « vivre ensemble ». Nous pourrons, par exemple, évoluer dans un Paris végétal où l'air sera respirable, un New York qui accueillera des fermes d'élevage en haut des gratte-ciels...
En attendant, la ville du futur alimentera toujours les scénarios de science-fiction.

Les propositions sont discutées puis validées.
Demander aux élèves quelle est la particularité des verbes en *ER* au futur : on voit l'infinitif du verbe.

Prolongement

On pourra envisager un travail sur la ville (Mieux habiter – thème 3) en géographie.

Séance 2 | Réactivation des connaissances

Objectifs
- Repérer un verbe conjugué au futur.
- Savoir les terminaisons au futur de l'indicatif des verbes en *ER* et des verbes *avoir* et *être*.

Matériel

Individuel
- Photocopie individuelle du texte *La smart city*. 17. Texte individuel
- Feuille de recherche des verbes. 17. Feuille de recherche

Collectif
- Le même texte projeté collectivement au tableau. 17. Texte collectif
- Figurines « verbe à l'infinitif » et « pronom personnel ». Figurines
- Pâte adhésive.

avoir | être | ressembler | abriter | 17. Étiquettes collectives (1)

Déroulement

Distribuer la feuille de recherche aux différents binômes.
Afficher la feuille au tableau et les 4 verbes.

1. Compléter le tableau avec les formes verbales du texte

Faire rappeler les pronoms personnels sujets utilisés pour la conjugaison des verbes et les faire écrire sur la feuille de recherche dans la colonne correspondante. (Afficher la figurine au tableau.)
Rappeler le temps du texte (futur).

Consigne :

« *Vous disposez de quatre verbes à l'infinitif. Deux se terminent par ER, le 3e et le 4e sont différents.*

Vous allez chercher dans le texte des formes conjuguées de ces quatre verbes et les écrire dans le tableau. »

Dans le texte, on trouve : *elle/il sera, ils auront, il ressemblera, elles abriteront.*
Les écrire également au tableau.
Procéder à une correction collective (les élèves épèlent leur proposition).
Colorier à la fin les terminaisons en rouge.

Les verbes au futur				
	 avoir	 être	 ressembler	 abriter
je/j'				
tu				
il, elle, on		sera	ressemblera	
nous				
vous				
ils, elles	auront			abriteront

2. Compléter le tableau avec les formes verbales manquantes

Consigne :

« *Vous allez poursuivre le travail en complétant le tableau avec toutes les formes verbales conjuguées manquantes. Celles-ci ne sont pas dans le texte.* »

Passer dans les rangs et vérifier le travail des différents binômes.
Proposer une correction collective au tableau.
Faire valider les réponses par la classe.
Mettre en évidence l'infinitif du verbe dans les verbes en *ER*.

3. Appropriation individuelle

Faire sortir le cahier d'essais et conjuguer le verbe *jouer* au futur.

Séance 3 | Approfondissement de la notion

Objectifs
- Savoir conjuguer les verbes au futur.
- Connaitre la formation du radical.

Matériel

Pour chaque binôme
- Étiquettes des verbes. 17. Étiquettes individuelles
- Ciseaux.
- Surligneur.

Collectif
- Étiquettes des verbes. 17. Étiquettes collectives (2)
- Pâte adhésive.

finir | être | avoir | jouer | vouloir | partir | dire | faire | revenir

savoir | vendre | peindre | mettre | aimer | pouvoir | aller | devoir

déglutir | appeler | offrir

Déroulement

1. Réactivation

Montrer le verbe *partir*. Tirer une carte « pronom personnel » au hasard et demander aux élèves de dire la forme conjuguée au futur. Un élève vient placer la terminaison à la suite du verbe à l'infinitif.

2. Zoom sur les verbes au futur

Consigne :

« Vous allez travailler en binômes. Le but du jeu est de trouver les formes conjuguées qui seront tirées au sort. Un élève de chaque binôme vient tirer au sort un pronom et un verbe. Chaque binôme écrit sa réponse sur l'ardoise. Vous marquez vos points sur les ardoises à chaque fois que la réponse est validée. »

Il ne doit y avoir de faute d'orthographe ni sur le radical ni sur la terminaison.

Placer les pronoms personnels sujets et les verbes à l'infinitif face retournée sur une table.

Un élève de chaque binôme vient tirer au sort les cartes à jouer (pronom et verbe à l'infinitif). Placer au tableau le pronom puis le verbe à l'infinitif côte à côte.

Les terminaisons sont éparpillées sur la table face visible.

Chaque recherche est chronométrée. Proposer de conjuguer une quinzaine de verbes. Le verbe *jouer* est proposé plusieurs fois.

Lors de la correction, un élève vient placer la terminaison correspondante sur le verbe. On mettra en évidence l'importance de trouver le radical pour certains verbes particuliers (*venir*, *vouloir*, *pouvoir*...). Dans ce cas, l'enseignant.e écrit le radical au tableau et l'élève ajoute la terminaison.

Les points sont comptabilisés.

3. Conclusion

Pour former le futur, on dit la forme verbale dans sa tête en s'aidant du mot « demain » pour les verbes particuliers. Pour les verbes en *ER* et *IR*, on place la terminaison à la suite du verbe à l'infinitif.

4. Appropriation individuelle

Faire sortir le cahier d'essais et chercher les radicaux des verbes suivants : *venir* et *voir*.

Mémo, carte mentale et synthèse

Le futur

Le futur indique une action ou un évènement qui va se produire plus tard.

On peut utiliser le mot « demain » pour le conjuguer.

Au futur, les terminaisons de tous les verbes sont :
-ai, -as, -a, -ons, -ez, -ont.

Pour former le futur des verbes en *ER* et certains en *IR*, on prend le verbe à l'infinitif et on ajoute la terminaison correspondant au sujet.

Pour les autres verbes, avant d'écrire la forme des verbes au futur, je la prononce dans ma tête pour trouver le radical. Une fois trouvé, j'écris la terminaison du futur correspondant au sujet :

Faire → je ferai

Dire → je dirai

Venir → je viendrai

Prendre → je prendrai

Voir → je verrai

Vouloir → je voudrai

Pouvoir → je pourrai

17. Mémo : Le futur

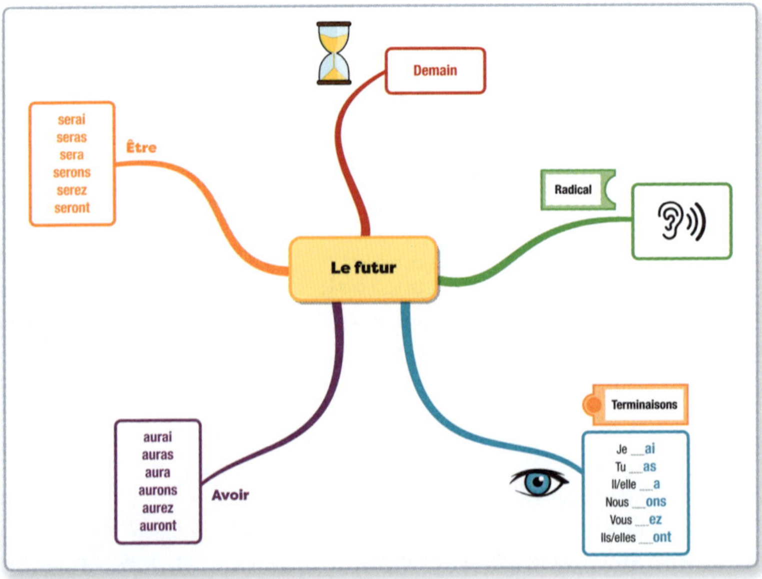

17. Carte mentale : Le futur

Synthèse animée : pour compléter la synthèse, il est possible de présenter à la classe le petit film d'animation « Le futur », réalisé par Canopé (les fondamentaux) et disponible dans le CD-Rom.

© Canopé

17. Animation

Séances 4 et 5 | Entrainement et réinvestissement

Objectifs
- Mémoriser les notions essentielles (le futur).
- Réinvestir ses connaissances dans des exercices d'application.

Organisation Travail individuel, correction individuelle ou collective.

Matériel
- Fiche élève (2 niveaux). 17. Fiche 17
- Cahier d'essais.

Objectifs visés CM1 (niveau 1) et CM2 (niveau 2) :

Ex. 1 : Entourer les verbes conjugués au futur.
Ex. 2 : Ajouter le pronom personnel qui convient.
Ex. 3 : Conjuguer les verbes suivants au futur.
Ex. 4 : Transposer ces phrases au futur.
Ex. 5 : Transposer ce texte au futur.
Ex. 6 : Décrire la ville (CM1) ou la maison (CM2) du futur de ses rêves.

17 Le futur

Prénom : ....

Niveau 1

Je m'entraine

❶ Entoure les verbes au futur.

Je chantais à voix haute. Les pommes seront bientôt mures. Ils bavardent tout le temps. Nous achèterons des fruits. Vous devrez venir en famille. Tu as le temps. J'irai au cinéma avec toi. Pourra-t-il venir ? Il n'y avait plus de loup dans ce zoo. Nous regarderons dans l'album. Vous crierez très fort.

❷ Ajoute le pronom personnel correspondant.

.... cueilleront des fleurs en forêt.

.... verrai ton professeur la semaine prochaine.

Pour fêter son anniversaire, ... irez à la crêperie.

.... sera la première.

.... pourrons choisir le dessert.

❸ Conjugue les verbes suivants au futur.

aplatir, vous → ....

avoir, tu → ....

aller, elles → ....

faire, je → ....

payer, nous → ....

vouloir, elle → ....

❹ Transforme ces phrases au futur.

Nous savons toute la vérité.

....

Le préfet a interdit l'ouverture des magasins.

....

....

La lune apparaissait vers 8 heures.

....

❺ Dans ton cahier, transforme ce texte au futur.

Quand nous étions en juillet, nous allions en vacances au bord de la mer. Là-bas, nous retrouvions nos cousins. Ensemble, nous faisions des visites culturelles et passions de grandes journées à la plage. Nous revenions de ces balades très fatigués. Après une bonne nuit de sommeil, nous repartions avec entrain. Nous avions de beaux moments.

J'écris.

❻ Décris la ville du futur de tes rêves. N'oublie pas de mettre les verbes au futur.

17 Le futur

Prénom : ....

Niveau 2

Je m'entraine

❶ Entoure les verbes au futur.

Nous écoutions le chant du rossignol. Comme il y aura beaucoup de neige, nous ne pourrons accéder au village. Les Indiens partirent chasser dans la plaine. Ils ne disent pas la vérité. Le chat bondira et saisira la balle. Léon a payé son loyer tous les mois. Je serai en Espagne au mois d'avril.

❷ Ajoute le pronom personnel correspondant.

.... ramasserons des champignons à l'automne.

.... partirai en vacances la semaine prochaine.

Pour tondre la pelouse, ... achètera de l'essence.

.... serez les derniers.

.... n'auras plus mal aux dents.

Dans six mois, ... fêtera ses 9 ans.

❸ Conjugue les verbes suivants au futur.

songer, vous → ....

être, tu → ....

bondir, elles → ....

perdre, je → ....

vendre, nous → ....

pouvoir, elle → ....

Faire, nous → ....

❹ Transforme ces phrases au futur.

J'écrivais des lettres tous les jours.

....

Où rangez-vous les outils ?

....

Les étoiles sont apparues vers 21 heures.

....

❺ Dans ton cahier, transforme ce texte au futur.

Lorsque la sirène retentit, les pompiers se précipitent vers leurs casiers et récupèrent leur matériel. Ils enfilent d'abord la combinaison. Ils prennent ensuite les gants et le casque. Ils s'installent aussi vite que possible dans le camion. En cinq minutes, les pompiers arrivent sur le lieu de l'intervention. Ils déroulent la lance à incendie et éteignent le feu. Ouf !

J'écris.

❻ Décris la maison du futur de tes rêves (15 lignes). N'oublie pas de mettre les verbes au futur.

18

Les phrases injonctives

Programmes 2016, ajustements 2018 – connaissances et compétences associées :

- Identifier les constituants d'une phrase injonctive en relation avec sa cohérence sémantique.
- Construction de phrases injonctives.
- Observation et analyse de l'ordre des mots et des groupes syntaxiques.
- Observation de l'enchainement des phrases dans un texte.

Compétences en lien abordées en CE2 :

- Reconnaitre les trois types de phrases : déclaratives, interrogatives et impératives.
- Utiliser la ponctuation en fin de phrase (. ! ?).

Séance 1 | Lecture, compréhension du texte et approche de la notion

Objectifs

- Lire et comprendre un texte.
- Lire à haute voix de manière expressive.
- Repérer les phrases injonctives dans le texte.

Matériel

Individuel

- Photocopie individuelle du texte *Les crêpes.* 18. Texte individuel
- Crayons de couleur.

Collectif

Le même texte projeté collectivement au tableau. 18. Texte collectif

Déroulement

Distribuer le texte.

1. Compréhension du texte

Faire lire le texte silencieusement.

Vérifier la compréhension en posant quelques questions :

– Sur le vocabulaire : *saladier, faire un puits, fluide, grumeaux, consistance, anti-adhésive, jusqu'à épuisement de la pâte.*

– Sur le contenu du texte : *Quel est le genre de ce texte ? Quelle préparation est décrite dans ce texte ? Combien y a-t-il d'ingrédients ? Combien y a-t-il d'étapes dans la préparation ? Quelle étape est reproduite jusqu'à épuisement de la pâte ? Comment l'auteur de la recette s'adresse-t-il au lecteur ?*

Faire une lecture « expressive » du texte.

Les crêpes

Ingrédients :
- 4 œufs
- 250 g de farine
- 1/2 litre de lait
- 125 g de beurre fondu
- 1 pincée de sel
- 2 cuillères à soupe de sucre
- huile

Préparation :
- Mettre la farine dans un saladier et ajouter le sel et le sucre.
- Faire un puits au milieu et y casser les œufs.
- Mélanger les ingrédients pour obtenir une pâte épaisse.
- Incorporer le lait froid petit à petit. La pâte doit être assez fluide et sans grumeaux.
- Ajouter le beurre fondu. Bien mélanger. La préparation doit avoir une consistance liquide assez épaisse.
- Laisser la pâte reposer une heure.
- Faire chauffer une poêle antiadhésive et la huiler très légèrement. Lorsqu'elle est bien chaude, y verser une petite louche de pâte et bien l'étaler : il faut faire un mouvement de rotation pour répartir la pâte sur toute la surface. Laisser cuire environ une minute de chaque côté de la crêpe à feu doux.
- Saupoudrer légèrement de sucre la crêpe réalisée.
- Répéter jusqu'à épuisement de la pâte.
- Déguster les crêpes bien chaudes.

Bon appétit !

2. Zoom sur la notion

Demander aux élèves de prendre une couleur et de faire un point de couleur sous les verbes d'action. À quelle forme sont-ils proposés ? (Ce sont des verbes à l'infinitif.)

Demander aux élèves de souligner les phrases qui donnent des directives. (Réponses ci-dessous.)

Demander aux élèves de colorier les autres phrases d'une couleur différente.

Qu'expriment ces nouvelles phrases ? Un conseil. (Réponses ci-dessous.)

Voici les réponses attendues :

Les crêpes

Ingrédients :
- 4 œufs
- 250 g de farine
- 1/2 litre de lait
- 125 g de beurre fondu
- 1 pincée de sel
- 2 cuillères à soupe de sucre
- huile

Préparation :
- Mettre la farine dans un saladier et ajouter le sel et le sucre.
- Faire un puits au milieu et y casser les œufs.
- Mélanger les ingrédients pour obtenir une pâte épaisse.

- Incorporer le lait froid petit à petit. La pâte doit être assez fluide et sans grumeaux.
- Ajouter le beurre fondu. Bien mélanger. La préparation doit avoir une consistance liquide assez épaisse.
- Laisser la pâte reposer une heure.
- Faire chauffer une poêle antiadhésive et la huiler très légèrement. Lorsqu'elle est bien chaude, y verser une petite louche de pâte et bien l'étaler : il faut faire un mouvement de rotation pour répartir la pâte sur toute la surface. Laisser cuire environ une minute de chaque côté de la crêpe à feu doux.
- Saupoudrer légèrement de sucre la crêpe réalisée.
- Répéter jusqu'à épuisement de la pâte.
- Déguster les crêpes bien chaudes.

Bon appétit !

Séance 2 | Réactivation des connaissances

Objectifs

- Repérer les phrases injonctives.
- Trier les phrases injonctives en fonction de ce qu'elles expriment (interdiction, obligation, conseil).

Matériel

Pour chaque binôme ou élève en individuel

- Étiquettes des phrases. 18. Étiquettes individuelles
- Crayons de couleur.

Collectif

- Le même texte projeté collectivement au tableau. 18. Texte collectif
- Phrases reproduites sur de grandes bandes de papier. 18. Étiquettes collectives
- Pâte adhésive.

Mettre la farine dans le saladier.	Range ta chambre !
Interdiction de fumer.	Fais donc un peu attention !
Stationnement interdit !	Ne sortez pas ce soir.
Achetez mieux, jetez moins !	Ne marchez pas sur les pelouses !
Stop !	Tu devrais écrire les devoirs.
Obligation de sonner avant d'entrer.	Laisser la pâte reposer une heure.
À consommer de préférence avant la date...	Tu bois cette soupe !

Déroulement

Les élèves travaillent en binômes. Les étiquettes sont distribuées.

1. Recherche en binômes

Rappeler le nom des phrases qui ont été relevées la veille. Solliciter les élèves pour savoir ce qu'elles expriment : un ordre, une directive ou un conseil.

Consigne :

« *Vous pouvez vous appuyer sur le classement qui a été commencé à la séance précédente ou affiner votre classement.* »

Passer dans les rangs. Questionner les groupes pour savoir quels sont les critères de classement qu'ils ont choisis. On retrouvera souvent un classement en deux catégories : les ordres et les conseils, par exemple.

2. Mise en commun

Les élèves font leurs propositions. Les camarades valident ces réponses.

On obtient :

– L'ordre

Range ta chambre !

Fais donc un peu attention !

Stationnement interdit !

Interdiction de fumer.

Ne sortez pas ce soir.

Ne marchez pas sur les pelouses !

Stop !

Obligation de sonner avant d'entrer.

Tu bois cette soupe !

– Le conseil (et consigne)

Mettre la farine dans le saladier.

Achetez mieux, jetez moins !

Tu devrais faire les devoirs.

À consommer de préférence avant la date...

Laisser la pâte reposer une heure.

Demander aux élèves de travailler sur la catégorie « ordre » et de la scinder en deux : ce que l'on doit faire et ce que l'on ne doit pas faire.

Les mots « obligation » et « interdiction » sont mis en évidence. On peut s'appuyer sur les panneaux de signalisation.

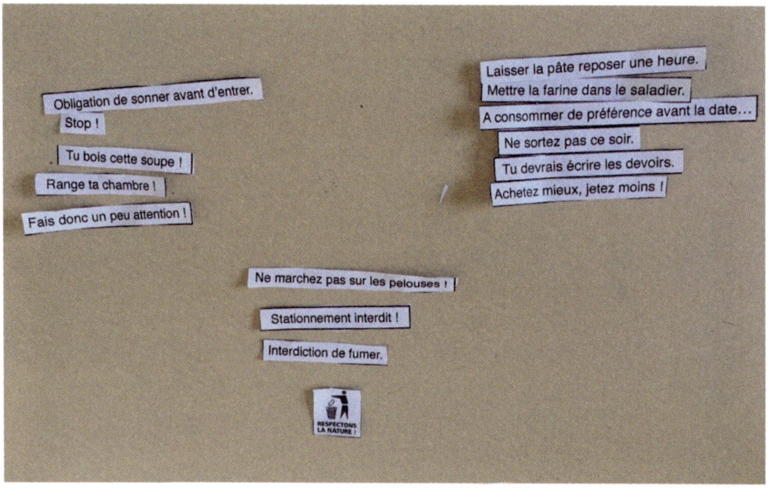

L'étiquette « Ne sortez pas ce soir. » peut être placée dans les colonnes « conseil » et/ou « ordre ». On admettra que le ton employé avec la présence du point ou du point d'exclamation peut avoir une incidence sur la classification.

Montrer comment sont formées les différentes phrases. Elles contiennent :
- un verbe à l'infinitif,
- un verbe conjugué (l'impératif, le présent, le conditionnel),
- une interjection,
- une phrase non verbale.

Ordre/obligation

Obligation de sonner avant d'entrer.
Range ta chambre !
Stop ! Respectons la nature !
Tu bois cette soupe !
Fais donc un peu attention !

Conseil

Tu devrais écrire les devoirs.
A consommer de préférence avant la date ...
Laisser la pâte reposer une heure.
Mettre la farine dans le saladier.
Achetez mieux, jetez moins !

Ordre/Interdiction

Interdiction de fumer.
Ne marchez pas sur les pelouses !
Ne sortez pas ce soir.
Stationnement interdit !

3. Conclusion

Les phrases injonctives expriment un ordre (obligation), une interdiction, un conseil. Elles représentent aussi une consigne scolaire (les élèves les côtoient tous les jours).

4. Appropriation individuelle

Faire sortir le cahier d'essais et écrire la phrase :

Tu ranges ta chambre.

Demander aux élèves de la transformer en injonctive exprimant un ordre ou un conseil.

Séance 3 | Approfondissement de la notion

Objectifs Écrire des phrases injonctives.

Matériel
Pour chaque groupe
- Dé à créer. 18. Dés
- Fiche pour écrire.

Collectif
- Le même texte projeté collectivement au tableau. 18. Texte collectif

Déroulement

1. Manipulation

Les élèves se répartissent dans des groupes de trois élèves. Ils lancent le dé et écrivent la phrase injonctive demandée en respectant les indications sur le dé. Proposer aux groupes d'écrire dix phrases.

Chaque phrase correctement écrite donne un point.

L'écriture des phrases injonctives est réalisée de façon collective.

Circuler dans les rangs et vérifier que les élèves ont bien compris l'exercice. Rappeler l'importance de la ponctuation.

2. Mise en commun

À la fin, chaque groupe propose ses phrases qui sont validées par l'ensemble de la classe. On pourra demander à certains élèves interrogés de venir écrire les phrases au tableau. Les autres élèves corrigent leur fiche.

3. Appropriation individuelle

Pas d'appropriation individuelle puisqu'elle est déjà proposée dans la séance.

Mémo, carte mentale et synthèse

Les phrases injonctives

Les phrases injonctives servent à donner des ordres, des conseils ou des interdictions.

Elles se terminent soit par un point, soit par un point d'exclamation. À l'oral, l'intonation est toujours descendante.

Il ne faut pas confondre la phrase injonctive et la phrase exclamative qui exprime un sentiment ou une émotion.

Il existe plusieurs façons d'exprimer une injonction :
– avec une phrase non verbale,
– avec un verbe à l'infinitif,
– avec un verbe à l'impératif,
– avec un verbe au conditionnel[1],
– avec un verbe au présent.

18. Mémo : Les phrases injonctives

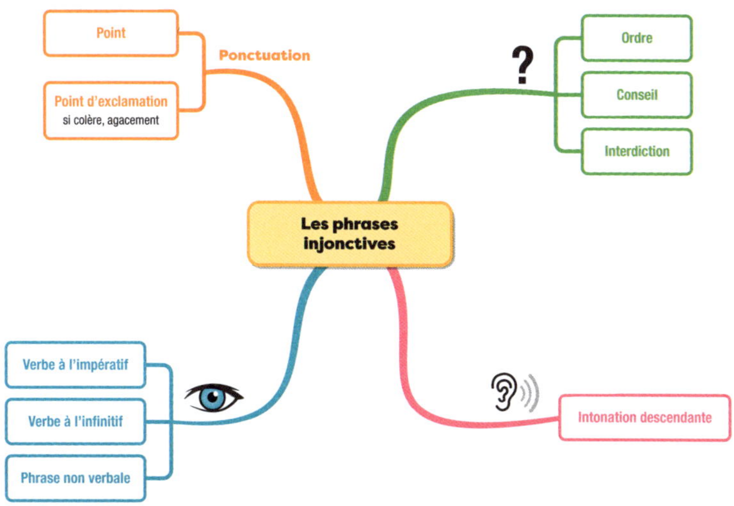

18. Carte mentale : Les phrases injonctives

1. Rappel : les élèves poursuivent la mémorisation des temps déjà appris et mémorisent, au cours de l'année de la 6e, le conditionnel présent et l'impératif présent pour :
– *être* et *avoir* ;
– les verbes du 1er et du 2e groupe ;
– les verbes irréguliers du 3e groupe : *faire*, *aller*, *dire*, *venir*, *pouvoir*, *voir*, *vouloir*, *prendre*.

Synthèse animée : pour compléter la synthèse, il est possible de présenter à la classe le petit film d'animation « La phrase injonctive », réalisé par Canopé (les fondamentaux) et disponible dans le CD-Rom.

© Canopé

18. Animation

Séances 4 et 5 | Entrainement et réinvestissement

Objectifs
- Mémoriser les notions essentielles (les phrases injonctives).
- Réinvestir ses connaissances dans des exercices d'application.

Organisation Travail individuel, correction individuelle ou collective.

Matériel
- Fiche élève (2 niveaux). 18. Fiche 18
- Cahier d'essais.

Objectifs visés CM1 (niveau 1) et CM2 (niveau 2) :

Ex. 1 : Entourer les phrases injonctives.
Ex. 2 : Écrire la ponctuation à la fin des phrases (point ou point d'exclamation).
Ex. 3 : Transformer des phrases à la forme injonctive.
Ex. 4 : Reconstituer des phrases injonctives et ajouter la ponctuation.
Ex. 5 : Écrire la recette du gâteau au yaourt (CM1) / Écrire la recette des crêpes (CM2).

18 Les phrases injonctives

Prénom : ....

Niveau 1

Je m'entraine

❶ Entoure les phrases injonctives.

Comment s'appelle ce chien ? Tais-toi ! Elle mange une glace. Saupoudrer de sucre. Quel joli pull ! Sors d'ici ! Quelle heure est-il ? Quelle belle écriture ! Entrez ! Va chercher une rallonge ! Tu devrais arrêter de fumer. Je n'y crois pas. Ne cours pas !

❷ Ajoute la ponctuation en fin de phrase.

Cette danseuse est exceptionnelle ☐ Monte dans ta chambre ☐ Mélanger les œufs avec le sucre ☐ La boulangerie ouvre à 7 heures ☐ Défense de marcher sur les pelouses ☐ Il faut recycler les déchets ☐

❸ Transforme ces phrases à la forme injonctive.

Vous venez au cinéma.

....

On ne peut pas stationner ici.

....

Nous avançons en silence.

....

❹ Reconstitue ces phrases injonctives et ajoute la ponctuation.

respecter il nature faut la

....

attention au chien fais

....

le dans faire chocolat casserole fondre une

....

de en interdiction conduisant téléphoner

....

J'écris.

❺ Écris la recette du gâteau au yaourt.

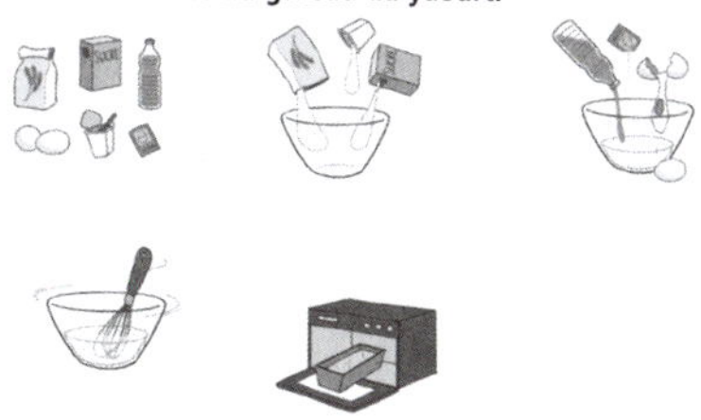

18 Les phrases injonctives

Prénom : ....

Niveau 2

Je m'entraine

❶ Entoure les phrases injonctives.

Comment t'appelles-tu ? Quelle belle voiture ! Dépêche-toi ! Coller le bonhomme de neige au fond du bocal. Range ta chambre immédiatement ! Ne viens pas trop tard ! La montre de Lucas est cassée. Frapper avant d'entrer. Tu devrais arrêter de manger. Interdit de courir autour du bassin.

❷ Ajoute la ponctuation en fin de phrase.

Cette personne est courageuse ☐ Va te coucher ☐ Mettre 30 minutes au réfrigérateur ☐ La pharmacie est déjà fermée ☐ Attention à la marche ☐ Ma sœur ne revient pas avant mercredi ☐ Ne pas repasser ☐

❸ Transforme ces phrases à la forme injonctive.

Vous me laissez partir.

....

On ne peut pas entrer.

....

Tu te ranges en silence.

....

Tu ne cours pas. C'est interdit.

....

❹ Reconstitue ces phrases injonctives et ajoute la ponctuation.

jeter il ne les sacs faut en plastique pas

....

est tourner de il à gauche défendu

....

deux saladier casser œufs le dans

....

vos emportez déchets

....

dans défense le d'entrer bâtiment

....

J'écris.

❺ Écris la recette de crêpes.

L'attribut du sujet

Programmes 2016, ajustements 2018 – connaissances et compétences associées :

– Identifier les principaux constituants d'une phrase simple en relation avec sa cohérence sémantique (de quoi on parle, ce qu'on en dit) :

– Observation et analyse de l'ordre des mots et des groupes syntaxiques.

– Mise en évidence des groupes syntaxiques : le sujet de la phrase, le verbe et l'attribut du sujet (un groupe nominal, un adjectif, un verbe à l'infinitif).

– Classes de mots : noms, verbes, déterminants, adjectifs, pronoms personnels sujets, prépositions.

– Maitriser la forme des mots en lien avec la syntaxe :

– Accord du verbe avec son sujet, de l'attribut avec le sujet, du participe passé avec *être* (à rapprocher de l'accord de l'attribut avec le sujet).

Compétences en lien abordées en CE2 :

– Identifier les principaux constituants d'une phrase simple en relation avec sa cohérence sémantique (de quoi on parle, ce qu'on en dit et les compléments).

– Identifier des groupes dans la phrase.

– Reconnaitre le groupe nominal.

Séance 1 | Lecture, compréhension du texte et approche de la notion

Objectifs

- Lire et comprendre un texte.
- Lire à haute voix de manière expressive.
- Identifier les attributs du sujet.

Matériel

Individuel

- Photocopie individuelle du texte *Portrait*. 19. Texte individuel
- Crayons de couleur (rouge et vert).

Collectif

- Le même texte projeté collectivement au tableau. 19. Texte collectif

Déroulement

Distribuer le texte.

> **Portrait**
>
> Soudain apparut au coin de la rue, un homme d'une élégance exceptionnelle. Vêtu d'une longue redingote noire et d'un haut-de-forme de la même couleur, il avait l'air inquiet et marchait de long en large. On apercevait sous son grand manteau une veste ajustée assez sombre. Dessous, son gilet semblait brodé de motifs colorés. Malgré une agitation certaine, la cravate restait nouée telle un foulard cachant le col de sa chemise. Ses gants blancs étaient immaculés. Il se montrait poli avec les personnes qui le saluaient et leur serrait la main. Parfois, il leur faisait un léger signe de tête.
>
> Il regarda tout à coup sa montre. Cet homme, qui passait pour un aristocrate, devait attendre quelqu'un. Et cette attente semblait trop longue. Finalement, il s'installa à la table d'un célèbre café parisien. Ses cheveux étaient très courts. Son visage avait une expression fermée. Sa bouche pincée et son nez mince et allongé accentuaient ses traits. Ses yeux perçants paraissaient noirs alors qu'ils étaient en réalité bleus. Il portait une petite moustache joliment taillée. Il s'exprimait avec aisance et ses gestes se montraient vifs et précis. Il commanda au serveur une boisson chaude qu'il avala rapidement. Il se nommait Jean d'O et il était considéré comme un vrai gentleman.

1. Compréhension du texte

Faire lire le texte silencieusement.

Vérifier la compréhension en posant quelques questions :

– Sur le vocabulaire : *redingote, haut-de-forme, immaculés, gentleman, accentuaient, aristocrate*.

– Sur le contenu du texte : *De quel type de texte s'agit-il ?* (portrait). *Est-ce le portrait d'un homme ou d'une femme ? Que porte cet homme ? Qu'apprend-on sur son physique ? Quelle est l'attitude de cet homme ?*

Faire une lecture expressive du texte.

2. Zoom sur la notion

Poser les questions suivantes et demander aux élèves de prendre un crayon de couleur pour entourer des groupes de mots dans les phrases :

→ Qu'est-ce qu'on dit du gilet ? (« semblait brodé de motifs colorés »)

→ Qu'est-ce qu'on dit de la cravate ? (« restait nouée... »)

→ Qu'est-ce qu'on dit de ses cheveux ? (« étaient très courts »)

→ Qu'est-ce qu'on dit de ses yeux perçants ? (« paraissaient noirs »)

Quelle est la particularité des verbes employés dans les phrases ci-dessus ? Ce ne sont pas des verbes d'action. Proposer leur nom : il s'agit des verbes d'état. Dresser une liste des verbes ci-dessus à l'infinitif : *sembler, rester, être, paraitre*.

Demander aux élèves de chercher d'autres verbes moins courants dans le texte. On leur proposera de les remplacer par le verbe *être*. Les ajouter dans l'affiche : *passer pour, avoir l'air, se montrer, devenir...*

Demander aux élèves de préciser la classe des mots que l'on trouve juste après ces verbes d'état (il s'agit de l'adjectif).

Faire deviner le nom de cette nouvelle fonction : attribut du sujet.

Faire constater qu'il n'y a pas d'adjectif dans la phrase « Cet homme qui passait pour un aristocrate ». Mettre en avant la présence du verbe d'état en le remplaçant par le verbe *être* → Cet homme est un aristocrate. En conclure que le GN « un aristocrate » est bien un attribut.

À noter : Un élève pourrait proposer la phrase suivante : « Cet homme est aristocrate. » ; « aristocrate » est bien un attribut dans cette proposition. En revanche, le verbe « passer pour » est modifié et devient « est ». De même, l'attribut change de classe grammaticale : on passe alors de la classe « groupe nominal » à la classe « adjectif ». Ce qui n'est pas une bonne stratégie pour reconnaitre un attribut.

Faire colorier les attributs dans le texte avec l'appui de l'affiche des verbes d'état.

Séance 2 | Réactivation des connaissances

Objectifs
- Identifier les attributs du sujet.
- Distinguer les attributs du sujet des adjectifs épithètes.

Matériel

Pour chaque binôme
- Photocopie individuelle du texte *Portrait*. 19. Texte individuel
- Étiquettes groupes de mots ou phrases. 19. Étiquettes individuelles (1)
- Ciseaux.

Collectif
- Le même texte projeté collectivement au tableau. 19. Texte collectif
- Groupes de mots ou phrases reproduits sur de grandes bandes de papier. 19. Étiquettes collectives (1)
- Pâte adhésive.

des motifs colorés	un léger signe de tête
une veste ajustée assez longue	Son gilet semblait brodé...
sa bouche pincée et son nez mince	un célèbre café parisien
Il se montrait poli avec les personnes.	une longue redingote noire
Cet homme passait pour un aristocrate.	
Ses cheveux étaient très courts.	une petite moustache joliment taillée
La cravate restait nouée.	Ses yeux paraissaient noirs.
Il avait l'air inquiet.	

Déroulement

1. Réactivation

Rappeler le travail qui a été fait la veille : identifier des attributs.
Faire dire que les attributs sont placés juste après des verbes d'état.
Lister les verbes d'état.
Les élèves travaillent en binôme. Ils découpent les étiquettes.

Consigne :
« *Vous allez trier les étiquettes selon votre propre critère de classement. Donnez un indice en donnant le mot "adjectif"* ».
Passer dans les rangs et vérifier les critères de classement.
Classement possible :

– Adjectif épithète
des motifs colorés
une longue redingote noire
un léger signe de tête
une petite moustache joliment taillée
une veste ajustée assez longue
sa bouche pincée et son nez mince
un célèbre café parisien

– Adjectif attribut
La cravate était nouée.
Ses cheveux étaient très courts.
Son gilet semblait brodé.
Il se montrait poli avec les personnes.
Il avait l'air inquiet.
Ses yeux paraissaient noirs.

– Pas d'adjectif, attribut GN
Cet homme [qui] passait pour un aristocrate.

2. Mise en commun

Les propositions sont affichées au tableau et les binômes les valident.
Chaque binôme vient placer une étiquette au tableau. Faire valider la proposition par l'ensemble de la classe.
Faire observer la différence ou les similitudes entre les trois catégories. Insister sur la présence du verbe d'état et son rôle pour la fonction « attribut ». Faire rappeler que l'adjectif épithète est un mot qui enrichit le nom.

3. Zoom sur les accords

Demander aux élèves d'entourer les adjectifs dans toutes les étiquettes.

Faire analyser les adjectifs et demander aux élèves d'expliquer comment ils fonctionnent.

Faire constater que l'adjectif épithète s'accorde avec le nom en genre et en nombre et que l'adjectif attribut s'accorde également, mais cette fois avec le sujet en genre et en nombre.

Faire analyser la dernière étiquette « Cet homme passait pour un aristocrate ». Demander aux élèves de la transposer au féminin, puis au pluriel.

Faire constater l'accord du GN avec le sujet.

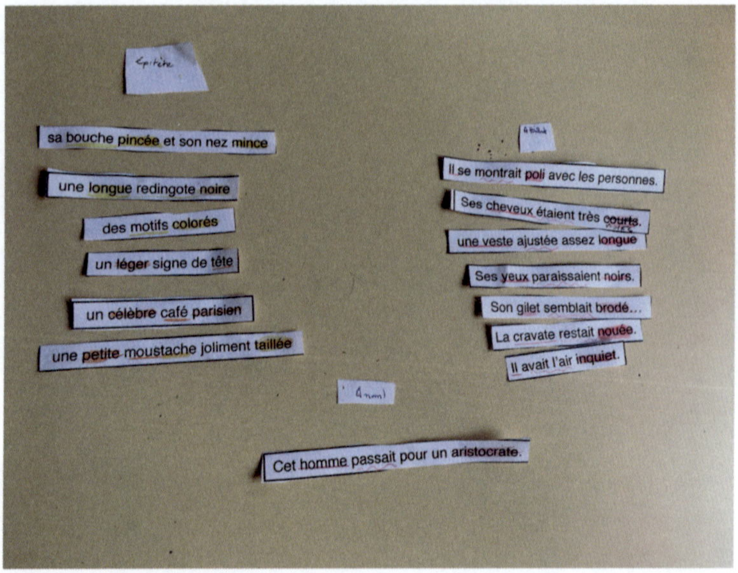

4. Appropriation individuelle

Écrire les phrases suivantes au tableau :

La petite fille paraissait endormie.

Il semble neiger.

Mathias est un enfant sage.

Les élèves les écrivent sur leur cahier et entourent l'attribut.

Séance 3 | Approfondissement de la notion

Objectifs
- Identifier l'attribut du sujet.
- Repérer et connaitre les verbes d'état.
- Accorder l'attribut avec son sujet.

Matériel
Pour chaque binôme
- Des étiquettes de mots. 19. Étiquettes individuelles (2)
- Un stylo.
- 1 feuille.

[sembler] [femme] [féroce] [être] [lionne] [la] [paraitre]
[le] [cette] [avoir l'air] [cet] [petit] [se montrer] [les]
[élégant] [lion] [impatient] [homme] [deux]

Déroulement

1. Recherche en binômes

Consigne :
« *Dans chaque groupe, vous allez utiliser les étiquettes pour inventer des phrases. Vous devrez les écrire sur une feuille. Vous devrez respecter les accords. Les points seront validés pour toute phrase dont les accords sont justes.* »

2. Mise en commun

Les phrases sont écrites au tableau. L'enseignant·e et les élèves valident les propositions. Les erreurs sont seulement signalées à l'aide d'une croix. Chaque groupe corrige ses phrases.

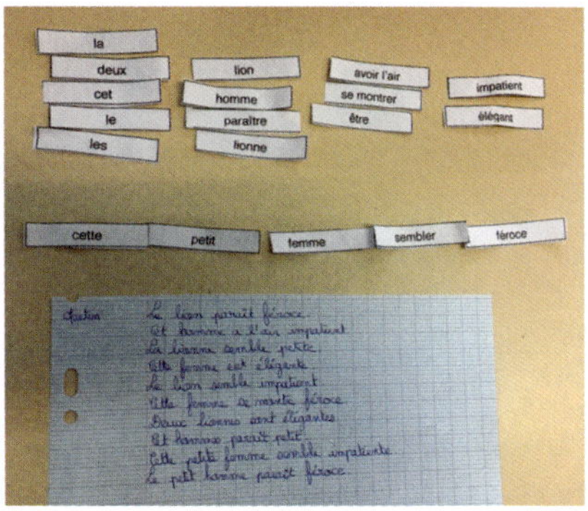

3. Conclusion

L'adjectif attribut ou le GN attribut font partie du groupe verbal (ou prédicat). Ils sont placés juste après le verbe d'état.
Les attributs s'accordent en genre et en nombre avec le sujet.

4. Appropriation individuelle

Sur leur cahier, les élèves complètent les sujets avec des attributs :

L'ogre…
Les vaches…
Ces trois livres…

Mémo, carte mentale et synthèse

L'attribut du sujet

L'attribut du sujet est un mot (adjectif, verbe à l'infinitif) ou un groupe de mots (GN). Il indique l'état du sujet, sa manière d'être.

L'attribut est relié au sujet par un verbe d'état : *être, sembler, paraitre, devenir, rester, passer pour, demeurer, avoir l'air…*

Pour identifier un verbe d'état, on peut le remplacer par le verbe *être*.

L'attribut du sujet fait partie du groupe verbal (ou prédicat). Il ne peut être ni déplacé, ni supprimé.

L'attribut du sujet s'accorde en genre et en nombre avec le sujet.

19. Mémo : L'attribut du sujet

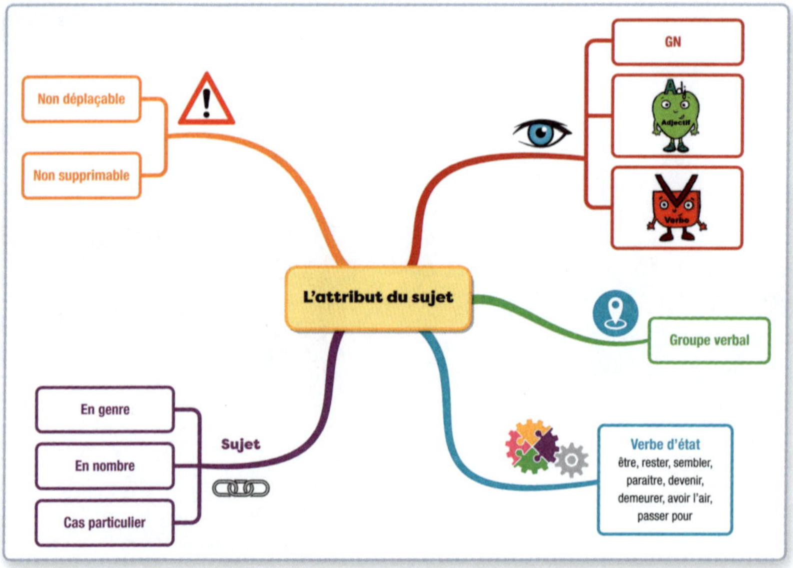

NB : La carte existe en deux versions (avec le terme *groupe verbal* et avec le terme *prédicat*).

19. Carte mentale : L'attribut du sujet

Synthèse animée : pour compléter la synthèse, il est possible de présenter à la classe le petit film d'animation « Reconnaitre la fonction attribut du sujet », réalisé par Canopé (les fondamentaux) et disponible dans le CD-Rom.

© Canopé

19. Animation

Séances 4 et 5 | Entrainement et réinvestissement

Objectifs
- Mémoriser les notions essentielles (l'attribut du sujet).
- Réinvestir ses connaissances dans des exercices d'application et une production écrite courte.

Organisation Travail individuel, correction individuelle ou collective.

Matériel
- Fiche élève (2 niveaux). 19. Fiche 19
- Cahier d'essais.

Objectifs visés CM1 (niveau 1) et CM2 (niveau 2) :

Ex. 1 : Identifier les verbes d'état.
Ex. 2 : Identifier les attributs.
Ex. 3 : Accorder les attributs du sujet.
Ex. 4 : Compléter les phrases avec un attribut du sujet.
Ex. 5 : Écrire le portrait d'une sorcière en utilisant des verbes d'état (CM1). / Écrire le portrait d'une maitresse/d'un maitre en utilisant des verbes d'état (CM2).

19 L'attribut du sujet

Prénom : ....

Niveau 1

Je m'entraine

❶ Entoure les verbes d'état.

1. La maitresse se sent fatiguée.
2. Le chien est un mammifère.
3. Le boulanger a fabriqué son pain très tôt.
4. Le vent semble s'apaiser.
5. La lionne a l'air apeurée.

❷ Souligne les attributs du sujet.

La statue de la Liberté parait immense.

Marie est une jolie jeune fille.

Le petit Chaperon rouge n'a pas l'air inquiet.

Les clowns amusent les spectateurs.

Le manoir demeure hanté.

Ces chatons sont des bêtes agitées.

❸ Accorde les attributs du sujet (ajoute les déterminants au besoin).

La girafe est affamé...... .

Nous sommes ...... partenaire...... de tennis.

Ces tartes semblent encore chaud...... .

Ses chaussures paraissent trop grand...... .

Les élèves restent attentif...... .

Ces voyages resteront ...... aventure...... inoubliable...... .

❹ Complète chaque phrase avec un attribut du sujet (GN ou adjectif).

Mathieu est ... (GN).

....

Ton gâteau a l'air ... (adjectif).

....

Ces voitures sont ... (GN).

....

Les sorcières paraissent ... (adjectif).

....

Julien et Nathan passent pour ... (GN).

....

J'écris.

❺ Écris le portrait d'une sorcière en utilisant des verbes d'état.

se sentir – être – avoir l'air – se montrer – demeurer – sembler – paraitre – rester – devenir

19 L'attribut du sujet

Prénom : ....

Niveau 2

Je m'entraine

❶ Entoure les verbes d'état.

1. Le patineur se sent fatigué.
2. La girafe a l'air affamée.
3. Le requin est un poisson.
4. Le fleuriste n'a pas confectionné ses bouquets.
5. La tempête semble s'approcher.
6. J'aime les livres d'Harry Potter.

❷ Souligne les attributs du sujet.

La tour Eiffel parait immense.

Le tableau de la Joconde est célèbre.

Le spectacle divertit les spectateurs.

Hansel et Gretel n'ont pas l'air inquiets.

Cette maison demeure inhabitée.

Les orques sont des bêtes dangereuses.

❸ Accorde les attributs du sujet (ajoute les déterminants au besoin).

Tes calculs me semblent correct...... .

Les dragons n'ont pas l'air menaçant...... .

Les prunes paraissent mur...... .

Marc et Sophie sont ...... alpiniste...... célèbre...... .

Cette élève devient-elle de plus en plus attenti...... ?.

La météo ne semble pas s'amélior...... .

❹ Complète chaque phrase avec un attribut du sujet (GN ou adjectif).

Le lion est ... (GN).

....

Les enfants ont l'air ... (adjectif).

....

Ces vélos sont ... (GN).

....

Les danseuses paraissent ... (adjectif).

....

Les sportifs passent pour ... (GN).

....

....

J'écris.

❺ Écris le portrait d'une maitresse ou d'un maitre (15 lignes) en utilisant des verbes d'état.

se sentir – être – avoir l'air – se montrer – demeurer – sembler – paraitre – rester – devenir

Le passé simple

Programmes 2016, ajustements 2018 – connaissances et compétences associées :

– Comprendre comment se forment les verbes et orthographier les formes verbales les plus fréquentes.

– Mémorisation des verbes fréquents (*être, avoir, aller, faire, dire, prendre, pouvoir, voir, devoir, vouloir*) et des verbes dont l'infinitif est en *ER* au passé simple.

– Morphologie verbale écrite en appui sur les régularités et la décomposition du verbe à la troisième personne du singulier et du pluriel.

– Identifier les marques liées au temps (imparfait/passé simple – présent – futur).

Compétences en lien abordées en CE2 :

– Repérer le temps d'une phrase écrite.

– Familiarisation avec le passé simple à travers la lecture de récits, de contes.

Séance 1 | Lecture, compréhension du texte et approche de la notion

Objectifs

- Lire et comprendre un texte.
- Lire à haute voix de manière expressive.
- Repérer les verbes conjugués au passé simple.

Matériel

Individuel

- Photocopie individuelle du texte *Cendrillon (fin)*. 20. Texte individuel
- Crayons de couleur.

Collectif

- Le même texte projeté collectivement au tableau. 20. Texte collectif

Déroulement

Distribuer le texte.

1. Compréhension du texte

Faire lire le texte silencieusement.

Vérifier la compréhension en posant quelques questions :

– Sur le vocabulaire : *loger, son de trompe, duchesse, pantoufle, parée, cire.*

– Sur le contenu du texte : *Quelle partie du conte est présentée ici ? En quoi diffère-t-elle de celle que vous connaissez ? Est-ce la version originale ? Quelles sont les qualités de Cendrillon ?*

Cendrillon (fin)

Peu de jours après, le fils du roi fit publier à son de trompe qu'il épouserait celle dont le pied serait bien juste à la pantoufle. On commença à l'essayer aux princesses, ensuite aux duchesses, et à toute la Cour ; mais inutilement. On la porta chez les deux sœurs, qui firent tout leur possible pour faire entrer leur pied dans la pantoufle, mais elles ne purent en venir à bout. Cendrillon, qui les regardait, et qui reconnut sa pantoufle, dit en riant : « Que je voie si elle ne me serait pas bonne ! » Ses deux sœurs se mirent à rire et à se moquer d'elle. Le gentilhomme, qui faisait l'essai de la pantoufle, ayant regardé attentivement Cendrillon, et la trouvant fort belle, dit que cela était fort juste, et qu'il avait ordre de l'essayer à toutes les filles.

Il fit assoir Cendrillon, et approchant la pantoufle de son petit pied, il vit qu'elle y entrait sans peine, et qu'elle était juste comme de cire. L'étonnement des deux sœurs fut grand, mais plus encore quand Cendrillon tira de sa poche l'autre petite pantoufle qu'elle mit à son pied. Là-dessus arriva la marraine qui ayant donné un coup de sa baguette sur les habits de Cendrillon les fit devenir encore plus magnifiques que tous les autres. Alors les deux sœurs la reconnurent pour la belle personne qu'elles avaient vue au bal. Elles se jetèrent à ses pieds pour lui demander pardon de tous les mauvais traitements qu'elles lui avaient fait souffrir. Cendrillon les releva et leur dit, en les embrassant, qu'elle leur pardonnait de bon cœur, et qu'elle les priait de l'aimer bien toujours.

On la mena chez le jeune prince, parée comme elle était : il la trouva encore plus belle que jamais, et peu de jours après il l'épousa. Cendrillon, qui était aussi bonne que belle, fit loger ses deux sœurs au palais, et les maria dès le jour même à deux grands seigneurs de la Cour.

« *Cendrillon ou la petite pantoufle de verre* », 3 contes de Charles Perrault
© Éditions Retz 2009.

2. Zoom sur la notion abordée

Demander à quel temps sont conjugués les verbes (imparfait et un autre passé/le passé simple).

Note pour l'enseignant·e

On laissera de côté le mode conditionnel et le subjonctif qui ne sont pas au programme.

Demander aux élèves de prendre une couleur et de colorier les verbes conjugués au passé simple.

Voici les réponses attendues :

Cendrillon (fin)

Peu de jours après, le fils du roi fit publier à son de trompe qu'il épouserait celle dont le pied serait bien juste à la pantoufle. On commença à l'essayer aux princesses, ensuite aux duchesses, et à toute la Cour ; mais inutilement. On la porta chez les deux sœurs, qui firent tout leur possible pour faire entrer leur pied dans la pantoufle, mais elles ne purent en venir à bout. Cendrillon, qui les regardait, et qui reconnut sa pantoufle, dit en riant : « Que je voie si elle ne me serait pas bonne ! » Ses deux sœurs se mirent à rire et à se moquer d'elle. Le gentilhomme, qui faisait l'essai de la pantoufle, ayant regardé attentivement Cendrillon, et la trouvant fort belle, dit que cela était fort juste, et qu'il avait ordre de l'essayer à toutes les filles.

Il fit assoir Cendrillon, et approchant la pantoufle de son petit pied, il vit qu'elle y entrait sans peine, et qu'elle était juste comme de cire. L'étonnement des deux sœurs fut grand, mais plus encore quand Cendrillon tira de sa poche l'autre petite pantoufle qu'elle mit à son pied. Là-dessus arriva la marraine qui ayant donné un coup de sa baguette sur les habits de Cendrillon les fit devenir encore plus magnifiques que tous les autres.

Alors les deux sœurs la reconnurent pour la belle personne qu'elles avaient vue au bal. Elles se jetèrent à ses pieds pour lui demander pardon de tous les mauvais traitements qu'elles lui avaient fait souffrir. Cendrillon les releva et leur dit, en les embrassant, qu'elle leur pardonnait de bon cœur, et qu'elle les priait de l'aimer bien toujours.

On la mena chez le jeune prince, parée comme elle était : il la trouva encore plus belle que jamais, et peu de jours après il l'épousa. Cendrillon, qui était aussi bonne que belle, fit loger ses deux sœurs au palais, et les maria dès le jour même à deux grands seigneurs de la Cour.

Les propositions sont discutées puis validées.

Prolongement

On pourra proposer un travail sur les étapes du conte en littérature (en lien avec la valeur de l'imparfait et du passé simple).

Séance 2 | Réactivation des connaissances

Objectifs
- Repérer un verbe conjugué au passé simple.
- Savoir les terminaisons au passé simple de l'indicatif des verbes en *ER*, des verbes *avoir* et *être*.

Matériel

Pour chaque binôme
- Photocopie individuelle du texte *Cendrillon (fin)*. 20. Texte individuel
- Feuille de recherche des verbes. 20. Feuille de recherche

Collectif
- Le même texte projeté collectivement au tableau. 20. Texte collectif
- Figurines « verbe à l'infinitif » et « pronom personnel ». 20. Figurines
- Pâte adhésive.
- Étiquette de verbes. 20. Étiquettes collectives

avoir | être | porter | jeter | faire | voir | reconnaitre | pouvoir

Déroulement

1. Compléter le tableau avec les formes verbales du texte

Distribuer la feuille de recherche aux différents binômes.

Afficher la feuille au tableau et les huit verbes.

Faire rappeler les pronoms personnels sujets utilisés pour la conjugaison des verbes. Préciser qu'on étudiera seulement les pronoms à la troisième personne du singulier et du pluriel. Les faire écrire sur la feuille de recherche dans la colonne correspondante. (Afficher la figurine au tableau.)

Rappeler le temps du texte (passé).

Consigne :

« *Vous disposez de huit verbes à l'infinitif.*

Vous allez chercher dans le texte les formes conjuguées de ces huit verbes et les écrire dans le tableau. »

Dans le texte, on trouve : *Il fit, on la porta, elles firent, elles ne purent, il vit, il fut, elles la reconnurent, elles se jetèrent, elle fit.*

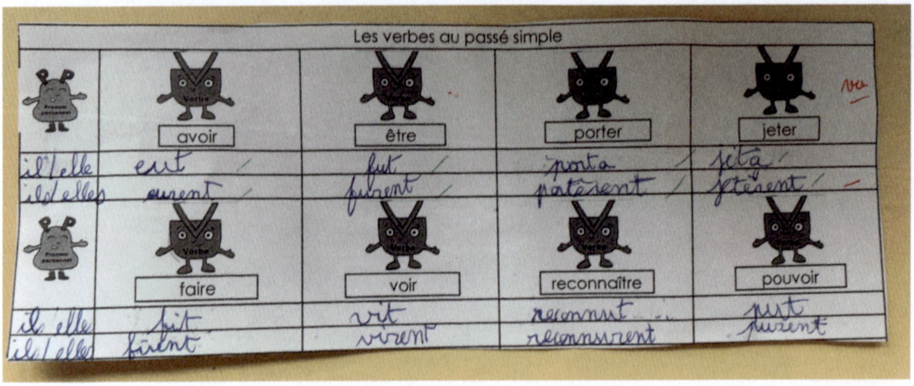

Les écrire également au tableau.

Procéder à une correction collective (les élèves épèlent leur proposition).

Colorier à la fin les terminaisons en rouge.

2. Compléter le tableau avec les formes verbales manquantes

Consigne :

« *Vous allez poursuivre le travail en complétant le tableau avec toutes les formes verbales conjuguées manquantes. Celles-ci ne sont pas dans le texte.* »

Passer dans les rangs et vérifier le travail des différents binômes. Les élèves peuvent s'aider du Bescherelle.

Proposer une correction collective au tableau.
Faire valider les réponses par la classe.
Mettre en évidence les verbes dont les terminaisons sont identiques :
- *porter* et *jeter* (verbes dont l'infinitif est en *ER*),
- *faire* et *dire* (son [i]),
- *reconnaitre* et *pouvoir* (son [y]).

3. Appropriation individuelle

Faire sortir le cahier d'essais et conjuguer le verbe *venir* au passé simple. Les élèves peuvent le chercher dans le Bescherelle (il se conjugue comme le verbe *tenir*).

Séance 3 | Approfondissement de la notion

Objectifs
- Savoir conjuguer les verbes au passé simple à la troisième personne du singulier et du pluriel.
- Classer des verbes en appui sur des régularités (sonores) et la décomposition du verbe.

Matériel
Pour chaque groupe (5 élèves)
- Étiquettes des verbes. 20. Étiquettes des verbes
- Fiche : le passé simple. 20. Fiche élève
- Ciseaux.
- Stylo.

Collectif
- Étiquettes des verbes.
- Pâte adhésive.
- Figurines « pronom personnel » et « verbe ». Figurines

Déroulement

Distribuer la fiche contenant les étiquettes à chaque groupe.

1. Mobilisation

Rappeler ce qui a été fait à la séance précédente. Deux verbes seront conjugués avec toutes les personnes pour expliquer la régularité sonore des terminaisons.

Exemple 1 : *je jouai, tu jouas, il joua, nous jouâmes, vous jouâtes, ils jouèrent*. Ici le son [a] est dominant.

Exemple 2 : *je connus, tu connus, il connut, nous connûmes, vous connûtes, ils connurent*. Ici, c'est le son [y] qui est dominant.

2. Recherche et manipulation

Demander aux élèves de classer les verbes selon des régularités morphologiques sonores. Pour s'aider, ils doivent les conjuguer à la troisième personne du singulier et du pluriel.

Circuler dans la classe et observer le travail réalisé par chaque groupe.

3. Mise en commun

Demander aux élèves d'énoncer leurs propositions de classement collectivement puis les faire valider par l'ensemble de la classe. Pour cela, les verbes sont conjugués oralement. Les élèves peuvent également s'appuyer sur le texte de *Cendrillon*.

Voici le tri obtenu :

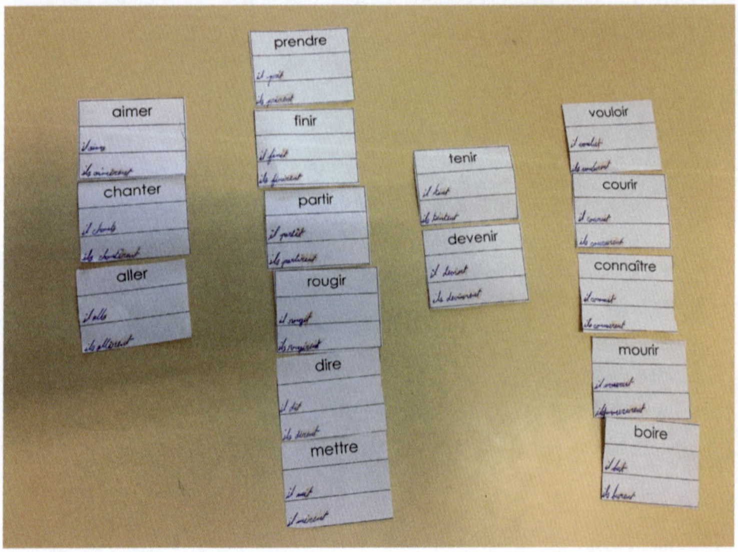

Après avoir validé le tri, faire corriger les terminaisons des verbes en respectant les régularités du tri.

4. Conclusion

Pour former le passé simple, il y a quatre séries de terminaisons possibles. Pour certains verbes dont l'infinitif est en *IR*, les formes verbales conjuguées aux personnes du singulier sont les mêmes que celles au présent.
Ex. : *je finis, tu rougis, il grandit*...

5. Appropriation individuelle

Faire sortir le cahier d'essais et conjuguer les verbes suivants : *apercevoir* et *voir*.

Séance 4 | Approfondissement de la notion

Objectifs
- Savoir conjuguer les verbes au passé simple à la troisième personne du singulier et du pluriel.
- Savoir distinguer l'emploi de l'imparfait et du passé simple.

Matériel

Pour chaque groupe (5 élèves)
- Étiquettes des phrases. 20. Étiquettes individuelles
- Ciseaux.
- Stylo.

Collectif
- Étiquettes des phrases. 20. Étiquettes collectives
- Pâte adhésive.

Tous les matins, ils (se lever) de bonne humeur et (partir) au travail à huit heures.
La maison aux volets rouges (paraitre) délabrée.
Tout à coup, les étoiles (apparaitre) dans le ciel.
Soudain, l'orage (éclater) et la pluie (se mettre) à tomber.
L'enfant (finir) ses devoirs lorsque Théodore l'(appeler).
Comme il (pleurer), sa mère le (prendre) dans ses bras.

Déroulement

Distribuer la fiche contenant les étiquettes à chaque groupe.

1. Recherche et manipulation

Demander aux élèves d'écrire sous chaque étiquette et pour chaque verbe entre parenthèses les deux formes verbales conjuguées : celle au passé simple et celle à l'imparfait.

Chaque groupe discute et choisit la forme verbale adaptée.

Circuler dans la classe et observer le travail réalisé par chaque groupe.

2. Mise en commun

Demander aux élèves d'énoncer leurs propositions puis les faire valider par l'ensemble de la classe.

Marquer une ligne de temps et expliquer au fur et à mesure ce qui est exprimé par l'emploi des deux temps.

Ex. :

- action longue dans le passé (imparfait),
- action courte dans le passé (passé simple),
- soudaineté de l'action (passé simple),
- répétition d'action (imparfait),
- description (imparfait).

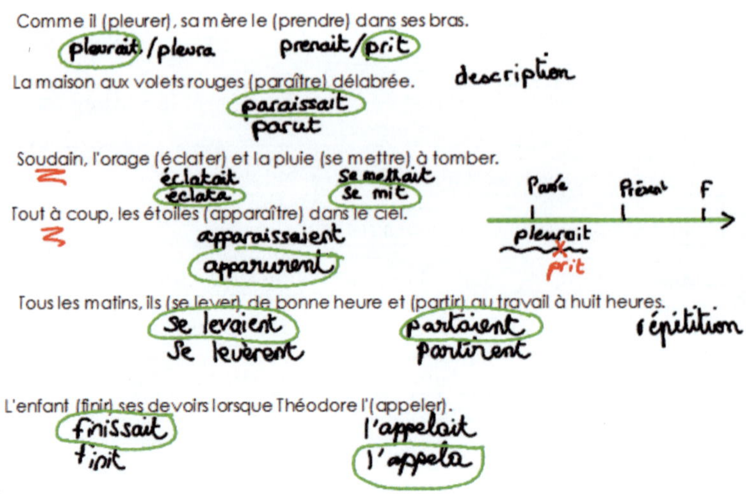

Rappeler les étapes du conte et dire quels sont les temps privilégiés pour chaque étape :

- Situation initiale (souvent imparfait).
- Élément perturbateur (souvent passé simple).
- Péripéties (passé simple et imparfait en fonction de la durée des actions).
- Élément de résolution (souvent passé simple).
- Situation finale (souvent passé simple).

Mettre en évidence les formules « Il était une fois… », « Ils vécurent heureux et eurent… ».

3. Appropriation individuelle

Sortir le cahier d'essais et conjuguer les verbes entre parenthèses au passé simple ou à l'imparfait.

Elle (être) jolie avec sa robe étincelante.

Soudain, le cheval (partir) au galop.

Il (lire) dans son lit quand le facteur (sonner).

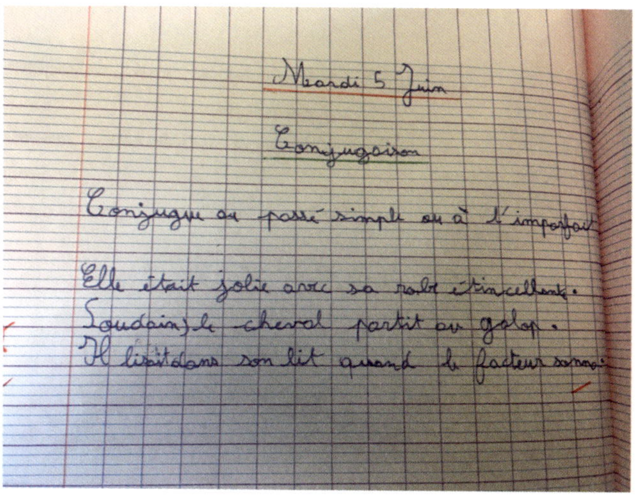

Mémo, carte mentale et synthèse

Le passé simple

Le passé simple est utilisé à l'écrit dans un récit au passé. Il permet de raconter une action précise du passé, courte, achevée et délimitée dans le temps.

Au passé simple, les terminaisons aux 3e personnes du singulier et du pluriel sont :

- *-a, -èrent* pour les verbes dont l'infinitif est *ER* ;
- *-it, -irent* pour de nombreux verbes dont l'infinitif est *IR* ;
- *-ut, -urent* ;
- *-int, -inrent* pour les verbes *tenir* et *venir* et leurs dérivés.

Le passé simple du verbe *être* : *il fut, ils furent*.

Le passé simple du verbe *avoir* : *il eut, ils eurent*.

Pour les CM2, on introduira toutes les personnes.

20. Mémo : Le passé simple

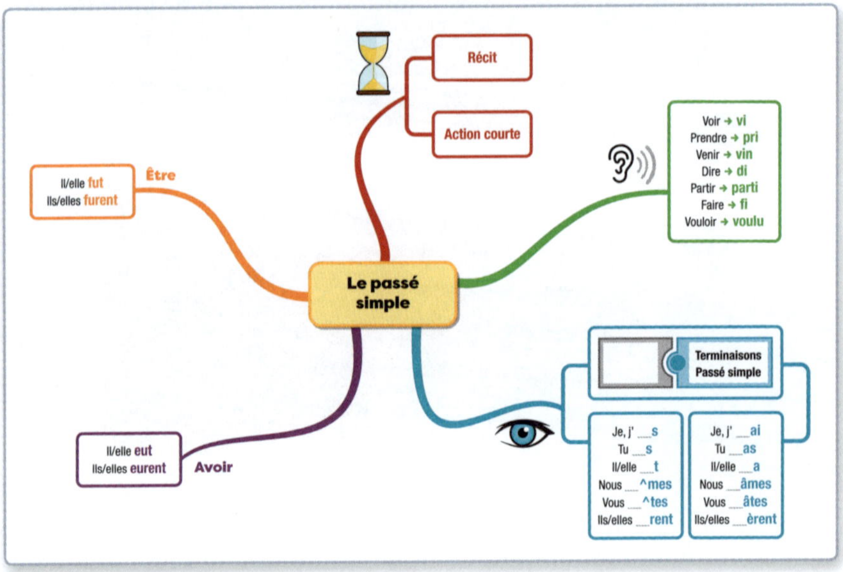

20. Carte mentale : Le passé simple

Synthèse animée : pour compléter la synthèse, il est possible de présenter à la classe le petit film d'animation « Le passé simple, les 3es personnes », réalisé par Canopé (les fondamentaux) et disponible dans le CD-Rom.

© Canopé

20. Animation

Séances 5 et 6 | Entrainement et réinvestissement

Objectifs	– Mémoriser les notions essentielles (le passé simple). – Réinvestir ses connaissances dans des exercices d'application.
Organisation	Travail individuel, correction individuelle ou collective.
Matériel	– Fiche élève (2 niveaux). 20. Fiche 20 – Cahier d'essais.

Objectifs visés CM1 (niveau 1) et CM2 (niveau 2) :

Ex. 1 : Encadrer les verbes au passé simple.
Ex. 2 : Conjuguer les verbes au passé simple.
Ex. 3 : Conjuguer les verbes au passé simple.
Ex. 4 : Conjuguer les verbes au passé simple ou à l'imparfait.
Ex. 5 : Transposer un texte au passé simple.
Ex. 6 : Inventer une histoire.

20 Le passé simple

Prénom : ....

Niveau 1

Je m'entraine

❶ **Encadre les verbes au passé simple.**

Les nains chantaient en travaillant. Blanche-neige croqua dans la pomme. Les animaux de la forêt s'approchèrent et entourèrent le cercueil. La jeune femme souriait dans son sommeil. Le prince embrassa la jeune femme. Ils se marièrent et eurent beaucoup d'enfants.

❷ **Conjugue les verbes au passé simple.**

Le chat .... les souris (chasser).

Ils .... la nouvelle à la radio (entendre).

Les enfants .... une longue lettre (écrire).

Elle .... trois beaux enfants (avoir).

Elles .... juste à temps (revenir).

❸ **Conjugue les verbes au passé simple.**

connaitre, ils → ....

être, il → ....

aller, elles → ....

faire, il → ....

tenir, ils → ....

vouloir, elle → ....

❹ **Conjugue les verbes au passé simple ou à l'imparfait.**

Le match (se terminer) quand l'équipe (marquer) un but.

....

Tout à coup, le chevalier (brandir) son épée.

....

La princesse (avoir) de longs cheveux noirs.

....

Il (attendre) son bus lorsqu'il (se mettre) à pleuvoir.

....

❺ **Transforme ce texte au passé simple.**

Le 2 décembre 1804, Napoléon prend la couronne et la pose lui-même sur sa tête. Ensuite, il couronne l'impératrice Joséphine. Pour empêcher le retour à la monarchie, l'empereur crée une noblesse impériale à travers l'Europe. Il met la couronne de roi d'Italie sur sa tête. Il nomme son frère Joseph roi de Naples.

J'écris.

❻ **Invente une histoire.**

20 Le passé simple

Prénom : ....

Niveau 2

Je m'entraine

❶ **Encadre les verbes au passé simple.**

Le Petit Chaperon rouge courut de fleur en fleur, et son bouquet était maintenant si gros qu'elle pouvait à peine le porter. Alors elle pensa à sa grand-mère et se remit bien vite en chemin pour aller chez elle. La porte était ouverte. Quand elle fut dans la chambre, elle eut une drôle d'impression. Tout lui semblait bizarre ! Elle dit bonjour, mais comme personne ne répondait, elle s'avança jusqu'au lit et écarta les rideaux.

Extrait *Le Petit Chaperon rouge*, conte de Grimm.

❷ **Conjugue les verbes au passé simple.**

Est-ce que tu .... autour du monde ? (voyager)

Nathan .... un ami d'enfance. (revoir)

Il .... des courses à huit heures. (revenir)

Nous .... la nouvelle par la poste. (recevoir)

Elles .... surprises de nous voir. (être)

❸ **Conjugue les verbes au passé simple.**

connaitre, il → ....

être, nous → ....

aller, elles → ....

faire, vous → ....

tenir, je → ....

vouloir, tu → ....

pouvoir, ils → ....

❹ **Conjugue les verbes au passé simple ou à l'imparfait.**

Soudain, le vent (se lever) et (souffler) très fort.

....

Mes parents (jouer) aux cartes quand on (sonner) à la porte.

....

Il (être) une fois une veuve qui (avoir) deux filles.

....

Il (se mettre) à pleuvoir alors elle (ouvrir) son parapluie.

....

Tout à coup, le vent (secouer) les arbres.

....

❺ **Transforme ce texte légendaire au passé simple.**

C'est l'heure de partager les trésors. Clovis prend la parole et demande à ses compagnons de bien vouloir lui laisser le vase de Soissons. Il veut le remettre à un évêque chrétien. Mais un des hommes refuse et casse le vase. Un an plus tard, Clovis se venge et le tue. Ses hommes le craignent davantage.

J'écris.

❻ **Invente une histoire.**

21

Les pronoms de reprise

Programmes 2016, ajustements 2018 – connaissances et compétences associées :

– Identifier les principaux constituants d'une phrase simple en relation avec sa cohérence sémantique (de quoi on parle, ce qu'on en dit).

– Observation et analyse de l'ordre des mots et des groupes syntaxiques.

– Mise en évidence des groupes syntaxiques : le groupe sujet de la phrase, le groupe verbal qui sert à dire ce qu'on dit du sujet (très souvent le groupe verbal est formé du verbe et des compléments du verbe/d'objet s'il y en a).

– Différencier les classes de mots : noms, verbes, articles, déterminants, adjectifs, pronoms personnels sujets et objets, prépositions, adverbes, conjonctions.

– Identifier les classes de mots subissant des variations : le nom et le verbe ; le déterminant ; l'adjectif ; le pronom.

Compétences en lien abordées en CE2 :

– Identifier les classes de mots : noms, verbes, articles, pronoms personnels sujets.

– Reconnaitre les principaux constituants de la phrase : sujet, verbe, complément.

– Reconnaitre le groupe nominal.

Séance 1 | Lecture, compréhension du texte et approche de la notion

Objectifs

– Lire et comprendre un texte.

– Lire à haute voix de manière expressive.

– Identifier les pronoms.

Matériel

Individuel

– Photocopie individuelle du texte *Les petits*. 21. Texte individuel

– Crayons de couleur (rouge et vert).

Collectif

– Le même texte projeté collectivement au tableau. 21. Texte collectif

Déroulement

1. Compréhension du texte

Faire lire le texte silencieusement.

Vérifier la compréhension en posant quelques questions :

– Sur le vocabulaire : *pépiaient, porte-plume, encriers, pêlemêle, pathétique, tressauta, effarés, interdit, chaire, pupitres dégarnis.*

– Sur le contenu du texte : *Qui est le narrateur ? Où se passe la scène ? Qui sont les petits ? Quel personnage est cité dans l'histoire racontée ? Pourquoi tout le monde est-il inquiet à la fin du texte ?*

Faire une lecture expressive du texte.

Les petits

Ceux-là n'étaient pas méchants ; c'étaient les autres. Ceux-là ne me firent jamais de mal, et moi je les aimais bien, parce qu'ils ne sentaient pas encore le collège et qu'on lisait toute leur âme dans leurs yeux. Je ne les punissais jamais. À quoi bon ? Est-ce qu'on punit les oiseaux ?... Quand ils pépiaient trop haut, je n'avais qu'à crier : « Silence ! »

Aussitôt ma volière se taisait – au moins pour cinq minutes. Le plus âgé de l'étude avait onze ans. Onze ans, je vous demande ! Et le gros Serrières qui se vantait de les mener à la baguette !...

Moi, je ne les menai pas à la baguette. J'essayai d'être toujours bon, voilà tout. Quelquefois, quand ils avaient été bien sages, je leur racontais une histoire... Une histoire !... Quel bonheur !

Vite, vite, on pliait les cahiers, on fermait les livres ; encriers, règles, porteplume, on jetait tout pêlemêle au fond des pupitres ; puis, les bras croisés sur la table, on ouvrait de grands yeux et on écoutait. J'avais composé à leur intention cinq ou six petits contes fantastiques : Les Débuts d'une cigale, Les Infortunes de Jean Lapin, etc. [...] seulement j'y mêlais de ma propre histoire. [...] Cela amusait beaucoup mes petits, et moi aussi cela m'amusait beaucoup.

Malheureusement, M. Viot n'entendait pas qu'on s'amusât de la sorte. Trois ou quatre fois par semaine, le terrible homme aux clefs faisait une tournée d'inspection dans le collège, pour voir si tout s'y passait selon le règlement...

Or, un de ces jours-là, il arriva dans notre étude juste au moment le plus pathétique de l'histoire de Jean Lapin. En voyant entrer M. Viot toute l'étude tressauta. Les petits, effarés, se regardèrent. Le narrateur s'arrêta court, Jean Lapin, interdit, resta une patte en l'air, en dressant de frayeur ses grandes oreilles.

Debout devant ma chaire, le souriant M. Viot promenait un long regard d'étonnement sur les pupitres dégarnis. Il ne parlait pas, mais ses clefs s'agitaient d'un air féroce [...].

Extrait *Le Petit Chose*, Alphonse Daudet.

2. Zoom sur la notion étudiée

Demander aux élèves de répondre aux questions suivantes en reformulant les phrases si besoin :

– « Je ne les punissais jamais. » *De qui parle-t-on dans cette phrase ?* → je (narrateur), les (les petits).

Phrase reformulée : Je ne punissais jamais les petits.

– « Je leur racontais une histoire. » *À qui racontait-il une histoire ?* → leur (les petits » ou « les oiseaux »).

Phrase reformulée : Je racontais une histoire aux petits.

– « Cela m'amusait beaucoup ». *Qui est amusé ? Qu'est-ce qui amusait beaucoup le narrateur ?*

Phrase reformulée : mêler de ma propre histoire m'amusait beaucoup.

– « Le terrible homme aux clefs faisait une tournée d'inspection dans le collège, pour voir si tout s'y passait selon le règlement... » *Quelle information est remplacée par le mot « y » ?*

Bien demander aux enfants de revenir au texte et de reformuler les mots substitués que l'on trouve dans les phrases ou les propositions juste avant.

Séance 2 | Réactivation des connaissances

Objectifs
- Repérer les pronoms dans la phrase/dans le texte.
- Identifier les différents pronoms et les mots à qui ils renvoient.
- Identifier la fonction des pronoms.

Matériel

Individuel
- Photocopie individuelle du texte *Les petits*. 21. Texte individuel
- Phrases reproduites sur de petites étiquettes. 21. Étiquettes individuelles (1)
- Ciseaux.

Collectif
- Le même texte projeté collectivement au tableau. 21. Texte collectif
- Phrases reproduites sur de grandes bandes de papier. 21. Étiquettes collectives (1)
- Pâte adhésive.

Il arriva dans notre étude. | Nous la préférons. | Ils ne parlaient pas. | Ils lui téléphonèrent dans l'après-midi. | Je les aimais bien. | Je leur racontais une histoire. | Tu m'écoutes ? | Aussitôt, elle se taisait. | Il se vantait de les mener à la baguette. | Le gros Serrières se vantait. | Ceux-là n'étaient pas méchants. | Cela amusait beaucoup les petits.

Déroulement

1. Étape préalable facultative

L'enseignant·e propose de travailler sur l'une des phrases présentées sur les étiquettes : « Je les aimais bien. » Demander aux élèves de désigner le pronom *les* : Il s'agit *des petits*.

Aider les élèves en leur rappelant les questions de recherche des compléments du verbe : *qui, quoi, à qui, à quoi, de qui, de quoi*... Dans cette phrase, le pronom *les* répond à la question *qui*.

Cette stratégie pourra s'avérer efficace pour la suite de l'activité.

Cette étape n'est pas obligatoire.

Si l'enseignant·e préfère laisser les élèves chercher, le questionnement mis en évidence ci-dessus ne sera donc pas dévoilé. Il sera alors proposé par l'enseignant·e pendant la recherche, dans le cas où les élèves n'arriveraient pas à classer les pronoms compléments.

2. Recherche

Les élèves travaillent en binômes. Ils se munissent des étiquettes.

Consigne

« Vous allez découper les étiquettes. Vous allez travailler avec des pronoms de différentes natures. Ils sont soulignés dans les phrases. Vous allez chercher à regrouper les pronoms que vous pensez être de même nature. »

Circuler dans la classe et soutenir la recherche des différents binômes. Les pronoms personnels sont vite repérés. Les pronoms démonstratifs sont isolés en raison de leur similitude phonétique par exemple.

3. Mise en commun

Un binôme choisit une étiquette et vient la placer au tableau selon la nature choisie (pronom personnel, pronom complément…). Par exemple, dans la phrase « Il arriva dans notre étude. », *il* est un pronom personnel. Le binôme est invité à réciter les autres pronoms personnels.

Un autre binôme prend une autre étiquette et vient la positionner dans la catégorie déjà identifiée ou dans une nouvelle catégorie. Son choix est discuté puis validé par l'ensemble de la classe. L'enseignant·e peut proposer le nom du pronom à ce moment-là.

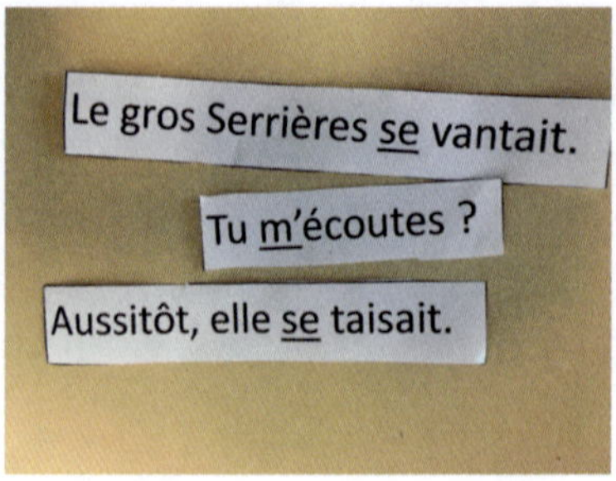

À chaque fois qu'une étiquette est validée dans une catégorie de pronoms, la liste des pronoms de la catégorie est récitée.

Quelques pronoms vont poser problème : la confusion entre le pronom réfléchi et le pronom complément. L'enseignant·e montre que le pronom réfléchi s'utilise avec un verbe pronominal et est toujours de la même personne que le sujet. Dans la phrase « Tu m'écoutes. », le sujet *tu* et le pronom *m'* sont différents.

On obtient :

- les pronoms démonstratifs : *ceux-là, cela* ;
- les pronoms personnels : *il, ils* ;
- les pronoms réfléchis : *se* ;
- les pronoms compléments directs : *les, la, m'* ;
- les pronoms compléments indirects : *lui, leur.*

Pour les catégories « pronoms personnels », « pronoms démonstratifs », « pronoms compléments directs ou indirects », questionner les élèves sur la fonction du pronom : sujet ou complément du verbe (COD ou COI).

Faire conclure qu'on utilise les pronoms pour éviter la répétition. Les différents pronoms auront la même fonction sujet ou complément direct ou indirect que les GN qu'ils remplacent.

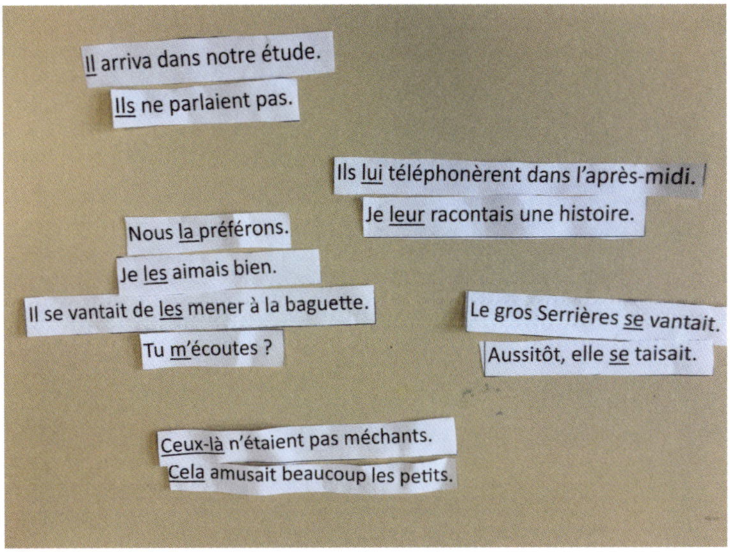

4. Appropriation individuelle

Écrire ces phrases au tableau :

Elle a cassé le stylo. Je l'ai mis à la poubelle.

Celui-ci me plaisait beaucoup. Ma mère va essayer de le retrouver.

Les faire recopier sur le cahier d'essais et colorier les pronoms sujets en bleu et les pronoms compléments en jaune.

Séance 3 | Approfondissement de la notion

Objectifs
- Remplacer des GN par des pronoms de reprise (sujet et complément) dans la phrase.

Matériel

Pour chaque binôme
- Les étiquettes des phrases. 21. Étiquettes individuelles (2)
- Le dé (1 pronom, 2 pronoms).

Collectif
- Les étiquettes des phrases sont affichées au tableau et numérotées de 1 à 12. 21. Étiquettes collectives (2)

La famille Durand laisse ses clefs à la voisine ?
Marcher fait un bien fou !
Ces filles s'amusent dans la piscine.
Les enfants reviennent du cinéma.
Maman range les jouets soigneusement.
L'élève a appris sa poésie mais l'élève ne se souvient pas.
Patricia rachète la voiture de son père.
Les Parisiens ont envoyé des cartes à tous leurs amis.
Les vacanciers profitent de la piscine de l'hôtel.
Marie envoie une lettre à ton frère par la poste.
L'invité reprend une part de gâteau.
La jeune fille demande si elle est bien habillée.

Déroulement

1. Réactivation

Rappeler ce qui a été fait la veille.

Proposer deux phrases et demander aux élèves de dire s'il y a un ou plusieurs pronoms.

Ils avaient été bien sages. → ils
Jean Lapin les amusait. → les

Faire repérer la place des pronoms identifiés : l'un est sujet, l'autre est complément.
Faire reformuler les phrases en remplaçant les pronoms par un GN.
Faire reformuler la seconde phrase en prenant appui sur le questionnement *qui / quoi, à qui/à quoi...*

2. Manipulation avec des pronoms de reprise

Consigne :

« Vous devez modifier la phrase proposée avec un ou deux pronoms de reprise. »

L'enseignant·e présente le matériel :

- douze phrases ;
- un dé avec 3 faces « 1 pronom » et 3 faces « 2 pronoms ».

Un premier binôme propose un numéro de 1 à 12 pour déterminer la première phrase avec laquelle chaque binôme va travailler. Il vient ensuite lancer le dé pour savoir si on doit modifier la phrase en intégrant un pronom de reprise ou deux.
Chaque binôme travaille selon les modalités désignées pendant 3 minutes chronométrées. L'enseignant·e circule dans la classe et valide les propositions écrites. Il ne doit pas y avoir de faute sur le choix du pronom.

L'activité se poursuit selon la même démarche avec les autres phrases.
À la fin de l'activité, on pourra comptabiliser les points obtenus (entre 1 et 12).

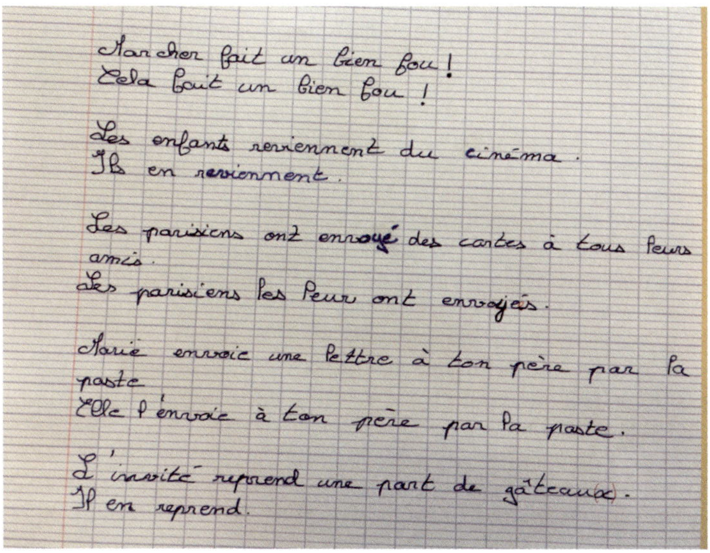
Marcher fait un bien fou !
Cela fait un bien fou !

Les enfants reviennent du cinéma.
Ils en reviennent.

Les parisiens ont envoyé des cartes à tous leurs amis.
Les parisiens les leur ont envoyés.

Marie envoie une lettre à ton père par la poste
Elle l'envoie à ton père par la poste.

L'invité reprend une part de gâteau(x).
Il en reprend.

3. Conclusion

Les pronoms de reprise prennent le genre et le nombre des mots qu'ils remplacent. Les pronoms compléments sont placés avant le verbe.

4. Appropriation individuelle

Écrire les phrases au tableau :

Les élèves font leur exercice dans le cahier rouge.

La postière distribue les lettres.

Maxime envoie une lettre à ses grands-parents.

Les faire recopier sur le cahier d'essais et demander de remplacer les mots soulignés par des pronoms de reprise.

Mémo, carte mentale et synthèse

Les pronoms

Les pronoms servent à remplacer un nom ou un groupe nominal pour éviter la répétition.

Il existe plusieurs pronoms :

– Les pronoms personnels : *je, tu, il, elle, on, nous, vous, ils, elles.*

– Les pronoms personnels compléments directs/indirects : *me, m', moi te, t', toi se, s', le, la, lui, soi, nous, vous se, s', les, eux, elles, leur.*

– Les pronoms adverbiaux : *en, y.*

– Les pronoms relatifs, ils introduisent les propositions subordonnées relatives : *qui, que, quoi, dont, où, lequel, laquelle, lesquels, lesquelles, auquel, à laquelle, auxquels, auxquelles, duquel, de laquelle, desquels, desquelles, à qui, de qui, à quoi, de quoi, dans quoi.*

– Les pronoms possessifs, ils servent à indiquer à qui appartiennent des choses sans les nommer : *le mien, la mienne, les miens, les miennes, le tien, la tienne, les tiens, les tiennes, le sien, la sienne, les siens, les siennes, le nôtre, la nôtre, les nôtres, le vôtre, la vôtre, les vôtres, le leur, la leur, les leurs.*

– Les pronoms démonstratifs, ils servent à montrer, à désigner des choses sans les nommer : *celui, celle, ceux, celles, ce, celui-ci, celui-là, celle-ci, celle-là, ceux-ci, ceux-là, celles-ci, celles-là, ceci, cela (ça).*

– Les pronoms réfléchis : *me / m', te / t', se / s', nous, vous, se / s'.*

– Les pronoms interrogatifs, ils servent à poser des questions sur des choses sans les nommer : *qui, que, lequel, laquelle, lesquels, lesquelles, duquel, de laquelle, desquels, desquelles.*

– Les pronoms indéfinis : *quelqu'un, personne, d'autres, quelque chose, aucun, certains, plusieurs, chacun, tous, la plupart, les autres, rien…*

20. Mémo : Les pronoms

Les pronoms de reprise prennent le genre et le nombre des mots qu'ils remplacent. Ils peuvent être sujet ou complément.

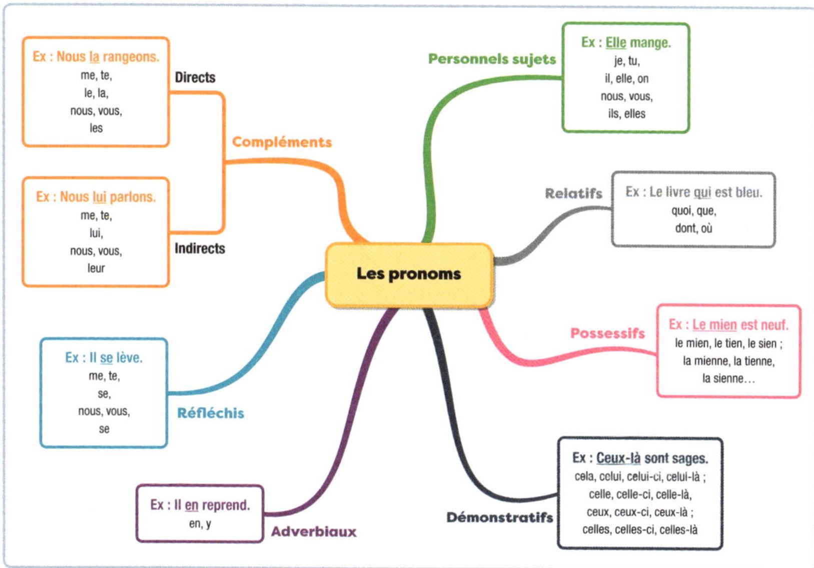

NB : L'enseignant·e pourra ajouter une branche sur cette carte mentale pour les pronoms interrogatifs et indéfinis.

20. Carte mentale : Les pronoms

Synthèse animée : pour compléter la synthèse, il est possible de présenter à la classe les petits films d'animation « Le rôle des pronoms », « Les pronoms démonstratifs », « Les pronoms possessifs », « Les pronoms interrogatifs », réalisés par Canopé (les fondamentaux) et disponibles dans le CD-Rom.

© Canopé

21. Animations

Séances 4 et 5 | Entrainement et réinvestissement

Objectifs
- Mémoriser les notions essentielles (les pronoms).
- Réinvestir ses connaissances dans des exercices d'application et une production écrite courte.

Organisation Travail individuel, correction individuelle ou collective.

Matériel
- Fiche élève (1 niveau). 21. Fiche 21
- Cahier d'essais.

Objectifs visés pour le CM2 (niveau 2) :

Ex. 1 : Repérer les pronoms dans des phrases.
Ex. 2 : Remplacer un GN par un pronom.
Ex. 3 : Identifier les GN remplacés par un pronom.
Ex. 4 : Repérer les répétitions et les remplacer par des pronoms.
Ex. 5 : Distinguer les pronoms et les déterminants.
Ex. 6 : Écrire un texte en utilisant 5 pronoms parmi une liste de pronoms proposés.

21 Les pronoms de reprise

Prénom : ....

Niveau 2

Je m'entraine

❶ **Entoure les pronoms dans les phrases.**
Le système solaire est composé de plusieurs planètes. Celles-ci sont classées de la plus proche à la plus éloignée. Elles sont toutes différentes. La Terre possède un satellite : celui-ci s'appelle la Lune. Cela fait des années que les scientifiques tentent de trouver d'autres planètes qui ressemblent à la nôtre.

❷ **Remplace le GN souligné par un pronom.**
Jules parle à Maxime. ....
J'adore les pêches. ....
Timéo emprunte un stylo. ....
Nous allons à la piscine. ....
Vous sortez de l'eau. ....

❸ **Indique quels groupes nominaux sont remplacés par les pronoms.**
Maman prépare des crêpes, puis elle les fait sauter haut.
....
Tatiana a beaucoup aimé ce livre, elle en parle dans sa rédaction.
....
Ne parlez pas si fort les enfants, nous vous entendons bien.
....

❹ **Repère les répétitions et remplace-les par des pronoms.**
Marie enfile son manteau et Marie ferme son manteau complètement.
....
Une pluie verglaçante tombe sur la route et rend la route dangereuse.
....
Le roi a une audience mais le roi a oublié cette audience.
....
Mes amis achètent des fleurs puis mes amis offrent ces fleurs à toi.
....

❺ **Colorie les pronoms en rouge et les déterminants en bleu (pour t'aider, ils sont soulignés).**
Maman a acheté de la laitue et la prépare dans la cuisine.
Paul les a emmenés et ils ont acheté les plats chez le traiteur.
Donne-moi les clefs et je les accroche tout de suite.
Il ne le voit jamais, ni le matin, ni le soir.

J'écris.

❻ **Écris un texte en utilisant au moins 5 pronoms ci-dessous.**

Ceux-là	te	lui	y
Celles-ci	le	nous	
Cela	la	leur	

L'impératif

Programmes 2016, ajustements 2018 – connaissances et compétences associées :

Comprendre comment se forment les verbes et orthographier les formes verbales les plus fréquentes :

– Mémorisation des verbes fréquents (*être, avoir, aller, faire, dire, prendre, pouvoir, voir, devoir, vouloir*) et des des verbes dont l'infinitif est *ER* à l'impératif.

– Classification des verbes en fonction des ressemblances morphologiques.

– Compréhension de la construction de la forme conjuguée du verbe (radical, terminaison).

Compétences en lien abordées en CE2 :

– Familiarisation avec l'indicatif présent de certains verbes et mémorisation de marques régulières liées à des personnes.

– Mémorisation de marques régulières liées à des personnes (-ons, -ez).

Séance 1 | Lecture, compréhension du texte et approche de la notion

Objectifs

- Lire et comprendre un texte.
- Lire à haute voix de manière expressive.
- Repérer les verbes conjugués à l'impératif.

Matériel

Individuel

- Photocopie individuelle du texte *La consigne.* 22. Texte individuel
- Crayons de couleur.

Collectif

- Le même texte projeté collectivement au tableau. 22. Texte collectif

Déroulement

1. Compréhension du texte

Faire lire le texte silencieusement.

Vérifier la compréhension en posant quelques questions :

– Sur le vocabulaire : *se crispe, brouhaha, justifie.*

– Sur le contenu du texte : *Où se passe cette scène ? Qui sont les personnes évoquées ? Quel type d'exercices sont en train de faire les élèves ? Pourquoi Théodore est-il dissipé ? Quelle est l'attitude de l'enseignante ?*

Faire reformuler les idées principales de chaque partie.

La consigne

Madame Lefort est en train d'écrire au tableau la consigne puis l'exercice d'entrainement. Quelques minutes plus tard, elle se tourne vers ses élèves et demande :
– Avez-vous tous compris ce qu'il faut faire ?
Comme les élèves sont en train de copier, personne ne répond. Elle répète :
– Qui n'a pas compris ?
Un à un, les doigts se lèvent, le visage de madame Lefort se crispe.
– Très bien, je vais reprendre. Placez deux points M et N distants de 4 centimètres au centre de votre cahier. Tracez le cercle C1 de centre N passant par M. Tracez ensuite le cercle C2 de centre M et de rayon 4 centimètres. Les cercles C1 et C2 se coupent en deux points Y et Z…
Soudain, Théodore lève le doigt.
– Madame, est-ce qu'on utilise le compas ?
– Ouiiiiiii, utilise ton compas ! Choisis un bout de ficelle si tu préfères, répond madame Lefort en se moquant légèrement de lui. Je continue : Sans mesurer, donnez en justifiant la distance NY.
– Madame, où sont les bouts de ficelle, s'il vous plait ?
– Théodore, va t'assoir au fond de la classe ! Euh, non, finis d'abord ton travail ! Les autres, commencez votre exercice et justifiez bien votre réponse ! Soyez clairs dans vos propos.
Un brouhaha vient soudain perturber le silence de la classe.
– Théodore, ne gêne plus cette classe et fais ton exercice ! (S'adressant à toute la classe) Allez, soignez bien votre travail et faites-moi une belle figure !
– Je suis désolé, madame, mais je n'ai pas compris une phrase.
– Laquelle ?
– « Justifiez la distance NY », répond aussitôt l'élève dissipé.
– Justifie ! Eh bien, c'est pourtant simple, répond madame Lefort en réfléchissant un instant. Explique !
– Je - n'ai - pas - com - pris - la - der - nière - phra - se, répète l'élève en articulant chaque mot.
– Attends-moi à mon bureau !

2. Zoom sur la notion

Demander quel est le temps de ce récit (impératif).

Demander aux élèves de prendre une couleur et de colorier les verbes à l'impératif.

Voici les réponses attendues :

La consigne

Madame Lefort est en train d'écrire au tableau la consigne puis l'exercice d'entrainement. Quelques minutes plus tard, elle se tourne vers ses élèves et demande :

– Avez-vous tous compris ce qu'il faut faire ?

Comme les élèves sont en train de copier, personne ne répond. Elle répète :

– Qui n'a pas compris ?

Un à un, les doigts se lèvent, le visage de madame Lefort se crispe.

– Très bien, je vais reprendre. Placez deux points M et N distants de 4 centimètres au centre de votre cahier. Tracez le cercle C1 de centre N passant par M. Tracez ensuite le cercle C2 de centre M et de rayon 4 centimètres. Les cercles C1 et C2 se coupent en deux points Y et Z…

Soudain, Théodore lève le doigt.

– Madame, est-ce qu'on utilise le compas ?

– Ouiiiiiii, utilise ton compas ! Choisis un bout de ficelle si tu préfères, répond madame Lefort en se moquant légèrement de lui. Je continue : Sans mesurer, donnez en justifiant la distance NY.

– Madame, où sont les bouts de ficelle, s'il vous plait ?

– Théodore, va t'assoir au fond de la classe ! Euh, non, finis d'abord ton travail ! Les autres, commencez votre exercice et justifiez bien votre réponse ! Soyez clairs dans vos propos.
Un brouhaha vient soudain perturber le silence de la classe.
– Théodore, ne gêne plus cette classe et fais ton exercice ! (S'adressant à toute la classe) Allez, soignez bien votre travail et faites-moi une belle figure !
– Je suis désolé, madame, mais je n'ai pas compris une phrase.
– Laquelle ?
– « Justifiez la distance NY », répond aussitôt l'élève dissipé.
– Justifie ! Eh bien, c'est pourtant simple, répond madame Lefort en réfléchissant un instant. Explique !
– Je - n'ai - pas - com - pris - la - der - nière - phra - se, répète l'élève en articulant chaque mot.
– Attends-moi à mon bureau !

Les propositions sont discutées puis validées.
Demander aux élèves quelle est la particularité des verbes en *ER* à l'impératif : la forme verbale avec *tu* ne prend pas de *s*.

Séance 2 | Réactivation des connaissances

Objectifs
- Repérer un verbe conjugué à l'impératif.
- Savoir les terminaisons à l'impératif des verbes fréquents : les verbes dont l'infinitif est en *ER*, les verbes *avoir, être, aller, choisir, attendre* et *pouvoir.*

Matériel
Pour chaque binôme
- Photocopie individuelle du texte *La consigne.* 22. Texte individuel
- Feuille de recherche des verbes. 22. Feuille de recherche

Collectif
- Le même texte projeté collectivement au tableau. 22. Texte collectif
- Figurines « verbe à l'infinitif » et « pronom personnel ». Figurines
- Pâte adhésive.
- Étiquettes des verbes à l'infinitif. 22. Étiquettes collectives

avoir | être | justifier | aller | faire | attendre | pouvoir | choisir

Déroulement

1. Compléter le tableau avec les formes verbales du texte

Distribuer la feuille de recherche aux différents binômes.

Afficher la feuille au tableau et les huit verbes.

Faire rappeler qu'il n'y a pas de pronoms personnels sujets utilisés pour la conjugaison des verbes à l'impératif.

Faire barrer les petits personnages « pronom personnel » dans la fiche et faire écrire « deuxième personne du singulier, première personne du pluriel et deuxième personne du pluriel. » (Afficher la figurine barrée au tableau.)

Consigne :

« *Vous disposez de huit verbes à l'infinitif.*

Vous allez chercher dans le texte des formes conjuguées de ces huit verbes et les écrire dans le tableau. »

Dans le texte, on trouve : *choisis, va, justifiez, soyez, fais, allez, faites, justifie, attends.*

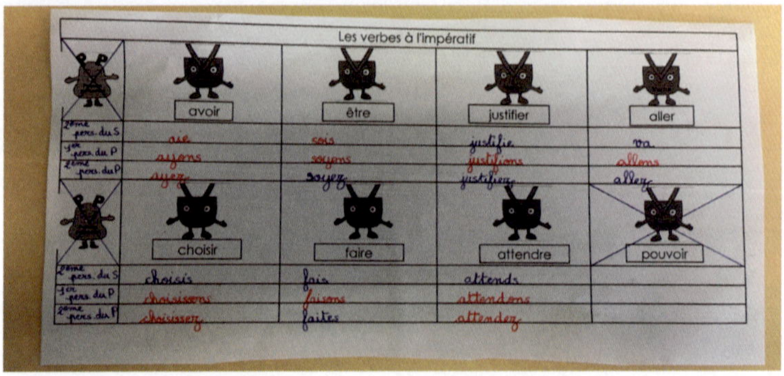

Les écrire également au tableau.

Procéder à une correction collective (les élèves épèlent leur proposition).

Colorier à la fin les terminaisons en rouge.

2. Compléter le tableau avec les formes verbales manquantes

Consigne :

« *Vous allez poursuivre le travail en complétant le tableau avec toutes les formes verbales conjuguées manquantes. Celles-ci ne sont pas dans le texte.* »

Passer dans les rangs et vérifier le travail des différents binômes.

Proposer l'utilisation du Bescherelle en cas de difficultés.

Proposer une correction collective au tableau.

Faire valider les réponses par la classe.

Mettre en évidence l'absence du *s* pour la deuxième personne du singulier des verbes dont l'infinitif est en *ER* et du verbe *aller*. Montrer que les autres formes verbales sont celles du présent.

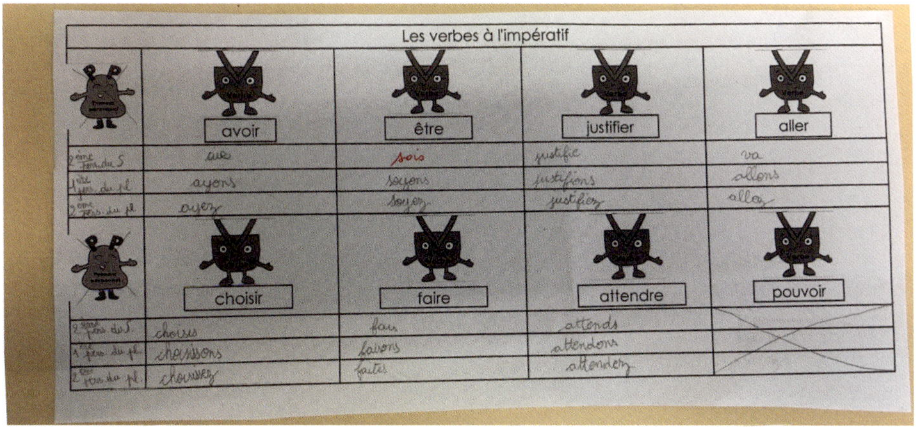

3. Appropriation individuelle

Conjuguer les verbes *manger* et *vendre* à l'impératif sur le cahier d'essais.

Séance 3 | Approfondissement de la notion

Objectifs
- Savoir conjuguer les verbes à l'impératif.
- Connaitre la formation du radical.

Matériel

Pour chaque groupe
- Un plateau de jeu. 22. Plateau de jeu
- Les cartes. 22. Cartes jeu
- Un dé. 22. Dé
- 3 ou 4 pions

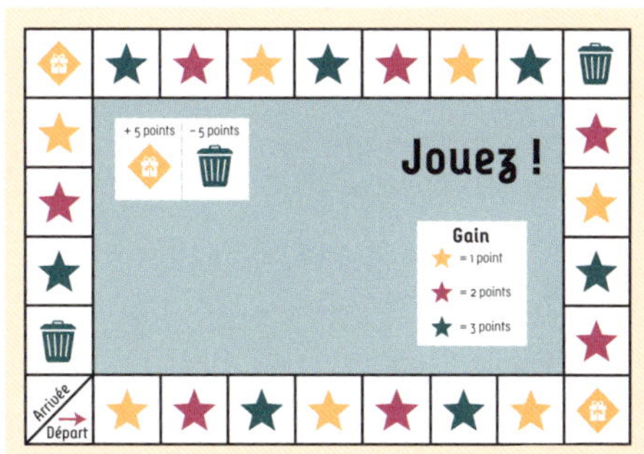

Déroulement

La séance se déroule à l'aide du plateau de jeu et des cartes. Les élèves sont répartis en groupes (3 ou 4 élèves par groupe).

1. Règle du jeu

Demander aux élèves d'observer le plateau de jeu et expliquer les différentes cases :

– La case « départ » : les pions sont placés sur la flèche. Les joueurs se déplacent vers la droite sur le plateau de jeu.

– La case « arrivée » : le premier joueur qui arrive sur la case « arrivée » marque la fin de la partie, à condition de tomber juste, sinon, il retourne en arrière, sur autant de cases qu'il lui reste à parcourir (*cf.* jeu de l'oie).

– La case « cadeau » : le joueur gagne 5 points et passe son tour.

– La case « poubelle » : le joueur perd 5 points et passe son tour.

– Les cases « étoile » : le joueur qui tombe sur une case « étoile » est interrogé. Ses adversaires piochent la carte dans la série comportant la même couleur d'étoile et lui lisent la consigne.

Circuler dans la classe et observer le travail réalisé par chaque binôme.

Consigne :

« *Le jeu se joue à 3 ou 4. Les cartes sont réparties selon leur difficulté :*

– Les cartes « étoile jaune » : ce sont des verbes en ER.

– Les cartes « étoile rouge » : ce sont les autres verbes (2e et 3e groupes).

– Les cartes « étoile noire » : ce sont des verbes particuliers (verbes en -eler/-eter, -cer/-ger et verbes pronominaux).

– Chaque joueur est interrogé à tour de rôle. Il doit conjuguer le verbe à la personne inscrite sur la carte piochée. La forme verbale proposée doit être écrite (sur une ardoise, par exemple). Les partenaires de jeu disposent de la correction sur la carte. Ils valident ou non la réponse du joueur.

– Les points sont comptabilisés et on passe au joueur suivant.

– Pour que la partie s'arrête, il faut qu'un joueur tombe pile sur la case « arrivée ». Si le nombre du dé est supérieur au nombre de cases restantes, le joueur recule son pion. »

2. Conclusion

Pour former l'impératif, on utilise le plus souvent les formes verbales du présent sans pronom personnel.

3. Appropriation individuelle

Pas d'appropriation individuelle pour cette séance.

Mémo, carte mentale et synthèse

L'impératif

L'impératif est un mode qui permet de donner un ordre, un conseil ou des instructions.

Il ne comporte que 3 personnes :
- la deuxième personne du singulier ;
- la première personne du pluriel ;
- la deuxième personne du pluriel.

Les formes verbales à l'impératif sont les mêmes qu'au présent.

Tous les verbes du premier groupe et certains du 3e groupe (offrir, aller, ouvrir) ne prennent pas de *s* à la deuxième personne du singulier.

20. Mémo : L'impératif

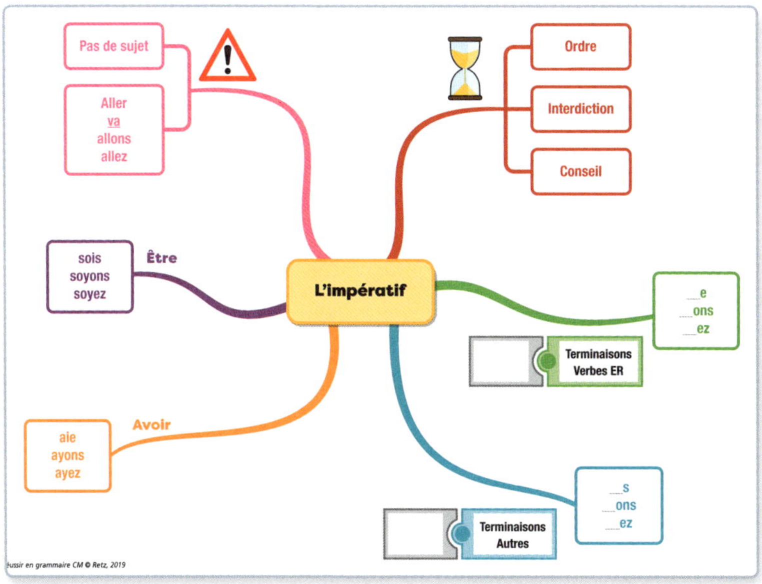

20. Carte mentale : L'impératif

Synthèse animée : pour compléter la synthèse, il est possible de présenter à la classe le petit film d'animation « L'impératif présent », réalisé par Canopé (les fondamentaux) et disponible dans le CD-Rom.

© Canopé

22. Animation

Séances 4 et 5 | Entrainement et réinvestissement

Objectifs	– Mémoriser les notions essentielles (l'impératif). – Réinvestir ses connaissances dans des exercices d'application.
Organisation	Travail individuel, correction individuelle ou collective.
Matériel	– Fiche élève (1 niveau). 22. Fiche 22 – Cahier d'essais.

Objectifs visés pour le CM2 (niveau 2) :

Ex. 1 : Repérer les phrases à l'impératif.
Ex. 2 : Trouver la personne et l'infinitif du verbe.
Ex. 3 : Conjuguer les verbes à l'impératif.
Ex. 4 : Transformer les phrases à l'impératif.
Ex. 5 : Transformer le texte à l'impératif.
Ex. 6 : Écrire les 10 règles du bon usage d'Internet.

22 L'impératif

Prénom : ....

Niveau 2

Je m'entraine

❶ Souligne les phrases dont le verbe est à l'impératif.

Vous pouvez accrocher cette veste au portemanteau. Réponds à la question. Marchez sur le trottoir. Tu regardes le documentaire ou la série ? Mange ta soupe ! Veuillez agréer l'expression de mes sentiments distingués. Il n'a pas oublié son cartable. Ne dors pas !

❷ Écris la personne et l'infinitif du verbe.

Reviens vite ! ....

Recevez nos meilleurs vœux. ....

Ne sois pas en retard ! ....

Ayons la forme ! ....

Ne cueillons plus les fleurs. ....

❸ Conjugue les verbes à l'impératif.

Aller à l'école, 2e du sing. → ....

Être attentif(s), 2e du plur. → ....

Dire la vérité, 2e du plur. → ....

Ne pas couvrir le gâteau, 2e du sing. → ....

S'améliorer, 1re du plur. → ....

❹ Transforme ces phrases à l'impératif.

Vous devez attacher vos ceintures.

....

Tu dois être à l'heure.

....

Tu dois avoir confiance en toi.

....

Nous devons prendre le bus 91.

....

❺ Transforme ce texte à l'impératif.

prendrons le bateau de 5 heures. finiras tes devoirs pendant le trajet. souffriras du mal de mer sans te plaindre. ne marcherons pas sur le pont. ouvriras le hublot. Vous n'aurez pas peur. mangerons à l'arrivée. roulerons jusqu'à la maison. seras content du voyage.

J'écris.

❻ Écris, à l'impératif, les règles (10) concernant le bon usage d'internet.

Le « *Permis Internet pour les enfants* » est un programme national de prévention pour un usage d'Internet vigilant.

La proposition subordonnée relative

Programmes 2016, ajustements 2018 – connaissances et compétences associées :

– Différencier phrase simple et phrase complexe à partir de la notion de proposition.

– Repérer les différents modes d'articulation des propositions au sein de la phrase complexe : notion de juxtaposition, de coordination, de subordination.

Compétences en lien abordées en CE2 :

Se repérer dans la phrase simple :

– Identifier la phrase, en distinguer les principaux constituants et les hiérarchiser.

– Reconnaitre les principaux constituants de la phrase : le sujet, le verbe, les compléments.

Séance 1 | Lecture, compréhension du texte et approche de la notion

Objectifs

- Lire et comprendre un texte.
- Lire à haute voix de manière expressive.
- Repérer les propositions subordonnées relatives.

Matériel

Individuel

- Photocopie individuelle du texte *La résistance des femmes françaises.* 23. Texte individuel
- Crayons de couleur.

Collectif

- Le même texte projeté collectivement au tableau. 23. Texte collectif

Déroulement

Distribuer le texte.

1. Compréhension du texte

> **La résistance des femmes françaises**
>
> En Haute-Savoie, dans une vallée alpine entre Bonneville et Cluses, se trouve la commune de Marinier. Pendant la guerre, ce village était connu par les résistants français qui voulaient se cacher et combattre les Allemands et la police du gouvernement de Vichy. À Marinier, elle veillait sur tous ces jeunes qui voulaient rejoindre la résistance, cette partie de la montagne, souvent boisée, où on peut se cacher plus facilement. C'est là que les résistants se retrouvaient et cachaient tous ceux qui voulaient se battre contre l'occupant allemand. C'est là aussi que s'organisaient les batailles contre l'armée allemande, avec l'aide de la Résistance organisée par le général de Gaulle et Jean Moulin. Quand on avait l'adresse secrète de cette auberge, on y était accueilli par un couple. La patronne n'était pas très commode. Elle ne plaisantait pas avec les règles de sécurité. Il fallait lui obéir. Et elle grondait souvent les jeunes imprudents qui parlaient trop fort ou faisaient du bruit. Il ne fallait pas attirer les soupçons des voisins qui auraient pu les dénoncer aux Allemands. Elle veillait sur tous ces jeunes qui voulaient rejoindre la Résistance, « l'armée secrète ».
>
> « Mes premiers récits », Benoît Falaize, *Histoire CM2*, Retz 2017.

Faire lire le texte silencieusement.

Vérifier la compréhension en posant quelques questions :

– Sur le vocabulaire : *alpine, le maquis, l'occupant, commode, imprudents, dénoncer.*

– Sur le contenu du texte : *À quelle époque se passe cette histoire ? Quels pays sont en guerre ? Où se passe la scène ? Qui sont les résistants ? Qui est à la tête de la Résistance française ? Qui cache les résistants ? Quelles sont les règles de sécurité ?*

Faire une lecture expressive du texte.

2. Zoom sur la notion étudiée

Demander aux élèves de prendre une couleur et de colorier les GN enrichis dans la phrase suivante : « Pendant la guerre, ce village était connu par les résistants français qui voulaient se cacher et combattre les Allemands et la police du gouvernement de Vichy. »

Faire colorier le GN « les résistants français en bleu ». Puis, demander aux élèves de dire quelles sont les informations qui viennent enrichir ce GN. Les colorier en jaune.

« ... par les résistants français qui voulaient se cacher et combattre les Allemands et la police du gouvernement de Vichy. »

Procéder de la même manière avec les phrases suivantes :

« C'est là que les résistants se retrouvaient... »

« Elle veillait sur tous ces jeunes qui voulaient rejoindre la résistance... »

« ... cette partie de la montagne, souvent boisée, où on peut se cacher plus facilement. »

« C'est là aussi que s'organisaient les batailles contre l'armée allemande. »

Demander de rappeler quelles sont les fonctions qui enrichissent le GN que l'on a déjà étudié : l'adjectif épithète et le complément du nom.

Demander aux élèves de nommer cette nouvelle fonction : la proposition subordonnée relative.

Prolongement

On pourra poursuivre le travail sur la Seconde Guerre mondiale.

Séance 2 | Réactivation des connaissances

Objectifs

- Identifier la nature des mots et les caractéristiques de la proposition subordonnée relative.
- Comprendre la place de la proposition relative dans le groupe nominal.
- Identifier la nature des mots qui composent le groupe nominal (nom propre, nom commun, déterminant, préposition, adverbe, verbe à l'infinitif, pronom).

Matériel

Pour chaque binôme

- Photocopie individuelle du texte *La résistance des femmes françaises.* 23. Texte individuel
- Petites étiquettes des phrases. 23. Étiquettes individuelles (1)
- Images des figurines en plusieurs exemplaires (nom propre, nom commun, adverbe, déterminant, verbe à l'infinitif, verbe conjugué, préposition, pronom relatif, pronom démonstratif). Figurines

Collectif

- Le même texte projeté collectivement au tableau. 23. Texte collectif
- Étiquettes reproduites sur de grandes bandes de papier. 23. Étiquettes collectives (1)
- Figurines.
- Personnages (nom propre, nom commun, adverbe, déterminant, verbe à l'infinitif, verbe conjugué, préposition, pronom relatif, pronom démonstratif).
- Pâte adhésive.

les résistants français qui voulaient se cacher

une auberge où se retrouvaient les résistants

ceux qui voulaient se battre contre l'occupant allemand

ces jeunes qui voulaient rejoindre la résistance

(c'est) là que les résistants se retrouvaient

Déroulement

1. Rappel de la séance précédente

Faire rappeler les mots qui composent un groupe nominal.

Préciser que les phrases proposées n'ont pas toutes un GN enrichi et qu'il y a d'autres mots (adverbe, pronom).

Distribuer les étiquettes et les faire lire silencieusement.

2. Manipulation et recherche en binômes

Consigne :

« *Dans chaque étiquette, vous devez associer chaque mot à une figurine (nature du mot). Dès qu'une étiquette est faite, vous levez la main pour que je vienne valider vos réponses.* » (Préciser que seul le pronom réfléchi « se » sera associé au verbe.)

Les élèves travaillent sur une première étiquette en associant chaque mot à une classe de mot (figurine).

Adopter la même démarche avec les autres étiquettes.

Passer dans les groupes pour vérifier les propositions des élèves : valider les figurines correctes et enlever les figurines incorrectes. Les élèves sont alors amenés à corriger leur erreur en faisant une nouvelle proposition.

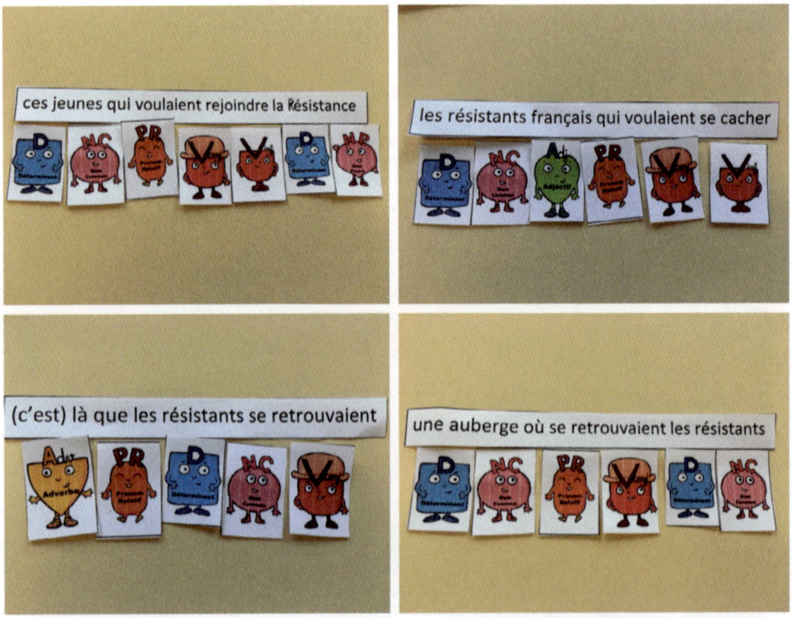

3. Mise en commun

Les propositions ayant déjà été validées dans chaque binôme, choisir deux étiquettes à afficher et y associer les figurines collectivement.

Demander aux élèves de préciser quelles sont les classes de mots communes que l'on retrouve dans chaque proposition : il s'agit du pronom relatif et du verbe.

Demander aux élèves de nommer les différents pronoms relatifs : *qui, que, où*...

4. Conclusion

La proposition subordonnée relative est toujours introduite par un pronom relatif et elle comprend également un verbe conjugué. Elle enrichit un GN ou un pronom.

5. Appropriation individuelle

Écrire ces phrases au tableau :

J'aime les desserts que ma mamie prépare.

Le chien qui habite en face est très sympathique.

La maison dont nous parlons est à vendre.

Les élèves les recopient sur leur cahier et entourent les propositions subordonnées relatives dans les phrases suivantes.

Séance 3 | Approfondissement de la notion

Objectifs
- Identifier la nature des mots et les caractéristiques de la proposition subordonnée relative.
- Associer deux propositions dont l'une est une proposition subordonnée relative.
- Connaitre les règles d'accord du verbe dans la proposition subordonnée relative.

Matériel

Pour chaque binôme
- Crayon.
- Feuille d'écriture.
- Étiquettes des phrases. 23. Étiquettes individuelles (2)

Collectif
- Grandes étiquettes. 23. Étiquettes collectives (2)
- Figurines.

Les élèves ont vu le film. | Vous terminerez le devoir.

Tu as parlé du film. | Nous sommes passés par le chemin.

L'émission est fantastique. | Le livre est posé sur la table.

J'ai fait mes études dans le collège Marie Curie.

Le livre de maths appartient au professeur.

Je reconnais le chemin. | Mes parents ont assisté à une émission.

Vous avez reçu le devoir par mail. | Le collège Marie Curie a été détruit.

Déroulement

Répartir les élèves en groupes de 2 ou 3 élèves.
Leur donner les étiquettes des phrases.

1. Découverte

Leur demander d'associer les phrases deux par deux (l'une étant orangée, l'autre étant blanche) selon le thème ou la « répétition » d'un mot.
Passer dans les rangs et vérifier les associations.

Procéder à une correction rapide et collective.
On pourra demander aux élèves de souligner le mot commun lors de la correction.
Mots soulignés : *livre, chemin, devoir, film, collège, émission.*

2. Manipulation et écriture

Réactivation :
- Rappeler ce qu'est une proposition subordonnée relative.
- Demander aux élèves de lister les différents pronoms relatifs : *qui, que, dont, où*. Les écrire au tableau.

Consigne :
« *Vous allez écrire une phrase avec une proposition subordonnée relative à partir des deux phrases simples. Vous écrirez chaque phrase sur la feuille.* »

3. Mise en commun

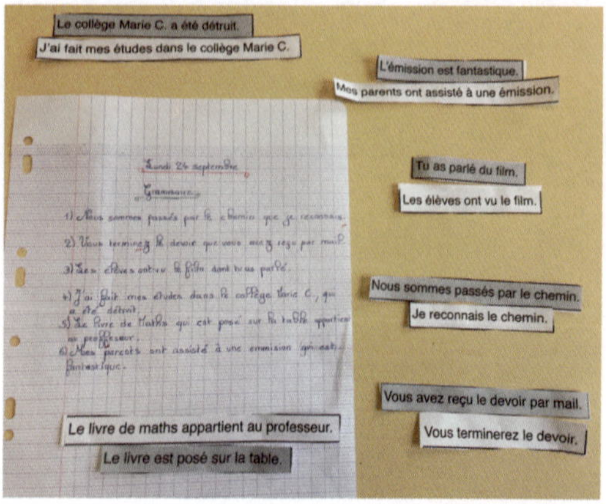

Les phrases sont énoncées oralement. L'enseignant·e écrit les deux solutions obtenues (*cf.* photo ci-contre).
Pour chaque phrase, faire préciser les fonctions du groupe nominal :
- Mes parents ont assisté à une émission qui est fantastique.
→ fonction : complément du verbe/COI
- L'émission à laquelle mes parents ont assisté est fantastique.
→ fonction : sujet du verbe *assister*
- J'ai fait mes études dans le collège Marie Curie qui a été détruit.
→ fonction : complément de phrase/CCL
- Le collège Marie Curie où j'ai fait mes études a été détruit.
→ fonction : sujet du verbe *détruire*
- Le livre de maths qui est posé sur la table appartient au professeur.
→ fonction : sujet du verbe *appartenir*
- Le livre de maths qui appartient au professeur est posé sur la table.
→ fonction : sujet du verbe *poser*
- Nous sommes passés par le chemin que je reconnais.
→ fonction : complément du verbe / complément essentiel de lieu
- Je reconnais le chemin où (par lequel) nous sommes passés.
→ fonction : complément du verbe/COD

– Les élèves ont vu le film dont tu as parlé.
→ fonction complément du verbe/COD
– Tu as parlé du film que les élèves ont vu.
→ fonction complément du verbe/COI
– Vous terminerez le devoir que vous avez reçu par mail.
→ fonction complément du verbe/COD
– Vous avez reçu par mail le devoir que vous terminerez.
→ fonction complément du verbe/COD

Pour aller plus loin (selon le niveau des élèves de CM2), on pourra s'intéresser à la fonction du pronom relatif dans la proposition relative. On cherchera à remplacer le pronom relatif par son « antécédent » pour mieux l'identifier.

Par exemple :
– Mes parents ont assisté à une émission qui est fantastique.
L'émission est fantastique → *qui* est donc « sujet » du verbe *être*.
– L'émission à laquelle mes parents ont assisté est fantastique.
Mes parents ont assisté à une émission. → *à laquelle* est fonction complément du verbe/COI.

Voici les autres réponses attendues :
– J'ai fait mes études dans le collège Marie Curie qui a été détruit.
→ fonction sujet du verbe
– Le collège Marie Curie où j'ai fait mes études a été détruit.
→ fonction complément de phrase/CCL
– Le livre de maths qui est posé sur la table appartient au professeur.
→ fonction sujet du verbe *appartenir*
– Le livre de maths qui appartient au professeur est posé sur la table.
→ fonction sujet du verbe *poser*
– Nous sommes passés par le chemin que je reconnais.
→ fonction complément de phrase/COD
– Je reconnais le chemin où (par lequel) nous sommes passés.
→ fonction complément de phrase/CCL
– Les élèves ont vu le film dont tu as parlé.
→ fonction complément du verbe/COI
– Tu as parlé du film que les élèves ont vu.
→ fonction complément du verbe/COD
– Vous terminerez le devoir que vous avez reçu par mail.
→ fonction complément du verbe COD
– Vous avez reçu par mail le devoir que vous terminerez.
→ fonction complément du verbe/COD

Faire varier le nombre dans le GN « Le livre de maths » et faire observer les transformations dans la phrase.
On obtient :
– Les livres de maths qui sont posés sur la table appartiennent au professeur.
– Les livres de maths qui appartiennent au professeur sont posés sur la table.
Faire constater que le verbe s'accorde avec le pronom relatif (sujet) qui lui-même remplace l'antécédent.

4. Conclusion

Dans la proposition subordonnée relative, le pronom relatif remplace l'antécédent et peut être sujet, complément du verbe (COD ou COI) ou complément de phrase (complément circonstanciel de lieu).

5. Appropriation individuelle

Faire sortir le cahier d'essais et enrichir les GN suivants :

L'histoire … fait peur aux enfants.

Les pompiers éteignent le feu …

Les abricots… sont toujours bien mûrs.

Mémo, carte mentale et synthèse

La proposition subordonnée relative

La proposition subordonnée relative est une proposition qui appartient au groupe nominal. Elle donne des informations sur le nom qu'elle complète.

Elle se construit avec un pronom relatif et un verbe conjugué.

***Qui, que, dont, où, lequel, à laquelle…* sont des pronoms relatifs.**

Il ne faut pas confondre les pronoms relatifs (*qui, que, où*) avec les mots interrogatifs (*qui, que, où*) qui introduisent des phrases interrogatives.

23. Mémo : La proposition subordonnée relative

Carte mentale complétée lors des chapitres précédents et finalisée avec la proposition subordonnée relative :

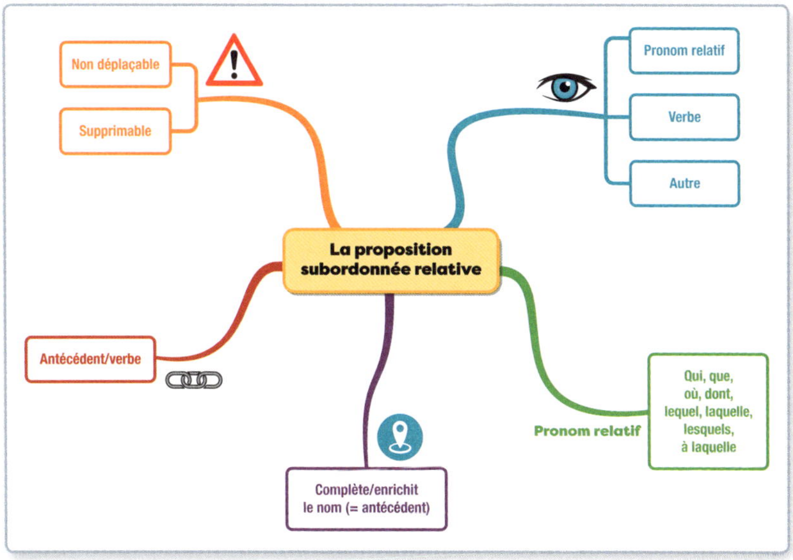

23. Carte mentale : La proposition subordonnée relative

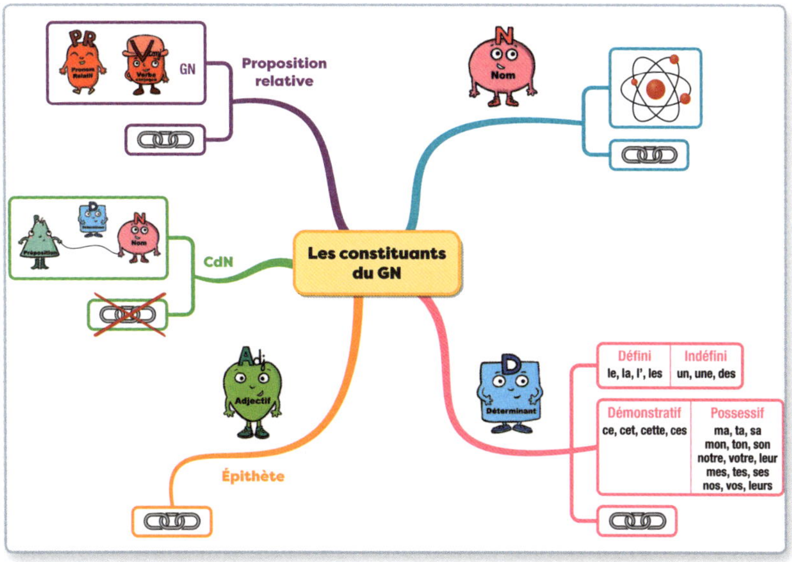

23. Carte mentale : Les constituants du GN

Synthèse animée : pour compléter la synthèse, il est possible de présenter à la classe le petit film d'animation « Les propositions subordonnées relatives », réalisé par Canopé (les fondamentaux) et disponible dans le CD-Rom.

© Canopé

23. Animation

Séances 4 et 5 | Entrainement et réinvestissement

Objectifs
- Mémoriser les notions essentielles (la proposition subordonnée relative).
- Réinvestir ses connaissances dans des exercices d'application.

Organisation Travail individuel, correction individuelle ou collective.

Matériel
- Fiche élève (1 niveau). 23. Fiche 23
- Cahier d'essais.

Objectifs visés pour le CM2 (niveau 2) :

Ex. 1 : Identifier les propositions relatives dans des phrases.
Ex. 2 : Compléter des phrases avec un pronom relatif.
Ex. 3 : Identifier l'antécédent d'une proposition relative.
Ex. 4 : Écrire une phrase avec deux propositions dont l'une est une proposition subordonnée relative.
Ex. 5 : Écrire un court texte avec des propositions subordonnées relatives.

23 La proposition subordonnée relative

Prénom : ....

Niveau 2

Je m'entraine

❶ Colorie les propositions relatives dans les phrases.

Ces artistes qui exposent dans la rue sont impressionnants. Les nuages sont très bas ce soir. Nous avons rendez-vous dans cinq minutes et nous sommes en retard. Le livre dont tu parles n'est plus édité. À qui est ce manteau qui traine par terre ? J'aime les pâtes que tu cuisines. Vous jouez au tennis ou au golf ?

❷ Complète avec un pronom relatif.

Les danseuses .... paraissent fatiguées s'entrainent beaucoup. Les bougies .... nous avons commandées arriveront dans 3 jours. La maison .... j'ai grandi n'existe plus. La tablette de chocolat .... était sur la table a fondu au soleil. La recette .... vous parlez est difficile.

❸ Entoure le nom que la proposition relative complète.

J'aime les crêpes que mon père prépare.

Julie a beaucoup aimé le livre dont elle parle souvent.

Les écureuils qui sont très agiles grimpent aux arbres facilement.

La robe bleue qui est dans l'armoire est ma préférée.

La fraise est le fruit que ma sœur préfère.

Le collège où est mon frère est très connu.

❹ Regroupe les deux phrases en utilisant une proposition subordonnée relative.

Le pommier est au fond du jardin. Le pommier perd toutes ses pommes.

....

J'aime beaucoup le teeshirt. Alex porte un teeshirt.

....

Le chat est carnivore. Le chat appartient à la famille des félins.

....

Tu as peur du professeur. Le professeur est un ami de mes parents.

....

J'écris.

❺ Écris le portrait d'un soldat de la guerre 1914-1918 en utilisant des propositions subordonnées relatives.

Les phrases complexes

Programmes 2016, ajustements 2018 – connaissances et compétences associées :

- Différencier phrase simple et phrase complexe à partir de la notion de proposition.
- Repérer les différents modes d'articulation des propositions au sein de la phrase complexe : notion de juxtaposition, de coordination, de subordination.
- Comprendre les différences entre l'usage de la conjonction de coordination et l'usage de la conjonction de subordination.

Compétences en lien abordées en CE2 :

Se repérer dans la phrase simple :

- Identifier la phrase, en distinguer les principaux constituants et les hiérarchiser.
- Reconnaitre les principaux constituants de la phrase : le sujet, le verbe, les compléments.

Séance 1 | Lecture, compréhension du texte et approche de la notion

Objectifs

- Lire et comprendre un texte.
- Lire à haute voix de manière expressive.
- Identifier les verbes.

Matériel

Individuel

- Photocopie individuelle du texte *Delphine, Marinette et le loup.* 24. Texte individuel
- 1 crayon de couleur rouge.

Collectif

- Le même texte projeté collectivement au tableau. 24. Texte collectif

Déroulement

1. Compréhension du texte

Delphine, Marinette et le loup

Il était bien sauvage, le loup qui, dans la montagne, dévora la petite chèvre de Monsieur Seguin. Mais voici un autre, tout différent ! Celui-ci a vu que deux petites filles, Delphine et Marinette, étaient seules à la maison. Il voudrait bien passer l'après-midi avec elles.

Le loup prit sa voix la plus tendre :
« J'ai froid, dit-il, et j'ai une patte qui me fait bien mal… Si vous vouliez m'ouvrir la porte, j'entrerais me chauffer à côté du fourneau et on passerait l'après-midi ensemble. »
Les petites se regardaient un peu surprises. Elles n'auraient jamais supposé que le loup pût avoir une voix aussi douce. Déjà rassurée, la plus blonde fit un signe d'amitié. Mais Delphine n'était pas de cet avis :
« Allez-vous-en, dit-elle, vous êtes le loup.
Vous comprenez, ajouta Marinette avec un sourire, ce n'est pas pour vous renvoyer ; mais nos parents nous ont défendu d'ouvrir la porte … »
Alors le loup poussa un grand soupir. On voyait qu'il était triste.
« Vous savez, dit-il, on raconte beaucoup d'histoires sur le loup. Il ne faut pas croire tout ce qu'on dit. La vérité, c'est que je ne suis pas méchant du tout. »
Il poussa encore un grand soupir qui fit venir les larmes dans les yeux de Marinette.
Les petites étaient ennuyées de savoir que le loup avait froid et qu'il avait mal à une patte. Mais Delphine se rappela une fable apprise à l'école, où le loup mange un agneau… Elle lui jeta par le nez :
« Et l'agneau, alors ?… Oui, l'agneau que vous avez mangé ! »
Le loup n'en fut pas démonté :
« L'agneau que j'ai mangé ? dit-il. Lequel ? »
Il disait cela tout tranquillement, comme une chose toute simple.
« Comment, vous en avez donc mangé plusieurs ? s'écria Delphine. Eh bien, c'est du joli !
Mais naturellement que j'en ai mangé plusieurs. Je ne vois pas où est le mal … Vous en mangez bien, vous ! »
Il n'y avait pas moyen de dire le contraire. On venait justement de manger du gigot au déjeuner de midi.

Extrait « Le loup », *Les contes du chat perché* de Marcel Aymé, Éditions Gallimard

Faire lire le texte silencieusement.
Vérifier la compréhension en posant quelques questions :
– Sur le vocabulaire : *sauvage, fourneau, un signe d'amitié, jeta par le nez.*
– Sur le contenu du texte : *Qui est le narrateur ? Que veut le loup ? Quelle petite fille se méfie du loup ? Pourquoi les petites filles n'ouvrent-elles pas la porte ? Comment réagit le loup ?*
Faire faire aux élèves une lecture expressive du texte.

2. Zoom sur la notion étudiée

Dans la phrase : « *Les petites se regardaient un peu surprises.* » Que dit-on des petites ?
Faire colorier le verbe dans la phrase.
Même travail sur la phrase : « *Les petites étaient ennuyées de savoir que le loup avait froid et qu'il avait mal à une patte.* » Que dit-on des petites ? Que dit-on du loup ?
Faire colorier les verbes dans la phrase.
Faire conclure qu'il y a des phrases avec un verbe et des verbes avec plusieurs verbes.

Séance 2 | Réactivation des connaissances

Objectifs
- Repérer les phrases simples et les phrases complexes à partir du comptage des verbes conjugués.

Matériel

Pour chaque binôme
- Photocopie individuelle du texte *Delphine, Marinette et le loup*. 24. Texte individuel
- Phrases reproduites sur de petites étiquettes. Étiquettes individuelles (1)
- Ciseaux.

Collectif
- Texte projeté collectivement au tableau. 24. Texte collectif
- Phrases reproduites sur de grandes bandes de papier. Étiquettes collectives (1)
- Pâte adhésive.

On voyait qu'il était triste. | Le loup prit sa voix la plus tendre.

Le loup parle, gémit, pleure...

Delphine se rappela une fable où le loup mange un agneau...

Il n'y avait pas moyen de dire le contraire.

Si vous vouliez m'ouvrir la porte, j'entrerais me chauffer à côté du fourneau.

J'ai froid et j'ai faim. | Vous en mangez bien, vous !

Mais Delphine n'était pas de cet avis. | Je ne vois pas où est le mal.

Déjà rassurée, la plus blonde fit un signe d'amitié mais Delphine n'était pas de cet avis.

Déroulement

1. Situation-problème

Les élèves travaillent en binômes. Ils se munissent des étiquettes.

Consigne :

« Vous allez découper les étiquettes. Vous allez chercher quelles sont les phrases simples et quelles sont les phrases complexes parmi toutes les phrases proposées. »

L'enseignant·e circule dans la classe et soutient la recherche des différents binômes.

Erreurs possibles

Certains élèves pourraient trier les phrases en fonction de la longueur de l'étiquette ou en fonction du nombre de mots. L'enseignant·e pourra alors intervenir en leur précisant que ces critères ne sont pas retenus.

2. Mise en commun

Les binômes interrogés font leur propositions en explicitant leur choix qui est débattu collectivement. L'enseignant·e valide les propositions en les affichant au tableau.

3. Conclusion

Les phrases simples contiennent un verbe conjugué et les phrases complexes plusieurs verbes conjugués.

Retour au texte

Demander aux élèves de trouver la phrase complexe qui a le plus de verbes.

Réponse attendue : « J'ai froid, dit-il, et j'ai une patte qui me fait bien mal.

4. Appropriation individuelle

Écrire les phrases suivantes au tableau :

Mathilde prit son sac et sortit de la pièce.

Les fruits de ce pommier ne sont pas encore mûrs.

Voulez-vous une part de ce gâteau appétissant ?

Le chien qui aboie montre régulièrement ses crocs.

Les élèves les recopient sur leur cahier et précisent si les phrases sont simples ou complexes.

Séance 3 | Approfondissement de la notion

Objectifs
- Repérer les propositions dans la phrase complexe.
- Repérer les différents modes d'articulation des propositions au sein de la phrase complexe : la juxtaposition, la coordination et la subordination.

Matériel

Pour chaque binôme
- Les étiquettes des phrases. Étiquettes individuelles (2)

Collectif
- Les étiquettes des phrases en grand format. Étiquettes collectives (2)

Il était sauvage, le loup qui dévora la petite chèvre de Monsieur Seguin.

On voyait qu'il était triste.

J'ai froid et j'ai une patte qui me fait bien mal.

Vous savez, dit-il, on raconte beaucoup d'histoires sur le loup.

Si vous vouliez m'ouvrir la porte, j'entrerais me chauffer à côté du fourneau.

Je ne vois pas où est le mal.

Elles n'auraient jamais supposé que le loup pût avoir une voix aussi douce.

JUXTAPOSITION

Delphine se rappela une fable où le loup mange un agneau...

Le loup parle, gémit, pleure...

Il poussa encore un grand soupir qui fit venir les larmes dans les yeux de Marinette.

COORDINATION

SUBORDINATION

Déjà rassurée, la plus blonde fit un signe d'amitié mais Delphine n'était pas de cet avis.

Déroulement

1. Situation-problème

Les élèves travaillent en binômes. Ils se munissent des étiquettes.

Consigne :

« Vous allez trier les phrases proposées. Vous devez déterminer quelles sont les phrases juxtaposées, coordonnées ou subordonnées. Vous ne disposez d'aucun critère, c'est à vous de les trouver. »

L'enseignant·e circule dans la classe et soutient la recherche des différents binômes. Au bout de quelques minutes, autoriser (ou encourager si les binômes sont bloqués) l'utilisation du dictionnaire pour chercher la signification des mots « juxtaposition, coordination ou subordination.

Remarque : Les élèves ont déjà rencontré la conjonction de coordination qui peut les aider et ont déjà travaillé sur la proposition subordonnée relative.

2. Mise en commun

Les binômes font leur proposition de tris. Les réponses sont discutées collectivement puis validées par l'ensemble de la classe. L'enseignant·e affiche au tableau les grandes étiquettes des phrases au fur et à mesure du dévoilement des réponses. Solliciter les connaissances des élèves : la présence de la ponctuation, la présence des conjonctions de coordination (et, mais) et la présence de la proposition subordonnée relative.

On obtient :

JUXTAPOSITION

Vous savez, dit-il, on raconte beaucoup d'histoires sur le loup.

Le loup parle, gémit, pleure...

COORDINATION

J'ai froid et j'ai une patte qui me fait bien mal.

Déjà rassurée, la plus blonde fit un signe d'amitié mais Delphine n'était pas de cet avis.

SUBORDINATION

Il était sauvage, le loup qui dévora la petite chèvre de Monsieur Seguin.

Delphine se rappela une fable où le loup mange un agneau...

Il poussa encore un grand soupir qui fit venir les larmes dans les yeux de Marinette.

On voyait qu'il était triste.

Je ne vois pas où est le mal.

Elles n'auraient jamais supposé que le loup pût avoir une voix aussi douce.
Si vous vouliez m'ouvrir la porte, j'entrerais me chauffer à côté du fourneau.

3. Conclusion

Les propositions sont juxtaposées à l'aide de la ponctuation. Les propositions sont coordonnées à l'aide de la conjonction de coordination. Les faire réciter par les élèves.
La proposition subordonnée dépend d'une proposition principale en complétant soit un nom soit un verbe.

4. Appropriation individuelle

Écrire la proposition suivante au tableau :

La route est dangereuse…

Sur leur cahier, les élèves la complète par :
- une proposition juxtaposée,
- une proposition coordonnée,
- une proposition subordonnée.

Mémo, carte mentale et synthèse

Phrase simple et phrase complexe

Une phrase simple est une phrase qui ne comporte qu'une seule proposition : il n'y a qu'un seul verbe conjugué.

Une phrase complexe est une phrase qui comporte plusieurs propositions : il y a plusieurs verbes conjugués.

Pour aller plus loin

Des propositions sont juxtaposées quand elles sont séparées par une virgule, deux points ou un point-virgule.

Des propositions sont coordonnées quand elles sont reliées par une conjonction de coordination (*mais, ou, et, donc, or, ni, car*).
La proposition subordonnée complète une proposition principale.
– La proposition subordonnée conjonctive complète le verbe de la proposition principale.
– La proposition subordonnée relative complète le nom (antécédent) placé devant elle.

24. Mémo : Phrase simple et phrase complexe

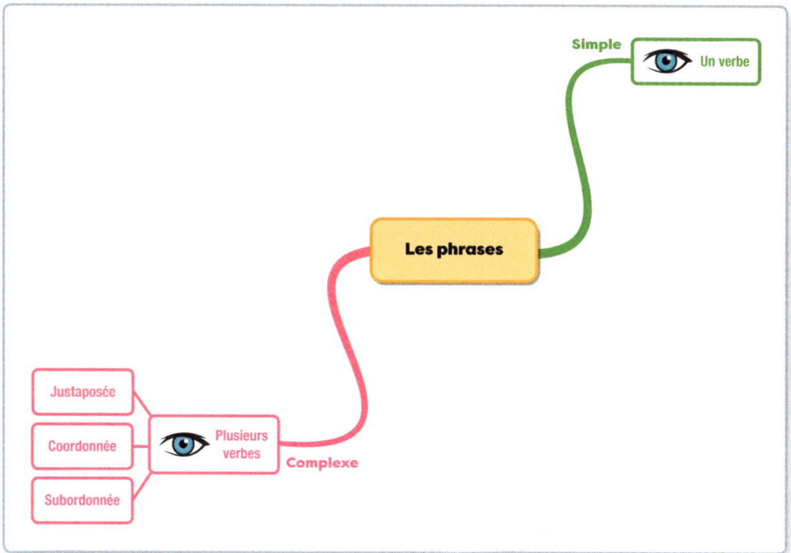

24. Carte mentale : Les phrases

Synthèse animée : pour compléter la synthèse, il est possible de présenter à la classe les petits films d'animation « La phrase simple », « La phrase complexe », « La proposition », « Les propositions indépendantes juxtaposées », « Les propositions indépendantes coordonnées », réalisés par Canopé (les fondamentaux) et disponibles dans le CD-Rom.

© Canopé

24. Animations

Séances 4 et 5 | Entrainement et réinvestissement

Objectifs
- Mémoriser les notions essentielles (les phrases simples et complexes).
- Réinvestir ses connaissances dans des exercices d'application et une production écrite courte.

Organisation Travail individuel, correction individuelle ou collective.

Matériel
- Fiche élève (1 niveau). 24. Fiche 24
- Cahier d'essais.

Objectifs visés pour le CM2 (niveau 2) :

Ex. 1 : Repérer les verbes conjugués.
Ex. 2 : Repérer le nombre de propositions dans des phrases simples ou complexes.
Ex. 3 : Repérer les propositions juxtaposées, coordonnées ou subordonnées.
Ex. 4 : Associer deux phrases pour former une phrase complexe.
Ex. 5 : Écrire un texte en transformant des phrases simples en phrases complexes.

24 Les phrases complexes

Prénom : ....

Niveau 2

Je m'entraine

❶ Colorie les verbes conjugués.

Le roi qui passa un moment après voulut savoir à qui appartenait tous les champs de blés qu'il voyait. Le chat, qui allait devant le carrosse, disait toujours la même chose à tous ceux qu'il rencontrait ; et le roi s'étonnait des grands biens de monsieur le marquis de Carabas. Le chat botté arriva dans un beau château dont le maitre était un ogre.

❷ Écris le nombre de propositions pour chaque phrase.

La jolie princesse qui est dans le carrosse s'appelle Cendrillon. → ....
Les visiteurs sont dans la file d'attente depuis une heure. → ....
Les abeilles sont des insectes car elles possèdent six pattes. → ....
Le fermier rentre les vaches dans l'étable, nourrit les poules, puis range son tracteur. → ....
Nous allons nous régaler. → ....

❸ Précise si les propositions sont juxtaposées (virgule), coordonnées (conjonction) ou subordonnées (pronom).

Justin pense que nous serons en avance. → ....
J'ai mis la table et j'ai servi le repas. → ....
Il est temps de partir, l'orage arrive. → ....
La boulangerie qui est dans le village voisin ouvre à huit heures. → ....
Ils sont punis car ils ont fait une bêtise. → ....

❹ Écris une phrase complexe en utilisant les deux phrases.

J'écris une carte postale. Manon signera la carte.

....

....

Maman cuisine un gratin de courgettes. Florent ne l'aime pas.

....

Le golfeur s'entraine. Il participe à la Ryder Cup.

....

Une fenêtre est ouverte. L'oiseau est entré dans la maison.

....

❺ Décris la vie des abeilles en transformant ces phrases simples en phrases complexes.

La vie des abeilles : la ruche

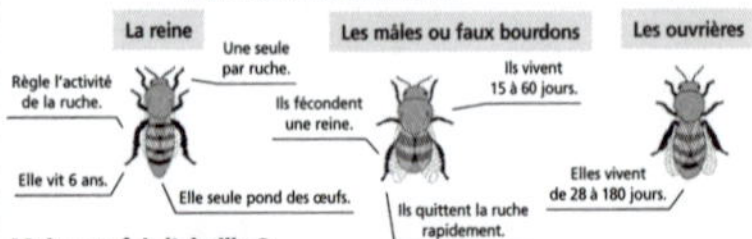

Mais que fait l'abeille ?

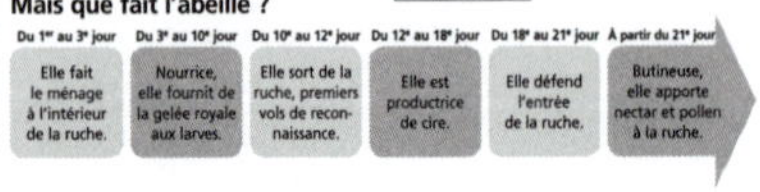

Le plus-que-parfait

Programmes 2016, ajustements 2018 – connaissances et compétences associées :

– Comprendre comment se forment les verbes et orthographier les formes verbales les plus fréquentes :

– Mémorisation des verbes fréquents (*être, avoir, faire, dire, prendre, pouvoir, voir, devoir, vouloir*) et des verbes dont l'infinitif est en *ER* au plus-que-parfait.

– Morphologie verbale écrite en appui sur les régularités et la décomposition du verbe.

Compétences en lien abordées en CE2 :

– Mémoriser les verbes *avoir* et *être* à l'imparfait.

– Compréhension de la formation du passé composé.

– Distinction temps simple/temps composé et infinitif/participe passé.

Séance 1 | Lecture, compréhension du texte et approche de la notion

Objectifs

- Lire et comprendre un texte.
- Lire à haute voix de manière expressive.
- Repérer les verbes conjugués au plus-que-parfait.

Matériel

Individuel

- Photocopie individuelle du texte *Une soirée bien ordinaire.*
  25. Texte individuel
- Crayons de couleur.

Collectif

- Le même texte projeté collectivement au tableau.

25. Texte collectif

Déroulement

1. Compréhension du texte

Faire lire le texte silencieusement.

Vérifier la compréhension en posant quelques questions :

– Sur le vocabulaire : *comtoise (montrer une photo), frôlements, tumulte, capitonné.*

– Sur le contenu du texte : *La personne dans cette histoire est-elle une femme ou un homme ? Que fait-elle avant de regarder la télévision ? Quels sont les programmes TV qu'elle a regardés ? Où se trouve-t-elle lorsque le cauchemar prend fin ? Quels sont les indicateurs de temps ?*

Une soirée bien ordinaire

La comtoise sonnait minuit et tout était paisible. Plus tôt, j'avais pris un repas léger et je m'étais installée confortablement devant la télévision. J'avais choisi un bon film d'aventure dans lequel le célèbre Indiana Jones affrontait des dangers les plus insensés. Un peu plus tard, les fourmis géantes d'un vieux film de science-fiction avaient envahi mon écran. J'avais zappé plusieurs fois avant d'être attirée par un documentaire sur les orages et les tempêtes. On y apprenait que les tornades avaient été plus fréquentes dans les grandes plaines entre les Rocheuses et les Appalaches…

Au bout d'une heure de programme, un léger sifflement s'était fait entendre depuis la cheminée. Les volets avaient alors commencé à claquer. En regardant par la fenêtre, j'avais aperçu quelques objets qui virevoltaient au-dessus des maisons du voisinage. Heureusement, personne ne s'était aventuré dans ce tumulte naissant. J'avais pris la décision d'aller m'abriter au sous-sol.

En descendant les escaliers dans la pénombre, j'avais soudain senti de petits frôlements dans les jambes. Inquiète, j'avais cherché à tâtons la lumière et avec horreur, j'avais découvert ma cave envahie de fourmis. Mon sang n'avait fait qu'un tour. Ma respiration s'était accélérée. J'avais voulu crier mais aucun son n'avait pu sortir de ma bouche. Finalement, j'avais perdu connaissance.

En entendant les douze coups de la pendule, je me réveillais, tremblante, assise dans le fauteuil capitonné du salon. La télévision toujours allumée affichait la fin des programmes. Quel cauchemar !

Montrer sur une carte des États-Unis où se situent les montagnes « Les Rocheuses » et « les Appalaches ».

Faire faire par les élèves une lecture expressive du texte.

Faire reformuler l'histoire par plusieurs élèves.

2. Zoom sur la notion étudiée

Demander aux élèves de prendre une couleur et de colorier les actions qui ont lieu avant minuit.

Voici les réponses attendues :

Une soirée bien ordinaire

La comtoise affichait minuit et tout était paisible. Plus tôt, j'avais pris un repas léger et je m'étais installée confortablement devant la télévision. J'avais choisi un bon film d'aventure dans lequel le célèbre Indiana Jones affrontait des dangers les plus insensés. Un peu plus tard, les fourmis géantes d'un vieux film de science-fiction avaient envahi mon écran. J'avais zappé plusieurs fois avant d'être attirée par un documentaire sur les orages et les tempêtes. On y apprenait que les tornades avaient été plus fréquentes dans les grandes plaines entre les Rocheuses et les Appalaches…

Au bout d'une heure de programme, un léger sifflement s'était fait entendre depuis la cheminée. Les volets avaient alors commencé à claquer. En regardant par la fenêtre, j'avais aperçu quelques objets qui virevoltaient au-dessus des maisons du voisinage. Heureusement, personne ne s'était aventuré dans ce tumulte naissant. J'avais pris la décision d'aller m'abriter au sous-sol.

En descendant les escaliers dans la pénombre, j'avais soudain senti de petits frôlements dans les jambes. Inquiète, j'avais cherché à tâtons la lumière et avec horreur, j'avais découvert ma cave envahie de fourmis. Mon sang n'avait fait qu'un tour. Ma respiration s'était accélérée. J'avais voulu crier mais aucun son n'avait pu sortir de ma bouche. Finalement, j'avais perdu connaissance.

En entendant les douze coups de la pendule, je me réveillais, tremblante, assise dans le fauteuil capitonné du salon. La télévision toujours allumée affichait la fin des programmes. Quel cauchemar !

Demander aux élèves d'identifier le temps utilisé pour ces actions (le plus-que-parfait).

Séance 2 | Réactivation des connaissances

Objectifs

- Distinguer un verbe conjugué au plus-que-parfait d'un verbe conjugué à l'imparfait.
- Trouver le participe passé d'un verbe.
- Comprendre les valeurs du plus-que-parfait.

Matériel

Pour chaque groupe/binôme

- Photocopie individuelle du texte *Une soirée bien ordinaire*. 25. Texte individuel
- Étiquettes des phrases et flèche. 25. Étiquettes individuelles

Collectif

- Texte projeté collectivement au tableau. 25. Texte collectif
- Étiquettes des phrases en grand format. 25. Étiquettes collectives
- Pâte adhésive.

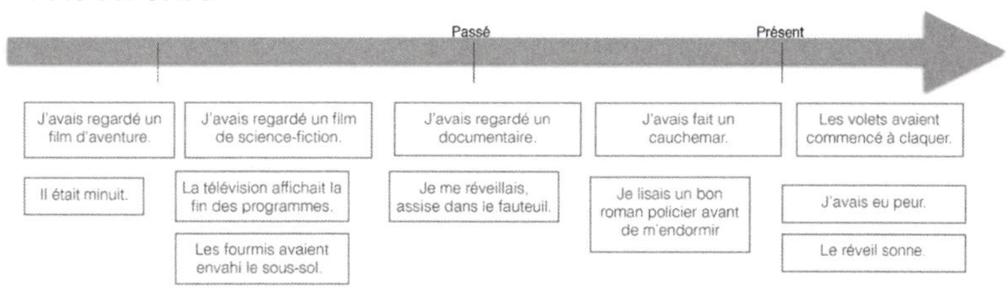

Déroulement

1. Rappel de la séance précédente

Faire relire le texte à voix haute.

Demander aux élèves de repérer, dans le texte, 2 verbes conjugués au plus-que-parfait. Demander l'infinitif de ces 2 verbes et faire remarquer la présence des 2 mots (comme pour le passé composé).

Demander aux élèves de repérer dans le texte 2 verbes à l'imparfait.

2. Manipulation

Distribuer les étiquettes et faire une lecture collective des phrases.

Demander aux élèves de colorier les verbes.

Faire une correction collective rapide.

Faire observer la flèche du temps et faire remarquer la présence des mots « passé », « présent ». On pourra remplir le tiret de gauche de la flèche à la fin de l'activité en le nommant (passé passé ou une autre expression choisie par les élèves).

Consigne :

« Vous allez classer les étiquettes des phrases sur la flèche du temps en respectant le moment où les actions ont lieu. Vous pouvez vous aider du texte pour certaines phrases. De nouvelles phrases ont été ajoutées. »

L'enseignant·e passe dans les rangs et vérifie le travail des différents élèves/groupes.

3. Mise en commun

Une correction collective est proposée au tableau. Les réponses sont validées par la classe.

Ne pas hésiter à faire des retours au texte.

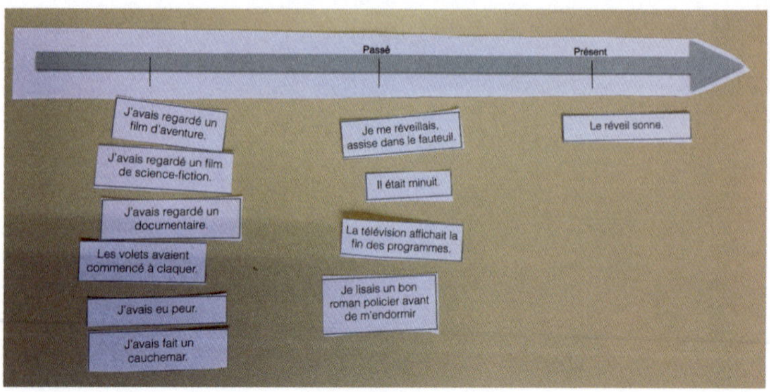

4. Conclusion

Montrer que le plus-que-parfait est un temps du passé et que les actions au plus-que-parfait sont antérieures aux actions à l'imparfait.

5. Appropriation individuelle

Écrire ces phrases au tableau.

Dès que les bagages avaient été enregistrés, les voyageurs embarquaient.
La piscine avait été remplie au printemps.
Nous avions acheté des fruits au marché.
Pierre avait eu l'autorisation de se baigner mais il ne savait pas nager.
Nous avions appris à nager à la piscine municipale.

Les élèves les recopient et entourent les verbes conjugués au plus-que-parfait en bleu, à l'imparfait en jaune.

Séance 3 | Approfondissement de la notion

Objectifs

- Connaitre le participe passé des verbes.
- Savoir conjuguer les verbes au plus-que-parfait.
- Savoir accorder le participe passé avec l'auxiliaire *être*.

Matériel

Individuel

- Photocopie individuelle du texte *Une soirée bien ordinaire.* 25. Texte individuel

Pour chaque binôme

- Photocopie de la feuille de recherche. 25. Feuille de recherche

Collectif

- Texte projeté collectivement au tableau. 25. Texte collectif
- Figurines. Figurines
- Étiquettes des verbes à l'infinitif. 25. Étiquettes collectives

commencer	envahir	apercevoir	s'installer

- Pâte adhésive.

Déroulement

1. Recherche en binômes et collective

Chaque binôme dispose d'une feuille de recherche et du texte *Une soirée bien ordinaire*.

Tracer cinq colonnes au tableau et afficher la figurine pronom personnel en haut à gauche de la première colonne.

Demander aux élèves d'écrire les pronoms personnels sujets utilisés pour la conjugaison d'un verbe dans la feuille de recherche.

Afficher en haut des quatre autres colonnes les étiquettes verbes à l'infinitif.

Afficher au-dessus de chacun la figurine correspondante.

Consigne :

« Vous disposez de 4 verbes à l'infinitif. Vous allez chercher dans le texte les formes conjuguées de ces 4 verbes et les écrire dans le tableau. »

Dans le texte, on trouve : ils avaient commencé, elles avaient envahi, j'avais aperçu, je m'étais installée.

Verbes au plus-que-parfait				
	 commencer	 envahir	 apercevoir	 s'installer

Les écrire au tableau.

Procéder à une correction collective (les élèves épèlent leur proposition).

2. Compléter le tableau avec les formes verbales manquantes.

Le travail suivant est réalisé de façon individuelle.

Consigne :

« Vous allez poursuivre le travail en complétant le tableau avec toutes les formes verbales conjuguées manquantes. Celles-ci ne sont pas dans le texte. »

L'enseignant·e passe dans les rangs et vérifie le travail des élèves.

Une correction collective est proposée au tableau. Les réponses sont validées par la classe.

Rappeler le mode de construction des formes conjuguées des verbes au plus-que-parfait.

Faire remarquer que le plus-que-parfait se conjugue comme le passé composé mais l'auxiliaire est à l'imparfait.

Faire colorier les participes passés dans chaque colonne.

Constater que ces verbes se conjuguent avec le verbe *avoir* (au présent) auquel on ajoute le participe passé du verbe. Il n'y a pas d'accord.

Exemple : nous avions aperçu, vous aviez envahi, tu avais commencé.

Rappeler comment trouver le participe passé d'un verbe en insistant sur la terminaison : on remplace *ir* par *i* pour les verbes dont l'infinitif est en *IR* (comme *finir*). Pour les verbes en *OIR*, le participe passé se termine par le son *u*. Certains participes passés sont irréguliers. On peut entendre les lettres muettes de certains participes passés en les mettant au féminin.

Exemple : Il avait pris (la lettre que j'ai prise).

Faire remarquer dans la dernière colonne que le verbe se conjugue avec *être*. Le participe passé s'accorde avec le sujet.

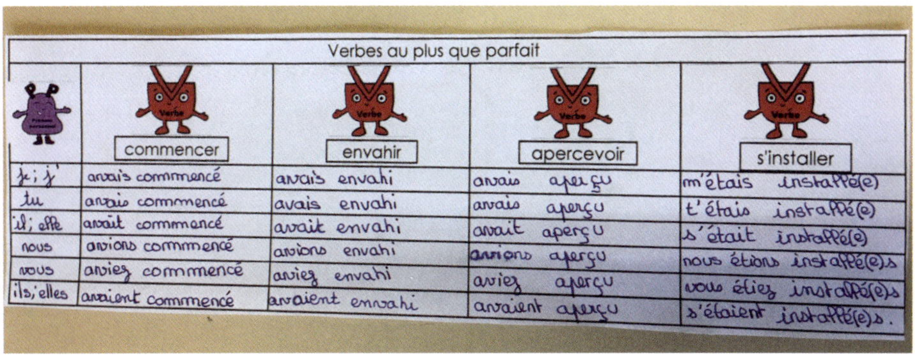

Verbes au plus que parfait

	commencer	envahir	apercevoir	s'installer
je ; j'	avais commencé	avais envahi	avais aperçu	m'étais installé(e)
tu	avais commencé	avais envahi	avais aperçu	t'étais installé(e)
il ; elle	avait commencé	avait envahi	avait aperçu	s'était installé(e)
nous	avions commencé	avions envahi	avions aperçu	nous étions installé(e)s
vous	aviez commencé	aviez envahi	aviez aperçu	vous étiez installé(e)s
ils ; elles	avaient commencé	avaient envahi	avaient aperçu	s'étaient installé(e)s.

3. Conclusion

Les verbes conjugués au plus-que-parfait suivent la même règle que les verbes conjugués au passé composé.

4. Appropriation individuelle

Sur le cahier d'essais, les élèves conjuguent les verbes suivants au plus-que-parfait : *faire, partir, prendre*.

Mémo, carte mentale et synthèse

Le plus-que-parfait

Le plus-que-parfait marque une action passée antérieure à une action exprimée à l'imparfait ou au passé composé.

C'est un temps composé. Il est formé de deux mots :
- *avoir* ou *être* conjugués à l'imparfait ;
- le participe passé du verbe.

L'accord du participe passé suit les mêmes règles qu'au passé composé : le participe passé avec *être* s'accorde avec le sujet en genre et en nombre.

25. Mémo : Le plus-que-parfait

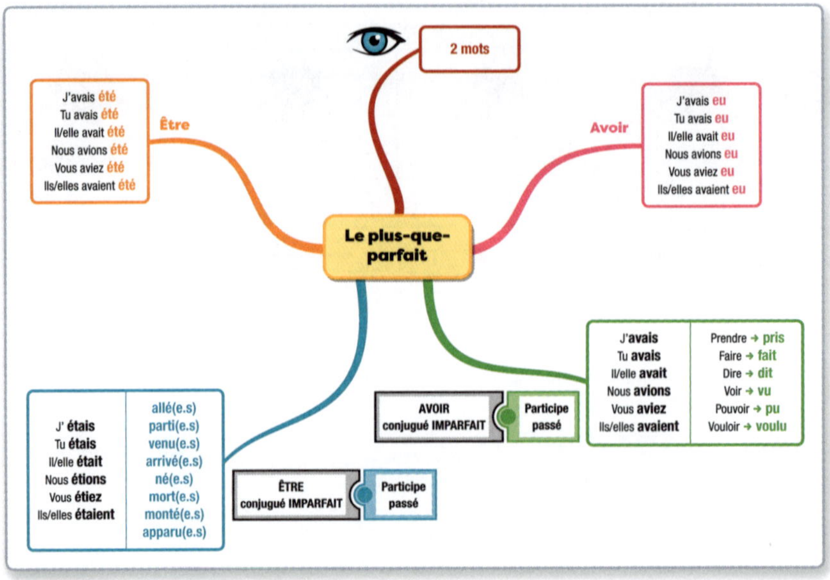

25. Carte mentale : Le plus-que-parfait

Synthèse animée : pour compléter la synthèse, il est possible de présenter à la classe le petit film d'animation « Le plus-que-parfait et le futur antérieur », réalisé par Canopé (les fondamentaux) et disponible dans le CD-Rom.

© Canopé

25. Animation

Séances 4 et 5 | Entrainement et réinvestissement

Objectifs
- Mémoriser les notions essentielles (le plus-que-parfait).
- Réinvestir ses connaissances dans des exercices d'application.

Organisation Travail individuel, correction individuelle ou collective.

Matériel
- Fiche élève (1 niveau). 25. Fiche 25
- Cahier d'essais.

Objectifs visés pour le CM2 (niveau 2) :

Ex. 1 : Repérer les verbes conjugués au plus-que-parfait.
Ex. 2 : Faire correspondre des sujets et des verbes conjugués au plus-que-parfait.
Ex. 3 : Conjuguer les verbes au plus-que-parfait.
Ex. 4 : Transformer des phrases au plus-que-parfait.
Ex. 5 : Écrire une histoire au plus-que-parfait en utilisant les mots proposés.

25 Le plus-que-parfait

Prénom : ....

Niveau 2

Je m'entraine

1 Colorie les verbes au plus-que-parfait.

Les vagues avaient démoli le château de sable des enfants. La maitresse lisait les consignes. Ils avaient rebroussé chemin. Je n'avais pas mangé depuis la veille. Les enfants avaient mangé toutes les glaces. Je n'aimais pas les glaces. Elles s'étaient levées de bonne heure. Il neigeait. Tu avais eu très peur. Les tableaux avaient été dérobés dans la nuit.

2 Relie les sujets aux verbes correspondants.

J' •	• aviez mangé des sandwichs.
Vous •	• étions parties de bonne heure.
Les enfants •	• avaient souhaité son anniversaire.
Marie et moi •	• étais allée à la piscine.
Jules •	• avait pris son petit déjeuner.

3 Conjugue les verbes proposés au plus-que-parfait.

Nous (descendre) vers 8 heures. → ....

Les cours (finir) plus tôt. → ....

Je (faire) un gâteau. → ....

Elles (arriver) trop tard. → ....

Il (pleuvoir) toute la nuit. → ....

4 Récris ces phrases au plus-que-parfait.

Les premières neiges arrivaient en octobre.

....

Kim ne déteste pas le chocolat.

....

Nous jouerons au tennis dans la matinée.

....

Lucas a eu une bonne note en histoire.

....

Les élèves sont malades.

....

5 Raconte une histoire de cambriolage en utilisant le plus-que-parfait. Tu dois utiliser les mots proposés.

Les voleurs – il – ils – les cambrioleurs – le butin – les victimes – la vitrine – filer – avoir – être – dérober – fracturer

Le temps que la patrouille arrive.

Présentation des ressources numériques

Toutes les ressources nécessaires à la mise en œuvre des activités et organisées par séquences sont proposées. Toutes les séquences de grammaire ou de conjugaison sont regroupées, de même que les fiches élèves ou les mémos.

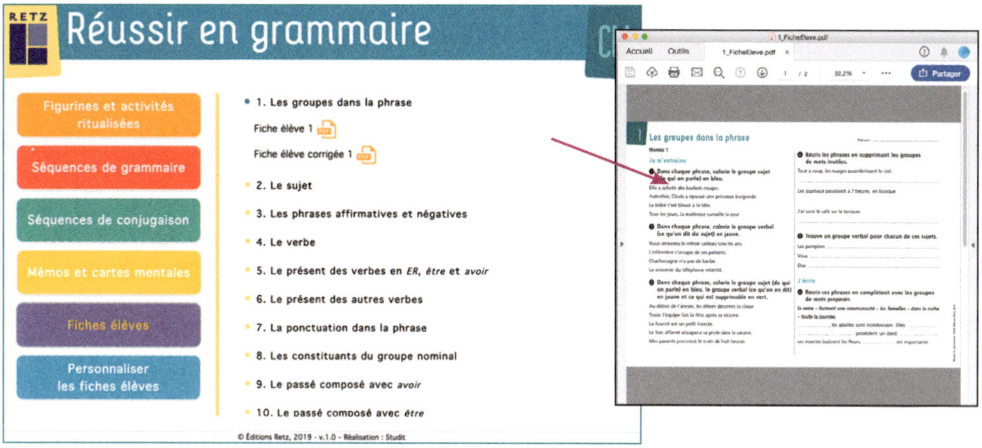

Plus de 300 documents en grammaire et en conjugaison, dont 25 fiches élèves et leurs corrigés dans les 2 niveaux.

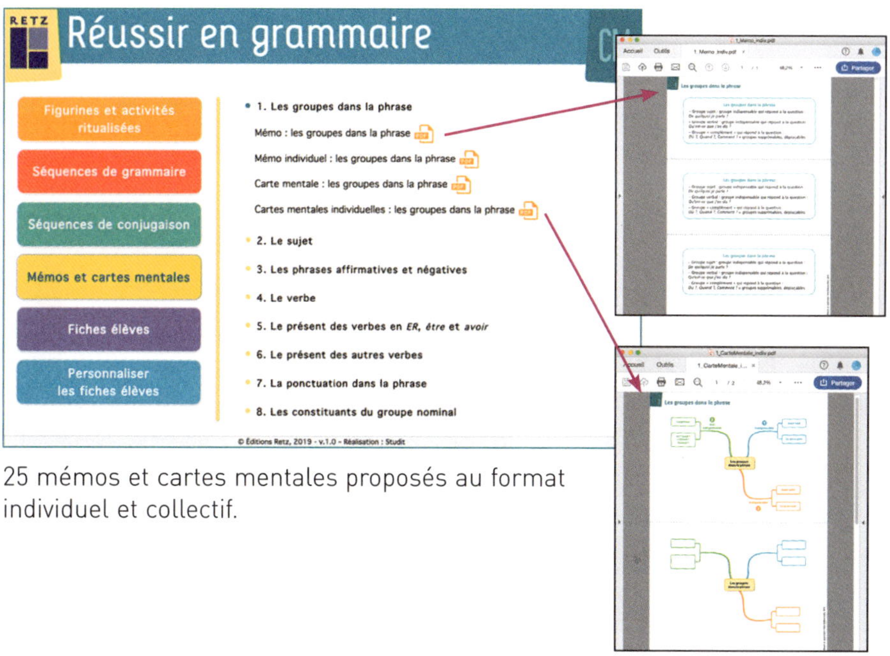

25 mémos et cartes mentales proposés au format individuel et collectif.

Personnaliser les fiches élèves

Réussir en grammaire au CM propose des fiches élèves personnalisables et enregistrables.

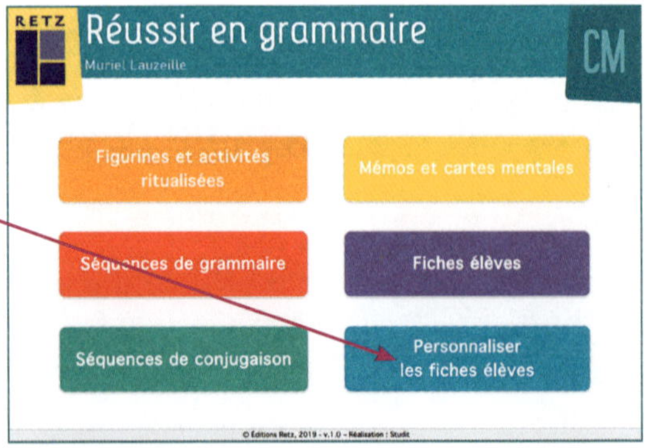

Cliquer sur la loupe pour afficher l'exercice.

Cliquer sur le + ou faire glisser les exercices choisis pour les faire apparaitre à droite de l'écran.

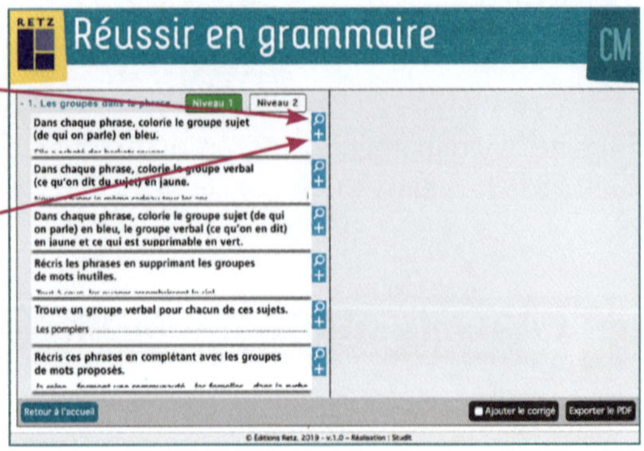

Composer la fiche élève personnalisée.
Changer l'ordre des exercices à l'aide des flèches, ou les supprimer en cliquant sur la croix.

Sélectionner « Ajouter le corrigé » pour obtenir les corrections des exercices choisis.

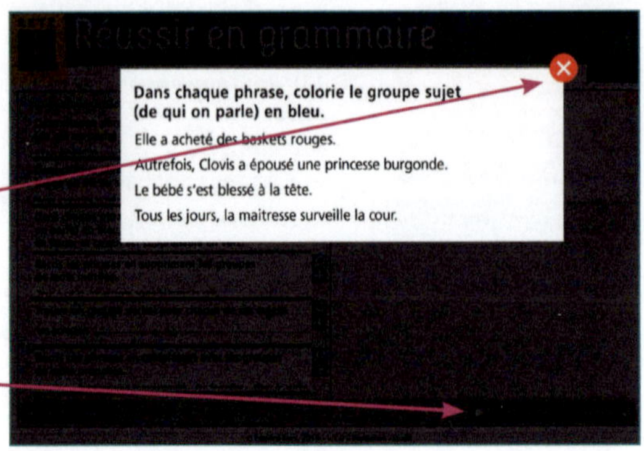

Cliquer sur « Exporter le PDF » pour générer la fiche personnalisée et pour l'enregistrer.

Cliquer sur « Ajouter le corrigé » pour ouvrir le dossier contenant les fiches personnalisées.

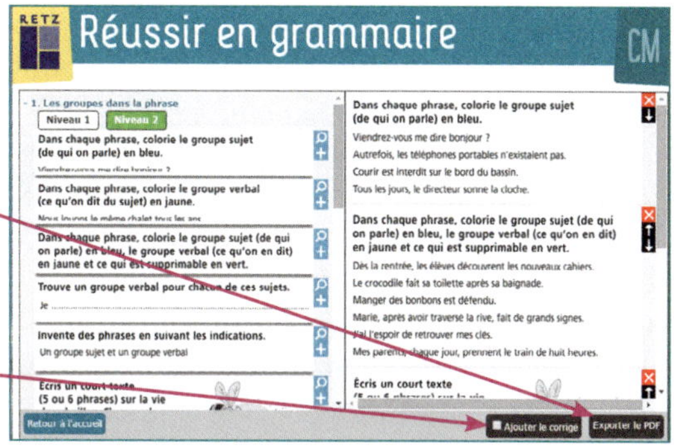

Le pdf exporté.

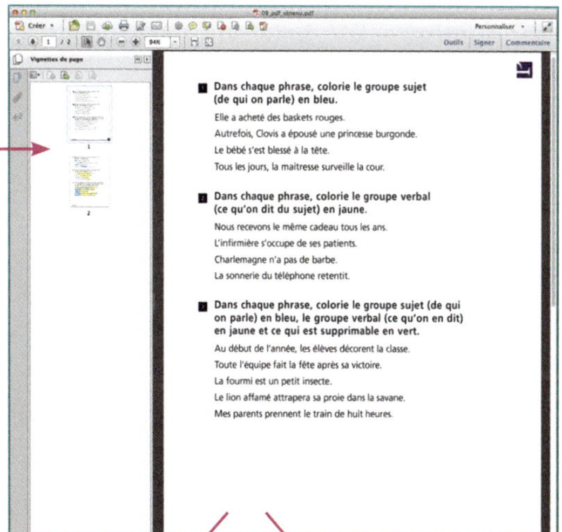

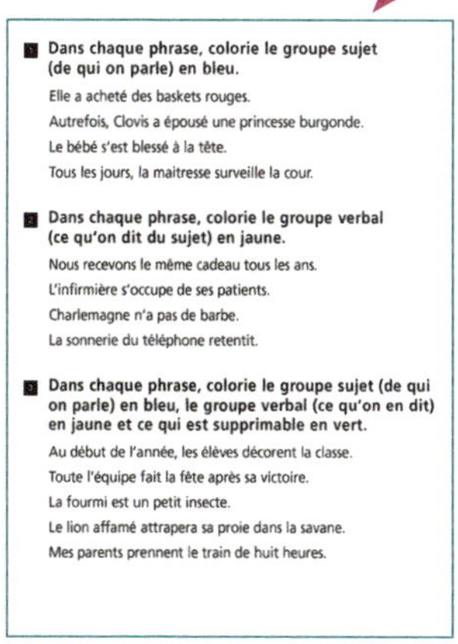

Dans chaque phrase, colorie le groupe sujet (de qui on parle) en bleu.

Elle a acheté des baskets rouges.
Autrefois, Clovis a épousé une princesse burgonde.
Le bébé s'est blessé à la tête.
Tous les jours, la maitresse surveille la cour.

Dans chaque phrase, colorie le groupe verbal (ce qu'on dit du sujet) en jaune.

Nous recevons le même cadeau tous les ans.
L'infirmière s'occupe de ses patients.
Charlemagne n'a pas de barbe.
La sonnerie du téléphone retentit.

Dans chaque phrase, colorie le groupe sujet (de qui on parle) en bleu, le groupe verbal (ce qu'on en dit) en jaune et ce qui est supprimable en vert.

Au début de l'année, les élèves décorent la classe.
Toute l'équipe fait la fête après sa victoire.
La fourmi est un petit insecte.
Le lion affamé attrapera sa proie dans la savane.
Mes parents prennent le train de huit heures.

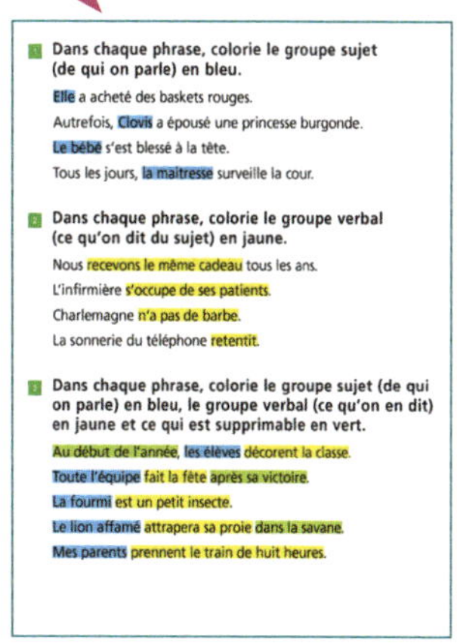

Dans chaque phrase, colorie le groupe sujet (de qui on parle) en bleu.

Elle a acheté des baskets rouges.
Autrefois, Clovis a épousé une princesse burgonde.
Le bébé s'est blessé à la tête.
Tous les jours, la maitresse surveille la cour.

Dans chaque phrase, colorie le groupe verbal (ce qu'on dit du sujet) en jaune.

Nous recevons le même cadeau tous les ans.
L'infirmière s'occupe de ses patients.
Charlemagne n'a pas de barbe.
La sonnerie du téléphone retentit.

Dans chaque phrase, colorie le groupe sujet (de qui on parle) en bleu, le groupe verbal (ce qu'on en dit) en jaune et ce qui est supprimable en vert.

Au début de l'année, les élèves décorent la classe.
Toute l'équipe fait la fête après sa victoire.
La fourmi est un petit insecte.
Le lion affamé attrapera sa proie dans la savane.
Mes parents prennent le train de huit heures.

La fiche élève personnalisée.

Les corrigés de la fiche élève personnalisée.

Télécharger l'application (voir page 2 de couverture) ou installer le CD-Rom

Sur PC : Insérer le disque dans votre lecteur. L'installation se lance automatiquement. Si ce n'est pas le cas, aller dans « Poste de travail » (menu « Démarrer »), cliquer sur le fichier « Reussir_grammaire_CM_PC.exe » et suivre les étapes d'installation jusqu'à la fin. Une icône s'affiche alors sur le « Bureau » : double cliquer dessus pour lancer le CD.

Sur Mac : Insérer le disque dans votre lecteur et double cliquer sur l'icône pour l'ouvrir. Double cliquer sur « Reussir_grammaire_CM_MAC.dmg » puis glisser l'application dans le dossier « Applications ». Aller dans le dossier « Applications » et double cliquer sur « Reussir_grammaire_CM_Retz.app ».

Sur Linux : Insérer le disque dans votre lecteur et double cliquer sur « Réussir_grammaire_CM_linux64.tar.gz » puis décomposer le dossier. Double cliquer sur l'application pour l'ouvrir.

L'insertion du CD n'est plus nécessaire une fois l'application installée sur l'ordinateur (PC et Mac).

Configurations requises

PC : Windows 7, 8, 10

Mac : IOS 10.6, 10.7, 10.8, 10.9, 10.10, 10.11, 10.12, 10.13, 10.14

Linux : Ubuntu 16.04 - 64 bits

Acrobat Reader

Internet Explorer, Firefox, Chrome, Safari, Opera toutes versions

Flash Player 11

Naviguer dans le CD-Rom

Cliquer sur le bandeau supérieur pour retourner à l'écran d'accueil.

Cliquer sur le logo pour accéder au site des éditions Retz.

Cliquer sur ces boutons pour accéder directement aux autres domaines, sans repasser par l'écran d'accueil.

N° de projet : 10260283 – **Dépôt légal :** janvier 2019

Achevé d'imprimer en France en octobre 2019 sur les presses de l'imprimerie Chirat

N° 201910.0187